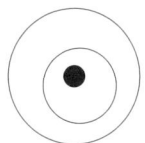
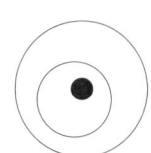

保育学講座 ①
保育学とは
問いと成り立ち

日本保育学会 編

東京大学出版会

編集委員（＊は本巻責任編集者）

＊秋田喜代美	東京大学教授
村山祐一	元帝京大学教授
戸田雅美	東京家政大学教授
小川清実	東京都市大学教授
大豆生田啓友	玉川大学教授
柴崎正行	東京家政大学教授
渡邉保博	佛教大学教授
小林紀子	青山学院大学教授
太田光洋	和洋女子大学教授

Research on Early Childhood Care and Education in Japan 1:
Theory and Perspective
Japan Society of Research on Early Childhood Care and Education, Editor
University of Tokyo Press, 2016
ISBN978-4-13-052201-4

シリーズ刊行にあたって

　一般社団法人日本保育学会は，1947年に発足しました。それ以来，保育にかかわる日本最大の学術団体として「乳幼児の健やかな成長のために，保育の実践者と研究者が協力する場」を設け，それぞれの時代に，保育にかかわる学術的知見にもとづく社会的な貢献をめざし，実践と研究の懸け橋としての努力を続けてきています。

　2015年4月1日から子ども・子育て支援新制度が始まりました。戦後最大の改革とも言われます。子ども・子育てにかかわる行財政制度が変わり，幼稚園・保育所の二元制度から，幼保連携型認定子ども園や小規模保育などを含む多様な施設のあり方へと向かっています。少子高齢化の進む日本において，日本保育学会として最も重要と考えられることの一つが，保育の質の確保・向上に寄与する学術的知見を生みだし，保育界や国・自治体，保育者と協働しながら，子どもの豊かな育ちを保障する質の高い保育実践を探究し，子どもや保育者，保護者のいま，そしてこれからの幸せをめざして社会に貢献していくことです。そのためには，保育学が「学」として新たな知見を発信することと，保育学という固有の学問分野をより広く社会に周知させ，学問的なエビデンスにもとづいた議論が，国や自治体でも行われるようにしていくことが必要ではないかと考えられます。

　「保育学の進歩」という講座を日本保育学会が創設30周年記念として刊行したのは1976年，今から40年前のことです。以後，保育学全体を俯瞰できる学術講座は刊行されていません。当時の編集企画意図として，「我が国の保育学もついにここまできたかと思われるような高い程度の系統的な内容をもつ研究書」「我が国の保育学の進歩について系統的な知識が概論的に理解できるもの」「執筆者自身の研究はもとより，従来の研究，文献の概況，将来の展望その他にふれられており，保育学の入門書としても役立つもの」という文言が記されています。本シリーズは，その先達の精神を受け継ぎ，保育学の発展を示す羅針盤となる講座をめざして企画しました。いわゆる保育者養成を主たる目的と

するテキストではなく，保育学の「学」としての現在までの到達点やその発展の方向性を示すことを目的とした講座です。

そのために，日本保育学会として，編集委員会を会長・副会長，執行部を含む９名の委員で組織し，保育学をとらえるための５本の柱を立てました。その柱である各巻の内容を検討して目次を作り，各章の内容を執筆するのにふさわしい人材を学会理事・評議員からご推薦いただき，その領域の業績等から適任の方を編集委員会で選定し，執筆を依頼しました。

本シリーズは，学問分野としての「保育学」を社会の多くの方に理解していただくこととともに，これからの保育学を担う若手研究者にこれまでの研究発展の里程標を提供することを目的としています。子どもは私たちの社会の未来を築く宝です。いま，子どもたち一人ひとりの尊厳と，最善の利益をだいじにする保育が，国内外で求められています。これからの保育のあり方を共に考えていただくための智の集大成として，多くの方に読んでいただけましたら幸いです。

日本保育学会保育学講座編集委員
秋田喜代美　村山祐一　戸田雅美　小川清実　大豆生田啓友
柴崎正行　渡邉保博　小林紀子　太田光洋

目　次

シリーズ刊行にあたって　i

序（秋田喜代美） …………………………………………………………………………　1

I　保育学とは　5

第1章　子育てと保育（汐見稔幸） ………………………………………………　7
　　　　1　テーマの解釈と予備考察　7
　　　　2　人間形成の全体像への視点　15
　　　　3　保育と家庭教育　24

第2章　保育という語の成立と展開（湯川嘉津美） ……………………………　41
　　　　1　幼稚園の創設と「保育」の語の成立　42
　　　　2　「保育」と「教育」　49
　　　　3　幼稚園令の制定と「保育」の一元化　53
　　　　4　戦後における幼保の二元化と「保育」「教育」をめぐる問題　56

第3章　保育を支えてきた理論と思想（小川博久） ……………………………　69
　　　　1　保育思想を保育理論の視点から検討する　69
　　　　2　倉橋惣三から津守真に至る保育思想——津守を中心に　71

第4章　保育学としての問いと研究方法（秋田喜代美） ………………………　91
　　　　1　はじめに——二つの駆動輪　91
　　　　2　保育学の「学」としての問い　93
　　　　3　保育学の新たな潮流　104

II　保育学のあゆみ　123

第5章　保育実践と保育方法の展開（福元真由美） ……………………………　125
　　　　1　小学校的な方法から保育固有の方法への改革　126

目　次

　　　2　都市化がもたらした保育の階層性　129
　　　3　保育の独自性を表す実践の多様化　131
　　　4　誘導保育における保育の固有性の探究　134
　　　5　昭和期の保育所の実践　136
　　　6　学校教育における保育と学習としての遊び　138

第6章　保育内容とカリキュラムの変遷（柴崎正行）……………… 147

　　　1　幼稚園教育の導入と保育内容の模索（1870年代）　147
　　　2　保育内容の創設期（1880年代）　149
　　　3　保育内容の精選期（1890年代）　152
　　　4　遊びや生活を重視する保育内容への転換（1900～30年代）　155
　　　5　託児所の保育内容とカリキュラム　161
　　　6　新たな保育内容の模索期（1940～50年代）　164
　　　7　保育内容の拡大期（1960～80年代）　169
　　　8　保育内容の再検討期（1990年代以降）　171

第7章　保育環境と施設・設備の変遷（笠間浩幸）……………… 177

　　　1　保育における「環境」と施設・設備　177
　　　2　保育施設および設備の変遷　181
　　　3　砂場の歴史から見る保育環境　192
　　　4　現代における保育環境整備の課題　197

第8章　専門家としての保育者の歴史（浜口順子）……………… 203

　　　1　資格養成の時代（1940年前後）　203
　　　2　初任者の時代（1941～45年）　206
　　　3　「新保育」への過渡期（1946～65年）　208
　　　4　子どもの自発性を尊重する保育の模索　210
　　　5　保育「技術」としての音楽リズム研修と研究（1965～80年）　213
　　　6　時代の変化の中で子どもの自立を支える　217
　　　7　客観的な実践評価と「無」になること　221

第9章　世界に一人しかいない「この子」の保育（堀　智晴）……… 227

　　　1　障がい児保育の始まりと発展　227
　　　2　障がい児教育の歴史的枠組み　229

3　障がい観，障がい児観，自立観の転回　232
　　　4　保育実践研究　236
　　　5　子どもから「この子」へ　240
　　　6　世界に一人しかいない「この子」の保育実践の創造　243

　　　Ⅲ　グローバル化の中での保育学のこれから　251

第10章　保育の質と卓越性（無藤　隆）……………………………………253
　　　1　保育の質をとらえる過程と構造　253
　　　2　質を目標とすることの意義――関係者による目標の共有　256
　　　3　保育の質研究の国際的動向と日本における質評価の特徴　257
　　　4　保育の質を確保するための日本の幼稚園・保育所の基準　259
　　　5　保育の質を検討する縦断研究から　260
　　　6　保育の説明責任と評価法の問題　263
　　　7　保育の質の標準の構築――米国の例　264
　　　8　保育の質の応用可能性　266
　　　9　質の評価の代表的尺度とその実践の改善への適用　267
　　　10　卓越的実践の構築とその姿の評価による取り組み　271
　　　11　専門性開発の基準・原則と実際　271
　　　12　結論――質の向上における実践者，園，行政，研究者などの働き　276

第11章　保育制度の変化と保育政策（網野武博）……………………………279
　　　1　日本における保育所制度・保育政策の推移　279
　　　2　保育サービスの多様化と新たな保育サービスの展開　283
　　　3　幼保二元性の歴史と今後の保育制度　289

第12章　保育学研究者の役割とネットワーク（小川清実）………………299
　　　1　日本保育学会が果たした役割　300
　　　2　日本幼稚園協会の果たした役割　304
　　　3　OMEP（世界幼児教育・保育機構）世界大会の役割　304
　　　4　OMEPとACEIの共催国際シンポジウムの意味　306
　　　5　最近の日本保育学会の活動　309

　　　索　引　313

序

秋田喜代美

　本巻では，保育についての基本的な考え方や理論，保育を問う学問の視点について考えていく。社会で人々がともに子どもたちを育てていくいとなみは，時代や場所を超え，人間に普遍のものである。そして，乳幼児期の子どもの健やかな育ちは，生涯にわたる幸せを保障するためにとても大事であることが，経験的にも実感され，また近年では実証的にも明らかになってきている。では，そのためにはどのような保育が求められるのだろうか。保育のあり方は，社会や時代状況により，文化的な価値，行政制度のあり方などの影響を受けて変わってきている。そしてこれからも，大きく変わっていくだろう。保育のいとなみは，保育の中で育つ子どもの育ちの姿，保育実践の内容や携わる専門家としての保育者のあり方，園の社会的物理的な環境だけではなく，園を支える自治体や国のあり方，家庭や地域と園との連携関係など，垂直にも水平にも幾重にもかかわり合って成立している。

　保育学は，こうした多面的・多層的ないとなみについて，様々な角度からの学術的アプローチによって問いを立て検討していく，学際的な学問領域である。その学術の問いが生まれる根源には，すべての子どもの尊厳の尊重と最善の利益をめざす姿勢があり，その研究は，今ここ，そしてこれからの子ども，家族，保育に携わる者の幸せや健全な社会創出を希求するという願い，さらには子どもたちへの愛が存在し，それらに支えられているという点が他の学問とは異なる特徴と言える。

　保育学が「学問」たるには，保育についての学問として何をどのように問い，何を明らかにし，説明しようとしてきたのか，が問われなければならない。と表現すると，読者の方には，少し難しく感じられるかもしれない。しかし，実際に保育にかかわってみると，いろいろな疑問がわいてくるだろう。「子どもが健やかに育つために，子ども同士の集団の中で育つことには，どのような働

きがあるのだろうか」「家庭での子育てと園での保育は何が違うのか」「遊びはどのような点で子どもにとって必要なのか」「幼稚園が行う幼児教育と，保育所が行う保育は，何がどのように違うのか」「良質の保育や教育のためには何が求められるのか」などである。子育てに何らかの形でかかわったことのある方なら，誰でも一度はこうした疑問を持ったことがあるだろう。保育学の問いにおいては，子どもにかかわり，育てのいとなみに深く根を張る中に探究の始まりがある。そして，その問いを，仲間と共有し，様々な観点から対話し，研鑽しあいながら高めていくことが，保育学の研究である。

　日本保育学会が成立した1948年当初に，初代会長の倉橋惣三は，『保育学会会報』第1号に，「保育学の本領」と題し，保育学への期待を以下のように述べている。

　　保育学の領域は廣い，横には幼児生活の全面に亙り，縦には基本研究から実際研究に及ぶ。研究者としては，それぞれの専門面を局限し，それでなくては精深に達し得ないであろうが，狹く偏しては完き保育学にはならない。但，領域が廣いといふのも，研究せらるべき内容の範囲が廣く，事項が多いといふ丈ではない。それらのすべてが交錯連関して，内に含有の廣さを持ったといふ意味である。これはその對象たる幼児の生活が常に渾然として各面を切離すことの出来ない全一性のものであるからである。幼児生活の此の本質が即ち保育学の本質になる。

　　幼稚園の目的として，幼児を保育して心身の発達を助長するといはれているのが心身を二つに並べているのではないことはいふまでもない。絶対に二つには分かてない心身である。心身の相関は，人間のいつの場合にもいはれることであるが，幼児保育の場合には，単にさうした原理に止まることでなく，現実の生活実相として常に一つなのである。この発達の未分化と言えばそれまでのことでもあるが，ここにこそ，幼児生活の，従って幼児保育の特質もあり，真諦もあり，妙味もあるのである。保育学の本領も亦，これをはなれて存在しない。入るには何れからするもよい，究極は必ず此の本領が把えられなくてはならない。各の研究分野はそれ等自身として素より独立の学的存在と必要とを持つ。しかし，それ等の併列と集積だけが直に保育学ではない筈である。近来の新しい学的興味があるもので

あるまいか。但,かうした考え方は保育学を常識に止める危険がないわけではない。われらの言ふところは,研究態度に何処までも厳密な科学性を具えつつ,その對象の特質から生ずる必然の非分離性を求めているのである。

ゲゼール博士の就学前児童学（即ち保育学の基礎）が斯界の顕著な学的業績であることは更めて云ふまでもないが,氏がウィスコンシン大学とクラーク大学における心理学と,エール大学における医学の学位所持者であることは見逃されない。又かのモンテッソリー女史の独創の保育学も,女史が大学における医学と教育学の両学位所持者であったことをうなづかせられずにいない。之れ等の場合は,或いは特例でもあらうが,保育学構成の道筋の一例として又その成果たる保育学の本領の一実証として,考えさせられるところがありはすまいか,さうして必ずしも一人でこの本領に達しないでも,合同協力の研究によって,日本保育学会に,その実現をきたしたいものである。

日本保育学会は,この思いを受け継ぎ,学会の活動として70年近くこの本領に向かい,智を積み重ねてきた。その智の集積の一部を,本シリーズにまとめ,さらに今後を展望したいと考えている。

本巻は,この本領を貫く原理的な問いを,3部に分けて取り上げる構成となっている。

まず第Ⅰ部「保育学とは」では,保育学の基本的な概念や用語,理論,研究の方法について,第1章「子育てと保育」（汐見稔幸）,第2章「保育という語の成立と展開」（湯川嘉津美）,第3章「保育を支えてきた理論と思想」（小川博久）,第4章「保育学としての問いと研究方法」（秋田喜代美）で,保育学の歴史や流れに沿って紹介していく。

続く第Ⅱ部「保育学のあゆみ」では,さらに具体的な保育のいとなみの中核となる内容を,五つに分けて構成している。第5章「保育実践と保育方法の展開」（福元真由美）,第6章「保育内容とカリキュラムの変遷」（柴崎正行）,第7章「保育環境と施設・設備の変遷」（笠間浩幸）,第8章「専門家としての保育者の歴史」（浜口順子）,第9章「世界に一人しかいない『この子』の保育」（堀智晴）と題して,歴史的な展開をふまえて論じていく。

序

　そして第Ⅲ部「グローバル化の中での保育学のこれから」では，国際的視点を重視して章を構成している。第10章「保育の質と卓越性」(無藤隆)，第11章「保育制度の変化と保育政策」(網野武博)，第12章「保育学研究者の役割とネットワーク」(小川清実)という流れで，保育学研究が担うべき役割を含めた内容が述べられている。

　本巻はどの部，どの章から読み始めることも可能である。各執筆者それぞれの語り口は異なり，書きぶりも多様であるが，編者としてはあえてそこには手を着けていない。その研究者がどのように当該内容を問おうとしているのかを読み取っていただければ幸いである。

I
保育学とは

第1章　子育てと保育

汐見稔幸

1　テーマの解釈と予備考察

テーマの限定

本章のテーマは「子育てと保育」である。

何気ないテーマであるが，このテーマで検討しなければならないことは必ずしも一義的に絞られているわけではない。「子育て」と「保育」をつないでいる「と」の意味はそれほど自明ではなく，ちょっと考えても，いくつかの「と」の取り方が浮かぶ。思いつくまま，このテーマを言い換えてみる。

①まず，シンプルに「と」を並列の意味ととってみよう。子育てといういとなみの歴史やその意義，本質，バリエーションやその規定要因などを叙述し，それと関連して行われてきて今も行われている，保育といういとなみの歴史やその意義，本質，バリエーションやその規定要因などを別に叙述する。二つの関連が見つかればそれも叙述すればいい。要するに，子育てと保育を基本的にそれぞれに論じるというテーマという受け取りである。

②「と」を関係を表す接辞ととってみよう。子育てと保育，いずれも子どもを育てるいとなみで長く使われてきている言葉であるが，あらためて吟味した時，両者はどのように関係するいとなみなのか。たとえば協力・分担の関係なのか，それともそれぞれ独自なものがあるのか，もし協力・分担関係だとしたらその関係の原理となるものは何か，あるいはその関係の歴史的変化はどうだったのか，などを明らかにしながら，これからの二つのいとなみの関係の未来像を予測するというようなテーマと受け取るということである。

子どもを産んだ後，その子をその子が生きるコミュニティに必要なメンバーとすべく先行世代が育ててきたということは誰も否定できない事実なので，これを「子育て」と仮にいうとすると，その歴史はかなり旧くからになる。それ

に比して保育といういとなみを，そうした「子育て」とは別に，子どもを預かって，親代わりに，あるいは親だけではできないような育てを他者が行うことだと定義すると，こちらはそれほど旧くからではない。いつ頃からかを厳密に定めるのは難しいかもしれないが，さほど旧くからではないことは研究的には常識といってよいと思う。とすると，子育てといういとなみしかなかった時代から，人類は子育てと保育といういとなみが両存する時代に，ある時から移行するということになり，その契機は何か，そして保育は子育てとどういう関係の行為として期待されたのか，などのことが，当然研究テーマになる。②の受け止めは，こうしたことの検討を含んだテーマ設定となるだろう。

　③「と」を，「子育て」と「保育」の概念を鮮明に定義するという作業をつなぐ接辞と受け止めるという受け止め方もある。「子育て」という語はよく使われるが，これが学問的な用語として成熟しているのか，あるいは日常用語にとどめておくべきなのか，などは十分には議論されていない。以前は「育児」は学問用語，「子育て」は日常の庶民の用語と漠然と区別していたように思うが，今は「子育て」も学問用語として使ってよいという雰囲気が強くなっている。だとしたら，その厳密な定義は何かという議論が必要になるだろう。同じように「保育」という用語もそうである。「幼児教育」という語とどう異なるのか，保育所専門の用語なのか，学校教育法にあるように幼稚園，あるいは新しいこども園も使う用語なのか，2015年度から始まった，国が子ども・子育て支援新制度と呼んでいる新たな制度のもとでは，幼稚園が「学校教育」を行うところとなっていて，より用語が混乱した感がある。これをきちんと整理するというテーマと受け取るということである。

　以上にとどまらないと思うが，「子育てと保育」という大きなくくりのテーマを狭く限定するとしても，そこにいくつかのベクトルの異なる個別のテーマが成り立つ。それらをここで全部扱うことはとてもできないので，本章では以上三つの中の②を選び，その中の子育てといういとなみと保育といういとなみの関係を考える際の原理のようなことにこだわって考察を始めてみたい。

「子育て」と「子育ち」

　しかし，このことに限定しようとすると，必然的にいくつかのことをあらか

じめ検討しておかねばならなくなる。

　先に，子育てを「子どもを産んだ後，その子をその子が生きるコミュニティに必要なメンバーとすべく先行世代が育ててきたということは誰も否定できない事実なので，これを『子育て』と仮にいうとする」と漠然と定義した。その中心的担い手は家族共同体を中心とするコミュニティメンバーであったと思うが，ここで「子育て」と他動詞的な言い方をしていることが問題となる。「子育て」は子「を」育てるという目的語を伴う言い方であるが，子どもには放っておいても自ら育っていく面があるということは誰もが否定できない事実である。遊びでも仕事でも，そこで頭を使い，身体を使い，こころを使えば，結果として副産物的にその遊びや仕事に含まれている操作や技，知識を内面化させ，身につけていき，あわせて社会力や感情，意志，自我の働きの活性化，高度化なども実現する。誰か他者が意識的に育てようとしたものではない。保護者が知らないところで知らないうちに育っていることが多い。そうだとすると，これは「子育て」というよりは日本語の感覚では「子育ち」というほうが正確ではないか。子育てと微妙な形で区別される子育ち。では，その子どもが自主的，自生的に育っていく「子育ち」と，親などの配慮や働きかけによって何かを育てていこうとする「子育て」のあいだには，どういう関係があるのか。子育ては子育ちをどれほど内包させておけばよいのか。このことが当然のように問いになってくる。

　たとえば柳田国男は，常民の子育てについて興味深い分析を加えたが，その中で，子どもの遊びは自治的だということを強調したこと，その自治的，すなわち大人の介入のない遊びの世界で，実は子どもは自ら社会性を鍛えたともいっていることは参考になる。「群れの楽しみといふ共同の大事業の為に生来のやんちゃや我儘を自ら抑制しようとした」と，群れによって遊びながら，遊びに含まれる発明や模倣，創造などだけでなく，こうした社会性，道徳性を自ら身につけたと，柳田（1964）は言うのである。子どもの集団は，子どもたちが自発的に秩序を作り出す集団であるが，その集団の一員になるには，わがままなどを禁欲して集団の秩序を優先し自らそれに従わなければならない。今風に言えば，群れて遊ぶことは，子どもの社会化機能を持っていたということである。このように，柳田の場合には，子どもの自治的な遊びの中で子ども自身が

Ⅰ　保育学とは

社会性や道徳を身につけていく「子育ち」が,「子育て」と同義に近い形で使われている。

しかし一般には,「子育ち」と「子育て」の関係はもう少し複雑である。たとえば,子どもが道ばたで竹とんぼを作って飛ばそうとしている時に,父親が野良仕事を終えて家に戻ってきたとする。子どもの様子を見て,その父親は「そうじゃなくてこうして切ったらケガしないからね」とアドバイスをしたとする。この時,この父親は何らかの意味で子どもの育ち,すなわち子育ちをサポートしていることになる。

同じようなことは日常的に起こる。木片で火を燃やす方法を教えたり,風呂の焚き方をアドバイスしたり,一緒に相撲を取ろうと遊んだり,地域の祭りのしきたりを教えたり,地名の由来を教えたりなどなど,キリなくこうした働きかけはある。

これらは,すべて子ども自身が自ら何かをなそうとしているのを側面,背面から援助する,という援助行為であるが,今の文脈でいうと,総じて「子育ち」をサポートする活動である。これを「子育て」というとすると,「子育ち」への援助活動が「子育て」であるとひとまず言える。

しかし,「子育て」にはそれだけでなく,子どもがその時知りたがっているわけでないが,将来その子の自立に必要だと思って意識的に何かを教えたりする場合があるし,特別な教示行為はないが,自ずと子どもの価値形成などに影響を与える家族メンバーなどの行為,振る舞い,雰囲気などをどう考えるのかという問題もある。

子どもに野良仕事のノウハウを教えるなどは,意識的な教示行為で,これも当然子育てと言える。箸の持ち方を,子どもが自ら模索している時に教示するのなら,子育ちへの援助としての子育てで,子どもがまだ持ちたがっていないが,持たせようと親から要求して教える場合は,意識的な要求＝教示としての子育てになる。

家族メンバーの振る舞い,行為,雰囲気などが子どもに与える影響も想像以上に大きい。子どもに時々,生まれてきてくれてありがとうね,と抱きしめるというようなことをするか,子どもが失敗した時,それを厳しくとがめないでじっくり諭すような対応をするか,いたずらをしようとする子どもを笑って見

第1章 子育てと保育

守るか，家族がお互いに支え合っているような会話をするかなどが，すべて子どもの心に行動規範の型として残って，大きな影響を与える。これらは，愛されているという実感（信頼感），達成感，自己有能感などの自我，心の育ちに深い影響を与えるのだが，こうした環境作りも広義の子育てと考えてみよう。

　とすると，子育てと言っているいとなみには，少なくとも三つの相があることになる。
　A：子ども自身の子育ち行為への援助としての子育て
　B：先行世代の意識的な要求としての教示
　C：子どもに愛を感じさせる環境作りとしての子育て

　Aの中には，たとえば子どもたちが地域で群れて自由に遊ぶのを認めるという形で，間接的に子育ちを援助するという地域環境作りも含まれるだろう。それをCと比べると，地域か家庭内かという場の違いに過ぎないことになるので，分類上は環境作り，特に心理的な環境作りとしての子育てという形でくくることができるかもしれない。

　Cは，一般には子育てと言われないかもしれないが，実際には子どもの育ちに最も大きな影響を与えている可能性があり，今日家庭教育と言っていることの本質もここにあるように思う。最近，アメリカのジェームズ・ヘックマンやフラビオ・クーニャら（Cunha *et al.*, 2010）がペリープリスクール研究などをもとに，教育の開始期は早ければ早いほど費用対効果が高いということ，そのための幼児教育は，文字・数などの可視化されやすい認知能力ではなく，自制心や粘り強さ，気概などの特性，総じて「非認知的能力」を伸ばすのに貢献する，ということを実証しようとしている[1]が，それはここでいうCに近い。

　それはともかく，以上のように仮説的に分類してみると，子育ては子育ちへの援助というだけでなく，独自に行われる多くの領域を持っていることがわかる。今までも漠然とそう認識されてきたのだと思うが，子育てという営為はあまりにも日常的であり，そのために正確な分類は困難だと思われてきたのであろう。それをあえて分類することでどういうことが見えてくるか，後に見てみたいが，実は，保育と言われてきたいとなみにも似た事情が存在している。

　保育は，他人の子どもを，多くは集団の場で預かり，ある程度組織的に育てていくことだが，その内容や方法を決めるのは，その社会で必要とされている

I 保育学とは

人間像を当然ベースにするものの,子どもたちの日頃の生活における「子育ち」部分との相関関係であることが多い。具体的には,日頃の「生活」の中で,(そしてその「生活」には「子育ち」「子育て」が当然含まれているのだが),育つ部分を前提として,それをさらに発展させることをめざすのか,それともそれとは相対的に独立して,保育という育てのいとなみの中で育てたい部分を決め,それを独自の方法で育てるという形で行うのか,ということが当然のことながら論点となる。そう考えると,先に「子育て」をA,B,Cに分類したのと似た分類が必要になることはよくわかるだろう。「生活」の中で結果として自生的に育つ部分が多いと,保育は独自に育てようとする部分が増えるだろうし,逆だとAのようなタイプの保育がふえていくだろう。今は生活が大きく変容している時代なので,この関係を丁寧に吟味することが肝要になる。

子どもの育ちの歴史的な三つの場

このように,子どもたちが生活の中で自生的に,何らかの活動の副産物のような形で操作力やワザ,身体化された知識などを身につけたり,子どもたちが生きる環境とか社会の有する価値志向が子どもの心や自我の育ちに影響していることが明らかな限り,「子育て」や「保育」はそうした育ちとどう関係するのか,それとは相対的に独立にいとなむものなのか,などということが真剣に検討されなければならない問題となる。

こうしたことが検討課題になるのは,現在,社会のあり方や子どもたちを取り囲む文化が急速に変化しているからである。自生的な育ちのほうも連動して急速に変化しているわけで,そのためにこうした作業を丁寧に行うことが必要になっているとも言える。そこで,ここではそうした検討作業に入る前に,もう一つ,長い歴史の中で,子どもたちはどのような「生活」行為の中で自生的な育ちを実現してきたのかを,簡単に見ておきたい。このことについて,詳しくはこれからの保育学の研究テーマであると思っているが,筆者は,歴史が大きく変容する時こそ,不易のほうにも目を配ることが大事だと考えている。だからこそ,子どもたちがこれまでどのような生活の中で育ってきたかを分類して,認識しておくことが肝要になる。

子どもたちは,私見では主として三つの領域で活動し,そこでその領域に埋

第1章　子育てと保育

め込まれたワザ，知識，態度，価値志向などを自生的に身につけた。三つとは，
① 親の仕事の手伝い
② 異年齢集団による遊び
③ 地域共同体の絆を強める行事への参加
である。

　①の親の仕事の手伝いであるが，長い人類史の中で，子どもに最も期待されたのはこのことであったと思われる。日本では子どもを「一人前」にすることが親の仕事とされたのは民俗学などの常識であるが，「一人前」には到達目標があり，一日に稲をどの程度刈り取ることができるか，米〇〇石を持ち上げることができるか，などが課せられた。その多くは仕事にかかわる目標であり，共同体の行事を担う力であった。近代家族の体裁をとるようになっても，生活の電化などが進む前は，子どもには膨大な仕事があった。家事手伝い，兄弟の面倒見，野良仕事への参加などで子どもは忙しかった。しかし，その中で子どもたちは手技を身につけ，道具の使い方や道具を大事にする価値観，農業の知識など，生きていく基礎能力を鍛えられた。地域や家族は，その意味で長らく自生的学校であった。また，子どもは，仕事に参加することで自分も家族の一員として役に立っているという「役立ち感」を手に入れた。「役立ち感」を身につけるということは，己の存在証明を得るということであって，自尊感情のベースとなった。また，買い物をすることで世間とつきあう練習をし，目的とするものが売り切れの際のしのぎ方など，危機管理の練習をした。しかし，今はこの仕事の領域が急速になくなりつつある。

　②の異年齢の集団遊びは，ごく最近までは子どもの日常の姿であった。子どもたちは，年上の子が年下の子の面倒を見ながらいつも集団で遊んだ。実際には年下の子はそれほど遊びに入れてもらえるわけではなく，時に惨めな思いもしたのだが，年上の子の見よう見まねで練習して遊びを覚えた。遊びはすべて自前であったので，遊び道具を作ること，遊具のない中で遊びを編み出す練習をすることなどが遊びの条件であった。その結果，遊びを通じてしなやかな身体，工夫力，企画力，デザイン力，社会力，ルール意識，失敗から立ち直るレジリエンス，満足感，達成感などが発達した。そこには子どもたちの自発的な発達を促すメカニズムが豊かにあった。こうした活動を保障したのは，地域の

I 保育学とは

図 1-1　1970 年前後の子どもたち（宮原，2006）

道路網，すなわち道ばたであり，空き地や原っぱであり，河原であり，境内であった。しかし，道路がすべて舗装され，道ばたで遊ぶことが危険きわまりない行為になるにつれ，子どもたちは次第に道から追い出され，一部の児童公園に追い込まれた。その児童公園も今は街区公園と名称を変え，多くは球技禁止，時に声を出すのも禁止の場になっている。参考のために，1970年前後の東京近辺の子どもの生活ぶりを追った写真集『もうひとつの学校』に載っている子どもの様子を示しておく（図1-1）。

③の地域の絆を強めるための行事などへの参加も，かつては子どもにとって大事な大人への道のりの儀式であった。祭りに参加させてもらう，踊りを踊らせてもらうなどは誇りで，それをめざして練習し，一人前になっていった。そこに厳しいルールがあっても，子どもはそれに自ら従ったのである。その中で郷土愛など，多様なものを子どもは身につけた。

残念ながら，現在はこの三つがことごとくなくなりつつある。必然的にそこで自生的に育ったものもあまり期待されなくなってきている。

そうだとすると，「子育て」と「保育」の関係はどうとらえればいいのか。

筆者は感傷的に，昔の子どものことを取り上げているのではない。子どもたちのDNAの中には，長くこうして育ってきた人類の発想，発達のメカニズムの基本形が刻み込まれていると考えている。だとすると，こうした活動，行為を現代風にアレンジして，育児と保育に組み込むしかないのではないか。これ

がこれからの保育の前提枠組みになると思って，歴史から学ぶことを訴えているのである。このことの重要性は，デジタル化がどんどん進む社会の中での子育てと，保育の原理を構想する際に，より明らかになってくるのではないか。

2　人間形成の全体像への視点

さて，以上の検討をもとに子育てと保育の関係を探っていこうと思う。
　そのためにまず，先に見た子どもの自生的な育ちと意識的な育てとの関係を理論化した先人の努力を見ておきたい。繰り返すが，主要な論点は子育てや保育を考察する時に，子どもが人間的属性のかなりの部分を自ら手に入れてきたという事実をどう考えるかということである。子育てや保育にも，そのことを念頭に強く置く発想と，それとは別に独自の子育てと保育を考える発想があり得ることを見た。これは子育て，保育だけでなく，一般に教育といういとなみ全体に当てはまる問題である。そのため教育学には，この問題を意識した議論がいくつか存在する。それを見ておきたい。

宮原誠一の「形成」論と「教育」論

最初に紹介したいのは，戦後教育改革期から長く東京大学教授だった社会教育学者，宮原誠一の議論である。宮原の教育のとらえ方は独特で，教育はそれだけで独立した機能を持ついとなみではなく，人は社会の諸々の影響関係の中でこそ育つのであるから，その影響関係をコントロールする働きが必要であり，それを教育の仕事ととらえるところに特徴がある。
　宮原は，戦後早い時期に「教育の本質」という論文を書き，その中で人間の育ちには，①社会的環境，②自然的環境，③個人の生得的性質，④教育，という四つがかかわっていて，前の三つが「自然生長的」な育ての力であるのに対して，4番目の「教育」だけが社会的，意識的なものであり，したがって，④の「教育」は「（前の三つの）自然生長的形成の過程を望ましい方向に向かって目的意識的に統禦するいとなみ」として定義しなければならないとして，戦後教育再建に原理的な方向性を与えようとした。つまり，人間の育ちの全体を「人間形成」という視点でひとまず大きくくくり，それに影響を与えるものを，社会環境，自然環境および本人の生得的な性質（今日でいうDNAの働き），そし

て教育と，大きく四つに区別した上で，そのうちの「教育」は他のように独立しているのではなく，他の自然生長的な三つによる影響を統御している働き，つまり相関的な機能だと定義したのである。大きく見ると，「教育」は他の機能と並ぶもう一つの人間形成の機能ではあるが，他の機能とは異なり，他の機能に入り込み，それを統御する特殊ないとなみだとしたわけである。教育は二次作用であって，一次作用は自然生長のほうであるということである。

　宮原は，こうして分けたうち，自然生長的な影響の部分を，「教育」と区別して「形成」と呼び，形成と教育の関係をより詳しく論じていった。宮原 (1976) の言葉を引用しよう。

　　(教育は) 形成にとってかわることはできない。形成が基礎的な過程である。教育とは形成の過程を統禦しようとするいとなみにすぎないのだ。形成の過程と並行的に教育の過程が進行するのではなく，教育とは形成の過程と取り組む努力にすぎないのだ。

　このように宮原は，「教育」は，独立したいとなみではなく，自然生長的な過程である「形成」過程を「統御する」（コントロールする）いとなみであると定義した。

　通常の教育の定義は，人間の育ち，育てにかかわる2種類の類型のうち，自然に行えている（起こっている）ほうは外して，意識的ないとなみのほうだけを指して行われることが多い。宮原はそれを批判し，人の育ちにかかわる二つ（全体）を常に念頭に置いて，その視点から「教育」の固有の意義を鮮明にしようとしたわけである。これは，小さなことと思われるかもしれないが，教育学や保育学の研究対象や方法に根本的な変化をもたらす可能性のある提起と言えた。なぜなら，宮原のいうように教育を定義して，その実態の正確な把握や評価などを行おうとすれば，自然生長過程のどこをどう統御しているか・すべきかということを当然の解明・検討課題とせざるをえなくなるが，それは自然生長過程を含む形成過程全体の分析を不可欠の課題とするようになるからである。たとえば，日頃の子どもの環境や生活の中で，何が育ち何が育っていないのかという分析が教育研究の課題となり，その正確な分析が前提となって，統御すなわち教育が初めて語られるようになる[2]。

　それに対して，このように子どもの生活の諸過程全体がもたらす育てを重視

し，教育をそれと関連を持って統御的に行うものと限定的に定義すると，教育という営為の固有性，独自性が不鮮明になるのではないかという批判が当初からあった。教育には教育独自の，あるいは固有の価値があり，それは自然生長的な育ちへの統御に限定されないのではないか，という批判である。宮原の定義は，いわゆる社会化を重視して，社会化過程への統御を教育と言っているにすぎず，昔からソクラテスたちが行ってきた教育，あるいは世阿弥が行ってきた教育などは，そうした統御過程に含めることはできないのではないか，という批判である。教育にもっと積極的で固有の価値を認めて，定義しようとする立場である。

　これは教育学の領域で教育的価値論争として争われてきたことであるが，ここではそれに深入りしないで，後に教育学者の中内敏夫が行った宮原へのコメントを見ておきたい。

　中内は，この提起からかなり後に，教育の定義にはこのようにその固有性・独自性を認めないで形成のほうを第一原理とする定義と，逆に教育の固有性を認め，教育にも第一原理性があるとする定義があるとした上で，宮原の定義は前者に属すると説明した。宮原の説は「教育は社会の文化的再生産につきる」という考えであり，教育は形成過程を上回ることができないという説だという説明である（平岡・中内，2004）。

　これはわかりやすいコメントであるが，しかし筆者は，中内のように説明してしまうと，せっかく宮原が，人間の生成，育ちを可能な限り一元化してとらえようとした理論的努力を元に戻してしまうのではないかとおそれる。中内の言うように，教育の定義には2種類あり，宮原は前者であるということはさしあたり間違いではないだろうが，問題は，なぜ宮原が二元論を批判し一元論的にとらえるべきとしたか，ということである。宮原は，たしかに「形成」のほうに人間形成全体の中の第一原理を付与したし，それほどに，社会環境，自然環境，そして遺伝的情報が人間の全体としての形成（育ち）に果たす役割は大きい，と主張している。筆者自身は，自らの生育史を振り返っても，この宮原のとらえ方は妥当だと思う。宮原はそれらの形成の過程を統御するものとして「教育」を定義しているのだが，統御するには統御する側の目的意識や方法などがなければならないはずである。無方向な統御はありえず，目的意識や独自

Ⅰ　保育学とは

の内容と方法がなければ「形成」の過程を統御することはできない。つまり，宮原が「統御」と言っているいとなみには，固有の教育目標や方法が何らかの意味で入り込んでいるわけで，その限りでは，宮原の教育定義には教育の固有性は含まれていないとか，教育は二次的なものという位置づけになっているという説明は，不正確と言えるのではないか。宮原の定義には，そのように統御過程には独自の目標意識や内容・方法や方法意識があるということと，あわせて，にもかかわらずその統御過程は実際の「形成」過程や「形成」内容・方法などと離れて自由勝手にできるものではないということが，含み込まれている。教育は形成過程を変容するという形で形成過程に規定されており，絶対的な独自性，固有性は教育にはあり得ないが，形成過程をどう統御するかということに教育という営為の固有性・独自性は担保されている，ということである。

　たとえば子どもが育つ環境について。生まれた後の1年間に子どもが聞く音や声は，かつては鳥の声，台所の包丁の音，近所の子どもの甲高い声，あるいは川のせせらぎ，風が木を揺する音などであったと思われる。しかし今は，テレビの声，自動車の騒音，電話のベル，冷蔵庫や電子レンジの機械音などであり，それらを聞き続けることで子どもの内部に創られていく漠然とした世界像（ミクロコスモスの背景図）もおそらく相当異なったものとなっている。匂いもそうであろう。今は無臭であることがめざされるようになったが，かつては春なら春の匂い，種々の花の匂い，生物の匂いなどが充満していたに違いない。梅の花の匂いをかいで，人々は季節の変化の喜びを感じていたのだろう。私たちは梅林に入っても梅の匂いを感じ分けることが困難になっている。人間の五感で最も衰えているのが嗅覚かもしれないとさえ思える。

　宮原は，こうした環境が人間の育ち，育てに与える影響の大きさを前提に教育を組み立てようとしたのだが，仮に前者のような環境が現在の子どもにも必要だとなれば，子育てや保育の環境を，可能な限り前者に近づけるように工夫すればよいことになる。逆に，そのようなことは必要がない，現在は現在の環境で育てるのが自然で，子どもたちは長じても自動車や電子音の世界で生きるのだから，乳幼児期だけ昔のようにしても仕方ない，という判断もあり得る。その価値判断をどう行うかが保育学や教育学のテーマであるが，いずれにしてもその判断の中に，教育固有の価値と言われているものが入り込んでくる。

宮原の教育定義の眼目は，このように人間形成の全体性を視野において，それとの関連なしに教育はあり得ないとした上で，その関連性の作り方にその固有性が表れるという立場で二つを統一しようとしたことと思われる。見方によっては，この定義は，ジョン・デューイがシカゴで実験校を創った時の問題意識と近いものと言えるし，ジャン＝ジャック・ルソーが『エミール』の中で，教育を自然によるもの，事物によるもの，人間によるものと区別した上で，前二者は人間の手では変えられないものであるから，この三つを一致させるには，人間による教育（宮原のいう「教育」）を，最も変えられない自然による教育に近づけるしかない，とした発想を引き継いでいるようにも思える[3]。

ただし，宮原の発想の前提には，「形成」の諸過程において，子どもに期待される人間諸力の基本が育つ，という判断が隠されていたように思える。形成過程そのものの大きな変化による子育て，子育ちの新たな問題という現代のようなことは，必ずしも前提とされていない。仮に，形成過程が歴史的に変化しても，それゆえに教育という統御過程でそれを調整すればよいという，ある意味，予定調和的な発想に立っているということである。現代はこのことが簡単には成り立たない時代になっているのである。

中内敏夫による人間形成の全体史への努力

さて，前述の中内敏夫は教育と自生的育ちの関係をどう理論化しようとしたのか。

中内は，1970年代の後半から80年代に入る頃，フランスのマルク・ブロックらアナール学派の影響を受けて，社会史という手法を教育，教育史研究においても始めるべきだという，新たな問題提起をした人物である。中内はその問題意識と教育研究の対象，方法，基本概念などについて，何度か修正しながら問題提起をしてきたが，その問題意識を最初に公にしたのは，『教育』誌に載せた「教育の社会史観（上）」及び「同（下）」という論文であった（中内，1984）。この論文で中内は，「（教育のしごとは）狭義の教育のほかに家政学や産婦人・小児科医学が取り組んできた産育（出産と育児）の分野をも新しい観点で含んでいなければならなくなる」といって，教育研究の対象を，常識的に言われている「教育」以外に，ヒトの，子を産み育てるいとなみにまで拡大すべ

きことを提案した。人間形成の全体を把握できる教育研究をという宣言であった。その上で，この段階では，ヒト以外の動物とも共有している教育の部分を「第一領域」，ヒトに固有な教育部分を「第二領域」と区別し，「第一領域から第二領域が分化し，そこで伝達され再創造される文化だけでなく，その伝達と再創造の時空概念まで異なる前者と後者が相互に対立し，かつ浸透し合って統合されていく歴史過程が明らかにされなければならない」と壮大な課題と展望を提起した（中内，1987）。

中内は，これらの論文では「教育」というカテゴリーをどう定義し，「形成」などのカテゴリーといかに関連づけるかという問題にはあまり突っ込んでいないが，それから十数年後，一橋大学を退官する時に行った最終講義でそのことをある程度論じている（中内ほか，1998）。この最終講義で，中内は「教育」と「教化」「形成」などをきちんと区別すべきだと，あとの世代の研究者たちに言い含めるように提言している。

まず「教育」であるが，中内はそれを，内容はいろいろあるにしても総じて人は「よさ」を身につけるための努力，言い換えると本人にとって「よりよく」生きるための努力（その過程を「学習」と呼ぶ）をするが，その「努力の要所要所を，その一歩一歩を，大人が，例えば教師が，その中に介入していって，これを『助ける』仕事，その技と技のシステムが教育というもの」（中内ほか，1998, p. 22）だと定義する。子ども・若者，総じて人間が，社会の中でより価値の高い人間になっていくための努力に介入し，それを助ける作業を教育とする，と定義するわけである。こうした意識的な人作りは，中世的な共同体が解体することが前提になって歴史に現れると中内はいう。万人の利益と個人の利益が一致していた段階からそれがずれてくる段階への移行。それに伴って，こうした「よさ」を求めて学習する過程を，他者が助ける仕事という意味での，「教育」が登場する。つまり，狭義の「教育」は近代社会になって登場したもので，決して普遍的なものではないというのである。そして，こうした「教育」という人作りの作業をいとなむ家族を近代家族と呼ぶ，と中内はいう。近代家族とは教育家族のことである。

これに対して「社会を改革したい，あるいは社会の現状を維持したい，そのための人間形成だ。社会の発展や国家や家など集団を維持するための人間形成

だという方もいらっしゃるかと思います。しかし私はここで，後者の方に〈教育〉という名称を与えずに，この方は〈教化〉とよびたいと思います」と「教育」と区別した「教化」という作用を中内は別に定義する。簡単に言えば，社会集団の発展や維持のための人作りを「教化」と呼ぼうということである。すぐにわかるように，これはいわゆる詰め込みという意味の indoctrination のことではない。詰め込みでない「教化」はいくらでもあるということになる。

　「形成」はどうか。中内は「人間形成を目的とする意図的行為ではなくて，他の目的で人間が行為する，例えば労働する，リラックスするためにレクリエーションするとか，そうした他の目的で行動した結果おこってくるところの人間形成，つまり副産物，結果としての，生活が教育であるという場合のあの教育と呼ばれていたものが形成」（中内ほか，1998, p. 65）だという。

　本章の課題は，子育てと保育という営為の意味の鮮明化，その関係のあり方の実態や歴史の解明であるが，そのためにはこうした意味での「形成」の過程で育つものをきちんと把握することが前提的に必要になる。そうしないと，それとの相関で決まる保育（教育）の内容や課題は見えてこない。そのために，迂遠な道であるが，この関係を丁寧に明らかにしようとしてきた学問的努力を振り返っているのであるが，中内は，そのことの必要性を示唆するかのように，「形成」と「教育」と「教化」を区別すべきだとしたのである。中内は，この「形成」という訳語を造った宮原誠一は，これをデューイからではなく，1930年代のソビエト教育学の用語であったフォルミロバーニエからとったと説明している。それが，英語圏に入って日本に届いたものという。英語では formation である（しかし筆者は，宮原の「形成」カテゴリーのベースはデューイであると思っている）。

　中内のいう「教育」は，個人の価値向上（よさ）のためのいとなみへの援助の謂いであるが，決して個人主義的営為であるわけではない。人は生まれた瞬間から社会的存在であり，何を価値とするかということも社会に規定されるわけであるから，この意味での「教育」に社会は十分に入り込むし，「教育」のつもりが中内のいう「教化」になっているということもまた起こりうる。そのことを中内はわきまえていて，この問題提起の後の座談会の中でもこの点を強調している。私たちは，中内は，学問として人の育て（育ち）を論じるために

Ⅰ　保育学とは

は，今までのように「教育」という言葉だけで全部を論じていては本当の姿が見えてこないゆえ，それを克服するための概念体系としてこの三つを提案しているのだと理解したい。

　そして，私たちにとって参考になるのは，先の最終講義の最後で中内が次のように述べていることである（中内ほか，1998, p. 48）。

　　教育計画論にせよ教育改革論にせよ，その土台は教育調査論であります。これがしっかりとできていないと，政策，計画は失敗します。歴史的に，社会的に，人口学的に，教育の歴史と現状を調査する。……私はそういう調査も必要だと思いますが，子どもの「形成」過程がどうなっているのかの調査が大切だと思います。というのはどのような〈教育〉も〈形成〉過程をはなれては成り立ちようもないからです。子どもが遊んだり，ケンカをしたり，学校へいったり，親に叱られたり，同情をしたり，おじさんの死に出会ったり，病院へいったり，アニキがもっていたポルノをみたりして，どう自分を変えているのか。どういうふうにこうした日常の経験を自分の人格に刻み込んでいるのかの調査です。この形成過程がすごく変わりましたね。そのために，それまでつくりあげられていた教育システムがうまく機能しなくなっている。

　ここでは「教育」と「教化」があまり区別されていない印象を受けるが，それでも，このように中内が，現在のように「形成」過程が大きく変容している時期には，とりわけその形成過程で子どもがどう実際に育っているのかの調査が大切になると言ったことは大事な意味を持っている。これまでの教育システムは，それまでの形成過程で育つものを（暗黙の）前提にしていて，その形成過程が大きく変わってきたことに必ずしもうまく対応できていない。つまり，既成の教育システムがうまく機能しなくなっている。だからこそ，まず形成過程の調査を，ということである。教育は形成との相関で決まるのだから，その形成過程が変容しているのなら，そこを調査して，それと見合った教育を再構想しなければならないということである[4]。これは私たちの問題関心ときちんと重なった提起と言わねばなるまい。宮原が教育を人間形成の全体を念頭に置いて限定的に定義した時代に比して，形成過程があまりに変化し，統御過程もその変化を強く意識しなくてはならなくなってきたということである。

ちなみに，この中内の提起がなされたのは20世紀も最後の時期であった。保育・幼児教育の世界でも，幼稚園教育要領や保育所保育指針が改定され，保育・幼児教育の基本的な考え方が大きく変わった時期であり，学校でも「新しい学力観」が提起されて，知識集約型の学力から探求型の学力への転換が謳われた時期，総合的な学習が提案され，学校の週5日制が実施された時期である。社会構成の原理も，文明の原理も大きく変容し始めた時期で，地球規模であれこれの問題が深刻化し，これまでの社会哲学，文化哲学では通用しないことが急速に増え始めた時期である。こうした時には，さらなる変化が予想される次代に向けて子どもを育てていくという子育て・保育・教育のいとなみも，連動してその原理や内容・方法を変えていかねばならない。そのためには，子どもの形成過程の変化によってその育ちがどう変化しているのかをも，きちんと調査することが大事だということである。たとえば，遊びを含めた子どもの生活と文化の実態，家庭教育の実際，塾や教室の実態などと，そこでの子どもの育ちの実際が関連づけられて，丁寧に調査，議論されて明らかにされること，そして，これからの時代をにらんで，その形成過程にどう教育的な統御を加えるべきか，実際にはどう統御されているかなどを明らかにするということである。これには，小児科学者・医師や脳科学者，文化人類学者，子ども文化学者など，子どもの育ちにかかわるいわば基礎学を研究している分野の研究者と実践者との新たな学的交流が不可欠の課題になるだろう。

　他方で中内は，「教育」という概念を，常識的な「教育」だけでなく，「産育」を当然含み込まねばならないとして，学校教育的教育学からの脱皮を図ろうとした。人間形成の全体性を担保するために形成と教育と教化に分けて全体をとらえようとする共時的発想は，時間軸に移せば，継時的な全体性，すなわち出産・育児とその後の教育，教化を全体として把握することの必要性ということに必然的につながる。その結果，教育研究と保育・育児研究をつなげることが重要な課題として意識されるようになってくる。実際に中内の薫陶を受けた研究者のあいだでは，すでに一定の成果が生まれている。中内の提起にそっていけば，教育学の研究者が教育のいとなみそのものとしての出産や育児を研究対象とする可能性が高くなり，ここでも産科学や赤ちゃん学，脳科学など，他分野の研究者との交流による研究の相互刺激の成果が期待されるようになる

だろう。反面で，保育学の側から言えば，そうした研究を教育学が担うのならば，保育学と教育学の垣根が外されるという可能性が高くなることも予想される。「保育」という用語が必要かどうかの検討が本格化するだろう[5]。

3 保育と家庭教育

保育という用語

さて，以上のような検討を行ったのは，形成と教育という枠組みが「子育て」と「保育」のいずれにも深く関係しているからである。保育に比して，子育てのほうはもっと自生的な形成に近いいとなみを含んでおり，そこで子どもたちは仕事や遊びを通じて，もろもろの人間諸力を身につけていったのだが，そうした関係が大きく変化しつつある今日，そして今後，子どもを預かって行う保育は，自生的な育ちへの統御をどう行うべきか。このことが課題になっているのであるが，学問的には，それを明らかにするためにも，これまでの歴史の中で，子育てと保育といういとなみが，自生的な育ちである形成という作用と，どのような緊張関係の中で行われてきたのか，あるいは構想されてきたのかを明らかにすることが課題となる。本章ではそのことに十分には入り込めないが，保育といういとなみが生まれてきた時に，それがどう定義され，その時期の形成とどう関連づけられていたかを少しだけ見ておきたい。

先に見た中内たちは，産育と教育（人をよくしようとするいとなみ）の間に境界を引かないという立場をとってきた。そのため，保育という乳幼児を対象とする教育に，特別の定義づけをしていないように見える。しかし，日本の近代史の中で保育という語がどう生まれ，それにどうした内容が込められてきたかということは，それなりに研究されている。たとえば，中内のグループの有力なメンバーである太田（2004）は，中内・小野（編）『人間形成論の視野』で，ある程度丹念に，保育という語の登場をめぐって文献をたどっている。ここではこの太田の研究を紹介しつつ，私見を加えながら，保育という語に込められた意味をあらためて探っておこう。太田（2004）の文章を引用する。

> 先にもふれたように，「保育」という言葉に先立って，「撫育」「看護扶育」「扶育誘導」という言葉が試行錯誤するかのように使われていた。前二者は care や nursing に近く，「扶育誘導」は今日の「保育」に近い意味内容

第 1 章 子育てと保育

を含んでいよう。幕末当時，子育てを支援する制度的な取り組みは，「養育院」「赤子養育」「撫育講」などと呼ばれており，care に近い言葉として「撫育」や「養育」という言葉は広く使われていた。しかし，中村［筆者注：正直］らは，これら使い慣れた言葉を採用するのではなく，あえて新しい言葉をつくり出したのである。それは従来日本人が知っていた子育ての習俗や慣行とは質の異なった子育てを日本に定着させようとする決意の現れであると同時に，維新期の知識人が幼稚園思想の吟味熟読したうえで，あえて「幼児教育」という言葉を使わなかったということをも意味しているのである（p. 33）。

「保育」という用語が正式に使われだしたのは，東京女子師範学校附属幼稚園の「幼稚園規則」で，単独で使われたのではなく，「保育規則」「保育料」「保育時間」という頭につけた修飾語としてであったことは，よく知られている。この東京女子師範学校の当時の最高責任者（摂理）が中村正直であった。中村は東京女子師範学校の設立を準備する過程で，田中不二麿（文部大輔）とともに案を練ったのだが，当時，幼児を育てる場として紹介されていた幼稚園を，「幼稚教育」や「幼穉教育」の場というのが一般的だったのに，この2人はこの言葉を意識的に使っていないと，太田は指摘している。おそらくアメリカ経由のフレーベル主義の保育が紹介されたことに，形式主義や不自然さを感じた中村らは，むしろ「知的な教育よりも身体の健康や活動意欲，モラルの育成に力点をおく立場から幼稚園のあり方を構想して，それを教育と呼ばずに『保育』と呼ばせたのであった」と，太田は推測している。太田のこの推測は妥当だと思われる。中村とともに官製幼稚園の設立を用意した田中は，就学率の向上をめざして自由教育令を出した人物であり，欧米視察後，女子師範学校設立を主張した人物でもあったが，彼の考えの根には自由を重視する発想，思想が流れていた。田中は，幼稚教育と言わず，撫養，看護扶育などと言っていた。中村が東京女子師範学校附属幼稚園の規則の執筆に何らかの形でかかわった可能性があることを太田も指摘しているが，やはり，独自の用語を模索していて，保育という言葉にであった可能性がある。中村は，福沢諭吉や森有礼らとともに明六社をつくった啓蒙思想家であり，サミュエル・スマイルズの"Self Help" を『西国立志篇』と題して訳し，ベストセラーにしたのをはじめ，

ジョン・スチュアート・ミルの"On Liberty"を訳した『自由之理』で「最大多数の最大幸福」という功利主義思想を広めた本人でもある。その考えには自由主義の筋が通っていて，形式的な「幼稚教育」は肌に合わなかったのであろう。

保育という用語は，古くから中国の一部で使われていた可能性がある。白川静の『字通』（平凡社，1996年）には「保」の説明に「……生まれた子の儀礼を示す字である。［説文］に『養うなり』と保養の意とするが，保は聖職者をいい，最高位の人を大保という。王の即位継体の礼を掌る人であった」という説明がある。「保」の意味として，①たもつ，霊を守る，②たすける，③やしなう，もりやく，④つきそう，やとわれびと，などが挙げられている。諸橋轍次の『大漢和辞典』（大修館書店，2000年改訂第2版）にはやはり似た説明があり，「やしなう」という意味の説明のところには，「古之人，若保赤子」という『孟子』からの引用が示されている。「保育」という説明には「安んじて育てる，撫育。またかしづき教える。傅育に同じ」とあるが，他の辞典の説明をも勘案すると，中国では，古代から，わが子ではなく他人（特に身分の高い人）の子の養育を，役所や聖なる場で司る人物や役職を指したのであろうが，今後の検討課題である。

ともかく，中村たちは，幼稚教育，幼児教育，という外国から入った形式的な育て方を採用せず，身体や心の育てを重視した，新しい日本的な育ての方式を広めようという意志を持って「保育」という言葉を採用したのだと思われる。保育の実際は，この形式主義と自由主義の間でゆれ動くことになるのだが，その萌芽はこの時期にすでにあったことは興味深いし，保育と子育ての関係史を考察する際にもこのことは念頭に置くべきと言えよう。

その後，文部省関係者や幼稚園関係者，関信三，中村五六，東基吉らの努力で，幼稚園の保育課程が整備されていったことはよく知られているが，その出発時の1881年に作成された東京女子師範学校附属幼稚園の「保育課程」が，後の各園のモデルとなっているといわれている（津守・村山，1968）。その「保育課程表」には20の課程が記述されている。会集，修身ノ話，庶物ノ話，木ノ積立テ，板排ヘ，箸排ヘ，環排ヘ，豆細工，珠絵キ，紙織リ，紙摺ミ，紙刺シ，縫取リ，紙剪リ，画キ方，数エ方，読ミ方，書キ方，唱歌，遊戯，の20

である。それぞれに説明が書かれているが，木ノ積立テや板排へ，箸排へは，今日いう算数に近いもので，他に手先の器用さを鍛える課程が多いのが特徴である。ここには「保育」が，修身から知的学習，器用文化の獲得，唱歌や遊戯までを含んだ総合的なもので，そこに彼らが期待した近代的な子ども像が示唆されていると読みとれる。伝統的な文化へのこだわりが強く見られるが，それが形式的なフレーベル主義とは異なった日本独自の幼児の育て方としてイメージされていたことが窺える。「保育」と「幼稚教育」とはこの点でも異なっていたのであろう。なお，「……方」という言い方は，「型」を大事にしてきた日本の文化とその学びの様式を取り入れたものであると考えられる。「方」=「型」である。

　しかし，そこには「遊び」というものが，後の倉橋惣三のようには十分に位置づいていない。おそらく，日頃の生活で十分に遊んでいる子どもを，幼稚園という場に集めてさらに遊ばせるという発想が生まれにくかったためであろう。人間としての基本は，子どもの生活で育っている，それより先のことを育てるのが「保育」で，その内容として，心の育て，知的育て，手先の器用さの育て，そして表現の育てが取り上げられていたということである。先の形成とその統御という宮原の定義という視点から見ると，遊びよりも仕事に重きを置いて形成を統御するという発想をしていたと言ってよいであろう。同時に，幼稚園という場での教育を，近代的な国民形成の一環として位置づけるという問題意識が強く浮き出ていたということもできよう。国民として素養を形式的に考える発想から統御がなされたため，そこに「遊び」が重要という結論は出てきようがなかったのであろう。

　いずれにしても，保育という語，したがってそれに相当するいとなみが登場した時，「子育て」という用語は登場しておらず，生活の中で自ずと育つ人間の能力や態度の一部をより鮮明な形で伸ばすいとなみ，すなわち生活での育ちを統御するいとなみとして，保育が構想されたことがわかる。そのどの部分をどのように統御するかという考え方の違いが当初からあり，それが後に保育観の違いなどとして形を変えて何度も登場するのである。

Ⅰ 保育学とは

家庭教育という言葉に込められた意味

　今,「子育て」という言葉は当時,自覚的には登場しないと言ったが,それよりも「家庭教育」という言葉のほうが先に現れてくる。実は「家庭教育」という言葉がどのような経緯で登場し,そこにどのような意味が込められていたかということについては,「保育」に比して多くの研究がある。特に山本敏子の一連の研究（山本,1992, 1993, 2012）は参考になるが,ここでは歴史的な流れの中で家庭教育という発想の出自を比較的体系的に論じている小山静子の『子どもたちの近代』が目配りのきいた理論展開をしているので,その議論を紹介しておきたい（小山,2002）。

　小山は,明治期には,「共同体―いえ」関係から「国家―家」関係へと関係が大きく転換していったこと,すなわち,家族が公的なものから私的なものへと転換し,結婚にしても,育児にしても,職業選択にしても,「いえ」の意向なしにはできなかったものが,各「家」で決め,実践してよいものへと変化したことを記述し,この「家」が国家の中の単位として自覚されていく過程はまた,新たに始まった学校によって強化されていったこと,啓蒙思想家たちも列強に負けない国をどう築くかということを共通の課題として自覚しており,それを「家」にも期待したことを実証している。その上で,この時点で「家」における「母」の役割への期待転換が起こったこと,母親は江戸時代,育児をする役割を期待されていなかったことは,昨今の研究で明らかになっている[6]が,小山（2002）は,文部省が学制を発布した時に,女子が将来母となり,その母の賢,不賢が子どもの将来に大きな影響を与えるがゆえに,女子にも教育が必要という論理を提起していたことに対して,「このような賢母の養成という観点から女子教育の必要性を主張する論理は,まったくあたらしいものであった」（p. 61）と強調する。家庭教育というのは,こうした母役割の大きな転換の中で出てきた国家形成とセットの概念だというのである。

　家庭という概念が本格的に登場するのは,巖本善治と近藤賢三の発行による『女學雑誌』の中であるが,小山（2002）は「家庭」とは,こうした母役割の転換を受けた「子どもの教育に積極的な関心を示す家族」のことであり,その家族の中で,子どもは特別な存在として扱われるようになったこと,そして男は仕事,女は家事育児という近代的な分業が想定されていたこと――要するに

「家庭」とは，男女の分業を前提とした教育家族のこと——だとし，次第に「学校教育が中心でそれに協力するのが家庭教育」という発想に発展していくとしている。

　明治30 (1897) 年代には家庭教育論が次々と発刊されていくが，小山（2002）は，それらを通じて「家庭教育自体の価値の追求に主眼があるのではなく，次代の国民形成という観点や学校教育との関連において家庭教育」ということが論じられていたこと，「母親が担うべき家庭教育とは，……学校教育を補完すべきものであった」こと，が明らかになっているという。

　以上であるが，家庭教育という概念は，今日と少しニュアンスが異なり，近代国家を建築していく途上の期待が強く込められていたことを理解しておきたい。「いえ」が「家」へと変容していく過程は，近代社会化に必然的なものであるが，それが家族の自立力を奪っていく過程に他ならなかったという視点から，これに批判的な論調もあることも知っておいていいだろう。たとえば市井の歴史学者の渡辺京二は，『近代の呪い』の中で，こうした過程を「自立的民衆世界の解体」と形容し，近代社会は，国家がなければ何もできない社会となっていっていること，それが人間の真の自立能力を奪ってきたことをいわば呪っている（渡辺，2013）。彼の議論にも説得力があり，21世紀社会の構想をする時，したがって保育の目標やねらいなどを構想する時の，重要な視点を提供していると考えられる。

倉橋惣三の家庭教育論と保育論

　さて，以上のような行論の文脈に載せた時，倉橋惣三の保育論や家庭教育論（子育て論）はどう位置づけられるだろうか。

　倉橋が家庭教育を重視したことは，よく知られている。家庭教育についてまとめて書いたある論考では，「家庭教育は，我子が一本立ちとなる迄，いつもその任務をつづけるものである。ただ，家庭内でしなくなるだけである。幼稚園や学校という協力者をもつに到るだけである」（倉橋，1928, p. 68）と述べ，幼稚園も学校も家庭教育に対する協力者だというほどに，家庭教育の基本意義を強調している。また，「生活が教育であること，生活の中に教育が蔵せられること，生活から教育が発生すること，これはいうまでもない。生活は大地のよ

うなものである。その大地こそ自然の命が育つ土台である。その上，家庭には親がいる。親とは，その子の最初の教育者である」（倉橋，1942, p. 3）というように，生活こそが教育の土台で，それが行われる場が家庭であるがゆえに，家庭教育が基本となるという説明をしている。

　倉橋は，おそらく城戸幡太郎の求めに応じて執筆したのであろう，岩波講座『教育科学』第 10 冊所収の「家庭教育」というまとまった論考で，家庭教育にも 2 類型があると説明する（倉橋，1932）。一つは学校のように計画的に実行するもので，「方法的家庭教育」と言えるものである。もう一つはそうした目的意識性や計画性を取り去った後に残る教育性で，「家庭生活それ自体の裡に自然に存する教育」である。後者を倉橋は「本義的家庭教育」と呼んで，あるべき教育性だと強調する。生活の中に自然とある教育性で，教育しているという意識が全くないのに，結果として子どもに一定の育ちが具現化する。それがあるべき教育の姿だというのである。

　ここには，明治後期から活性化した家庭教育論ブームへの倉橋なりの批判が強く窺えるのだが，同時にそこに倉橋独特の「生活」概念のとらえ方が反映されているように思う。倉橋は，「生活」とは「生」すなわちライフが「活」性化している様を指しているというニュアンスで，「生活」を概念化している。倉橋は，生活は大地のようなものである。その大地こそ自然の命が育つ土台であるという主旨のことをしばしば述べているが，倉橋にとって，こまごました生活行為だけが生活なのではなく，その背後に流れる生活主体の生命の活きいきしたいとなみこそが「生」「活」なのである。だから「大地」であり「命が育つ土台」であって，「大地」であり「土台」である親の「生活」に子どもが巻き込まれることで，子どもの生命の活性化がもたらされ，育ちが実現するのである。

　「家庭の生活そのもののもつ教育性」ということを強調した上で，それらは具体的に「家庭員の純人間的交渉」「家庭生活の現実性」「家庭生活の限定性」によって行われるという。純人間的交渉とは，慈しみ愛する親の心情であり，現実性とは家庭は現実には様々な義務，必要な行為などによって成り立っているということで，それを知り実践することで育つ部分であり，限定性とはそれぞれの家庭の個性のことである。

倉橋が，明治後期から大正時代にかけて日本に広がった「生命主義」にどう影響を受けていたかはわからない。アンリ・ベルグソンらに端を発する生命主義は，日本では「大正生命主義」と名づけられて広がったが，その背景には西洋での機械化文明に対する不安と期待の混ざった複合感情があった。生命と訳されている元の言葉は，英語では life だが，これは「生活」とも訳される言葉である。機械化によって，日常の手作業などのモノ，ヒトと直接交わる life がなくなっていくということへの不安があれば，それを克服しようとする思想は，「生活主義」と訳してもいいものである。ジョン・デューイたちの思想にも，根っこにはそうした物質文明，機械文明の闊歩への不安がある。そういう意味で倉橋の生活主義は当時の思想状況への倉橋なりの受け止めという面があると思うのだが，これは今後の課題としておきたい（たとえば，鈴木，1996参照）。

　それはともかく，倉橋が生活の教育性を強調したということは，本章で取り上げている「子育ち」と「子育て」の関係，自生的育ちとその統御としての教育（保育）ということと重なっていることが明瞭であろう。

　『幼稚園真諦』で倉橋（1953）が明確化した「自己充実」「充実指導」「誘導保育」「教導保育」の4階梯の保育論は，「子育ち」と「統御」の関係，それ以外の教えとしての「教育」などの位置を倉橋なりに整理したものと受け止めることができる。自己充実は子どもの遊びや制作活動の中で育つ心身の内容に注目したものであり，遊びや制作活動は子どもの「生活」そのものであって，その「生活」の中で自ずと育つものにこそ倉橋は注目した。自己充実とは，自分で自分の心身を充実させることで，これは倉橋に言わせれば，子どもが自ら「生活」すること（自分の生命を活性化すること）に他ならなかった。これは先の宮原の議論でいう「形成」作用への注目であり，「子育て」の前に，「子育ち」の豊かさにこそ注目せよという思想である。つまり，倉橋は，長い保育・幼児教育史の中で，ある意味初めて，「形成」ということの重要性を自覚的に指摘した人物であり，それを自己充実と命名し，その活動を援助すること，すなわち統御することを「充実指導」と命名したのである。その意味で，倉橋にとって「子育て」（これを倉橋は家庭教育として理念化した）は，「子育ち」が豊かに実現する環境を創造することと重なっていて，それが保育の内容，方法の原理となると考えたのである。充実指導はその自己充実の活動への援助であり，その

先に，自己充実の活動を大人が期待している方向に少しずつ導く保育があり（「誘導保育」），時々，上から教えてやったほうがよいことがあるので，それを「教導保育」と命名している。誘導保育の具体化の仕方によっては，大人が引っ張って行き過ぎということが当然起こる。そこは実践上の議論の余地があるが，それよりも大事なのは自己充実と充実指導であろう。おそらくこの考えの中にデューイらの新教育運動の思想が影響を与えている[7]。

繰り返すが，倉橋にとって，「保育」は「家庭教育」がモデルであり，それも本義的家庭教育が有力なモデルであった。生活の中で，意図しないで自然と行われる人間形成作用。それを「家庭教育」の本義としたが，それと同じようなことを幼稚園という場で行うのが倉橋にとっての（あるべき）「保育」であった。

家庭教育の中で子どもが自ずと育つ場面を子どもから見てみると，評価とか競争とかではなく，己の生命を充実させる営みに没頭するということである。親は必ずしもいないが，「家庭教育」の延長の場となるべき幼稚園でも，家庭と同じように，子どもの「生」を活きいきと「活」性化させること，すなわち自己充実・充実支援の活動を旺盛に展開すること，これが結果として家庭と協力した幼稚園の姿になる。倉橋は，当初の「遊び」へのこだわりから，次第に「生活」そのものへとこだわりを移していったのだが，その含意はこうしたことであったと思われる。

子どもの生活を正確に把握する努力

倉橋の議論を引き継ぎつつ，保育をより科学的根拠を持ったものに発展させるには，子どもたちの自己選択による遊びあるいは仕事への参加（手伝い）などの中で（を通じて），子どもの中に何が育つのか，逆に言えば何が育たないのか（形成過程での育ちの実態）を分析することがとても大切な課題になる。しかし，この分析はその後，保育の世界では必ずしも十分に行われてきたとは言えない。少し広げて言うと，宮原のように，教育を，子どもの自生的な育ち，すなわち「形成」過程に注目し，その「統御」として意味づけると，その「形成」過程の評価が理論的にも実践的にも前提的な課題になるのだが，それは保育の世界では，倉橋の後もすぐには課題にならなかったということである。

しかし，昭和前期になると，学校教育の一部の世界でこの形成過程の評価が課題になり，それを方法として具体化することが始まった。それが生活綴方である。

　生活綴方は，詳述はしないが，芦田恵之助が提起した随意選題方式の綴方教育が大正期に広がったものの，その一部が生命主義に流れたことを批判して，己の生活の事実を自分の言葉で書くことを要求する，生活主義の教育実践として提案されたものである。特に貧しい地域，家庭の子どもは，当該社会が抱えた問題が家族を介して個人の問題として入り込んできて，それが屈折して綴方のテーマになることが多いのだが，それをたとえ自分では解決できなくとも，その事実から逃げずにその狭間にいることを要求することで，独自の自我形成を期待したものである。

　戦前は，残念ながら綴方教育の多くは弾圧されてしまったが，戦後，無着成恭による『山びこ学校』の公表で，一挙にブームになる。その後，綴方教育をどう意味づけるかをめぐる議論が活発に行われることになったが，私たちの追究しているテーマからいうと，岐阜県の恵那・中津川地域の綴方教育の意味づけと地域あげての取り組みが参考になる。

　恵那・中津川地域では，綴方教育を国語科の作文教育とは位置づけず，「子どもをつかむ」方法として位置づけてきた。「子どもをつかむ」とは，子どもの作文の内容を分析することによって，子どもたちの心の世界にどういう社会・文化問題が（屈折して）反映してきているか，子どもたちの家族が抱えた問題をどう子どもたち自身が抱え込んでいるか，子どもたちの人間関係が子どもたちの心身の育ちにどう影響を与えているか，などを読み取ろうとする努力を指す。そうして把握した子どもの内面を前提として，教育の実践を構想しようとしたのである。それは，教科の実践の際には，興味・関心の理解，世界観形成のきっかけなどの形で活かされ，道徳や社会性の教育では，それらのリアリティを与える背景要因とされた。あわせて綴方教育は，子ども自身が自己と丁寧に向き合う機会を提供する，独自の自我形成論として意味づけされた。

　こうした努力は，これまでの議論からいうと，子どもたちが生活の中で，家族や文化環境，友人などから受ける影響を重要な「形成」内容として意味づけ，それが実際にどうなっているのかを明らかにした上で，その「統御」としての

教育にリアリティを与えようとしたものと総称できるだろう。つまり，生活綴方の一部の努力，特に「子どもをつかむ」といった実践的努力は，教育を自生的育ち（形成）と意識的育て（統御）の間で無理なくつなごうとするための営為なのである。

　こうした努力は，綴方教育の場合は，作文という子ども自身が作品化した資料を媒介にしているが，それ以外にも多角度から行われなければならないだろう。先の，中内の発言の一部をもう一度引用しておこう（中内ほか，1998, p. 48）。

　　……私はそういう調査も必要だと思いますが，子どもの「形成」過程がどうなっているのかの調査が大切だと思います。というのはどのような〈教育〉も〈形成〉過程をはなれては成り立ちようもないからです。子どもが遊んだり，ケンカをしたり，学校へいったり，親に叱られたり，同情をしたり，おじさんの死に出会ったり，病院へいったり，アニキがもっていたポルノをみたりして，どう自分を変えているのか。どういうふうにこうした日常の経験を自分の人格に刻み込んでいるのかの調査です。

　ここで中内は「調査」と言っているが，綴方は，これを教育実践の内部で行ってきたと言える。いずれにしてもこの「形成」過程の研究がこれからは重要性を増していくだろう。その変化があまりに大きくなっているからである。

様々な子ども記録

　保育の世界では，こうした綴方教育の影響も受けつつ，倉橋の再興とも言える1989年の幼稚園教育要領の改定以降，この「形成」過程の把握を大事な課題とするようになった。遊びを中心とする保育ということは，遊びが「自治的」（柳田）である限り，保育の中で，子どもの自己選択による行為を中心とするということになる。かつて子どもは地域や家庭で自在に遊び，仕事を手伝って大きくなった。が，今はその条件がほとんどない。代わりに，人工的な場である幼児教育施設で，自生的な育ちが起こるように配慮するわけである。人工的な「形成」である。

　それが遊び中心の保育の謂いであるが，そうなると，その人工的な形成の過程で，子どもに何が育ち，何が不十分かなどを分析しなければならなくなる。子どもたちの後ろには家庭，社会，地球時代の文化などが当然入り込んでいる。

その影響関係を分析するのである。その成果の上に，保育のリアリティが生まれる。

　最近は，こうした努力を「子どもの気持ちを把握する」「子どもを理解する」などと言っている。子どもの背景にあるものへの，実践的な，ある場合は直感を含んだ分析。エピソード記述であったり，ビデオ分析であったり，子どもの絵画などの分析であったり，保育者の誠実な把握姿勢であったり。そうしてつかんだ子どもの気持ちに「応答」することが，保育者に求められていると言われる。この「応答」は，形成への統御というよりは，自己充実に対する充実支援といったほうがわかりやすい。統御の中には，教育する側のつもり，期待などが反映されがちだが，充実支援にはそれが相対的に少なくなり，子ども中心に近くなる。

　乳幼児期は，したがって，中内のいうような「調査」とは異なるかもしれないが，より「形成」過程への信頼が強く，子どもが心の深いところで願っているものに応えること＝応答を大事な方法原理にしなくてはならなくなっている，と言えよう。

　同じことは子育てにも言える。総じて，子どもの中に，自生的な育ち，形成で育つものが変容していて，その統御としての教育も，従来のようには成り立ちにくくなっている。「子育ち」の世界に変化が起こってきているために，乳幼児教育の施設での人工的な育て＝子育ち環境の創造が課題となっているのである。しかし，そのためにも形成過程で育つもの，育たなくなっているものなどの調査，分析がもっと活発に行われなければならなくなっている。

　その努力を通じて，子育てと保育の21世紀的関係を創造していくことが私たちの課題である[8]。

注
1) ただしこの論文は数式が多く出てくるもので，読み解くことが難しい。簡単な解説としてはCRN (Child Research Net) のwebサイトに紹介されている論考がわかりやすい（たとえば，http://www.blog.crn.or.jp/lab/01/55.html）。
2) こうしたことを前提とした教育学は，ドイツではゾチアール・ペダゴーギク，すなわちソーシャル・ペダゴジーとして理論化され実践されてきたが，日本では十分な成熟を見せていない。

3) ルソーは『エミール』の第1巻で，教育には3種類あることを示している。すなわち「自然の（による）教育」「事物の（による）教育」「人間の（による）教育」の三つである。宮原誠一の教育定義は，自然環境や遺伝的資質をここでいう自然の教育と見なせば，ルソーの視点と近いとも言える。しかし，宮原はそうした自然の教育にも統御が可能と考えていた点でルソーとはやや異なるかもしれない。ルソーはこの三つにプライオリティを設定して，自然をトップに持ってきている点で特異であろう。
4) 平岡・中内（2004）では，「人間形成の諸概念と〈教育〉過程の構造」について論じ，その種類として「前提としての形成（formation）過程」「宣伝，プロパガンダ（propaganda）」「教化（edification or instruction）あるいは生活訓練」「教育（本書にいう〈教育〉）（education）」「保育，養護（ケア）」をあげている。プロパガンダとは「政権の維持者やマーケットの操作者が，統治や市場開拓のためにおこなう，人間形成過程に対する働きかけ」のことであり，新たに付け加わったものである。また「教化」を，この論文までは「社会の発展や国家や家など集団を維持するための人間形成」と限定していたが，ここではそれにくわえて「自分と他者の関係を調整したりする力をつけることを目的とする人間形成」ということも入れている。ただ，欧州のシティズンシップ教育のような，人間は一人で幸せになれない以上，己が属するコミュニティをよきものとする義務があるとする視点からの人間形成を念頭に置くと，シティズンシップ教育には「教育」と「教化」の二側面があるという説明になり，説明しにくくなる。もう少し議論が必要であると思われる（pp. 16-19）。
5) 社会史的な歴史研究は，聞き取りなどを研究手法とすることが多く，また得られた知見についての地域的な限定をしにくいから，民俗学の研究手法と似た問題，すなわち歴史研究的な実証性，資料性が弱くなるという問題を持ちがちである。この点は歴史学者から批判を受けやすい。しかし，今日のように，近代の価値や志向性そのものが相対化されたり疑われている時代に，教育といういとなみをそうした問い直しや検討と相即的に把握するには，太田堯のように生物としてのヒトの行う普遍的いとなみという視点から考察することは，おそらく高い有効性を持っていると考えられ，その限りで，歴史学的な厳密性ということとはなじみにくい面があることは否定できない。広い意味での育児や教育といういとなみは，あるレベルでは，哲学的，人間学的な考察対象とならざるをえない。こうした限界を乗り越え，できるだけ実証的な研究対象にしようと努力してきた，たとえば太田素子や沢山美香子らの研究はその意味できわめて重要なものだが，それでもたとえば庶民の出産の手法，子どもの遊びの実際などは，時代貫通的に検討しようとすれば，特に江戸時代以前は実証的研究という点では限界があると考えられる。

こうした社会史的手法による出産，育児（子育て）の研究だけでなく，子ども学，

児童文化学などの領域で行われてきた歴史的研究の成果も大きい。たとえば，上（1991）は，親の手であるいは血縁社会の中で実際にどのような子育て行為が行われてきたか，その背後にどうした願いがあったのかなどをかなり実証的に読み込んだもので，同じく児童文学や子ども文化を対象としている研究者たちも含めて，中内や太田らの社会史的な教育研究に合流すべきだと思われる。

6) 小山（2002）には，江戸時代の女訓書には母親の役割は全く言及されていないこと，むしろ逆に『女大学』などでは，母親の愛は子に溺れがちであるとして，否定的にとらえられていることなどが書かれている（pp. 15-16 など）。太田（1994）も参照。

7) 倉橋（1953）参照。なお，これは1934年に『幼稚園保育法真諦』として出された本を，1953年に倉橋自身が整備して改題して出版されたもの。選集では第1巻。

8) 本稿では，子どもたちの遊びなどの実態を正確に把握して，そこから自生的に育ったもの（形成されたもの）を分析することはかなわなかった。そうしたヒントになりうる書籍などをいくつか紹介しておく。中田（2009）には，江戸時代の子どもの遊びが114種類，江戸時代以降の文献を踏査しながら再現され，丹念に紹介されている。1885（明治18）年刊行『古今百風吾妻余波』に収録された「東都子供あそびの図」は，明治初めの頃の東京の子どもたちの遊びの様子を描いた112種の図だが，その図をたよりに江戸時代にさかのぼって文献を渉猟し，遊びを伝えている人をも探し，遊びの来歴や変化までを詳しくまとめた貴重な労作である。浮世絵を素材に江戸時代の子どもの遊びを紹介した研究として，くもん子ども研究所の中城正堯が中心になって編まれた，くもん子ども研究所・NHKプロモーション（2003）がある。なお，遊びに限定されないが，くもん子ども研究所が所有する浮世絵から江戸時代の子どもの様子を700点紹介したくもん子ども研究所（2000）には，当時の子どもの遊ぶ様子，親の子どもへのかかわり方などが浮世絵独特のタッチで描かれている。明治時代に子どもだった人が実際にどういう生活をし，どのような遊びをしていたのか，藤本（1986）は，一般の生活者のライフヒストリーを丹念に聞き取り記述するという方法で明らかにしようとしており，一見地味であるが貴重な歴史的資料を提供してくれている。聞き取りの内容は大きく三つで，①子どもの頃の遊びや地域生活の想い出（遊び，わるさ，仲間，玩具，近所の生活，祭り，年中行事など），②家庭生活の想い出（衣・食・住，手伝い，しつけ，伝承，父母の思い出など），③学校の想い出（授業の様子，ノート，教科書，教材・教具，先生など），となっており，その内容をそのまま資料の形で再現した実に貴重な資料である。日本写真家協会（2005）は，同協会が2年をかけて，子どもたちを撮った戦後の写真2万4000点を集め，そこから選んだ200枚以上の写真によって，戦後の子どもの生活ぶりをリアルに再現している。熊本在住の原賀隆一の仕事（1991, 1993, 2001）は，戦後の子どもがいかに生活の知恵を発揮し，どのよう

Ⅰ　保育学とは

に工夫して遊んでいたかが手に取るようにわかる，その意味できわめて価値あるものである。自ら子どもの頃の遊びや生活ぶりを思い出し，それを自分で絵にしてまとめるという仕事を始めたもので，1996年にはIPA（子どもの遊ぶ権利のための国際協会）の要望で，その英語版も出版されている。これらの本を見ると，昭和のある時期の子どもたちが生活や遊びの中で手に入れた人間性には，実に大きな価値があったことがよく窺える。こうした書物をもっと保育研究者や教育研究者はきちんと位置づけるべきであろうと思われる。

引用文献

Cunha, F., Heckman, J. J., & Schennach, S. M. (2010). Estimating the technology of cognitive and noncognitive skill formation. *Econometrica*, **78** (3), 883-931.

藤本浩之輔（1986）．聞き書き　明治の子ども　遊びと暮らし　本邦書籍

原賀隆一（1991）．ふるさと子供グラフティ　クリエイト・ノア

原賀隆一（1993）．ふるさと子供ウィズダム　クリエイト・ノア

原賀隆一（2001）．ふるさと子供遊びの学校　クリエイト・ノア

平岡さつき・中内敏夫（2004）．〈教育〉という人間形成．中内敏夫・小野征夫（編）人間形成論の視野　大月書店　p. 16.

上笙一郎（1991）．日本子育て物語――育児の社会史　筑摩書房

小山静子（2002）．子どもたちの近代――学校教育と家庭教育　吉川弘文館

くもん子ども研究所（編）（2000）．浮世絵に見る江戸の子どもたち　小学館

くもん子ども研究所・NHKプロモーション（編）（2003）．遊べや遊べ！　子ども浮世絵展　NHKプロモーション

倉橋惣三（1928）．家庭と家庭教育 2. 日本両親再教育協会（編）子供研究講座　第2巻　先進社　p. 68.

倉橋惣三（1932）．家庭教育　岩波講座教育科学　第10冊

倉橋惣三（1942）．家庭教育と学校教育　家庭教育指導書第十輯　文部省社会教育局　p. 3.

倉橋惣三（1953）．幼稚園真諦　フレーベル館

宮原誠一（1976）．教育の本質．宮原誠一教育論集　第1巻　国土社　p. 7, 8, 22.

宮原洋一（2006）．もうひとつの学校――ここに子どもの声がする　新評論

中田幸平（2009）．江戸の子供遊び事典　八坂書房

中内敏夫（1984）．教育の社会史観（上）（下）　教育, **34** (11), 119-130；**34** (12), 110-120.

中内敏夫（1987）．新しい教育史――制度史から社会史への試み　新評論

中内敏夫・関啓子・太田素子（編）（1998）．人間形成の全体史——比較発達社会史への道　大月書店
日本写真家協会（編）（2005）．日本の子ども60年　新潮社
太田素子（1994）．江戸の親子——父親が子どもを育てた時代　中央公論社
太田素子（2004）．〈保育〉という人間形成．中内敏夫・小野征夫（編）　人間形成論の視野　大月書店　p. 33.
鈴木貞美（1996）．「生命」で読む日本近代——大正生命主義の誕生と展開　日本放送出版協会
津守真・村山貞夫（1968）．東京女子師範学校附属幼稚園の創立と保育課程．日本保育学会（編），日本幼児保育史　第1巻　フレーベル館　p. 96.
渡辺京二（2013）．近代の呪い　平凡社
山本敏子（1992）．明治期における〈家庭教育意識〉の展開　日本教育史研究, **11**, 1-36.
山本敏子（1993）．〈家庭教育〉創出のシナリオ．寺崎昌男・編集委員会（編）　近代日本における知の配分と国民統合　第一法規
山本敏子（2012）．倉橋惣三の「家庭生活の教育性」理論——近代の教育認識を乗り越えて　駒澤大学教育学研究論集, **28**, 19-47.
柳田国男（1964）．児童語彙解説．定本柳田国男集　第29巻　筑摩書房　p. 551.

第2章　保育という語の成立と展開

湯川嘉津美

　現在，「保育」と「教育」の語の使用に混乱が生じている。「保育」の語は，1876年の東京女子師範学校附属幼稚園の創設に際して，小学校教育とは異なる幼稚園教育の独自性を示すために考案されたもので，長く幼稚園教育と同義のものと見なされてきた。戦後，幼児の保育は制度上，幼稚園と保育所に二元化するが，「保育」の語は幼稚園，保育所の双方で使用された。その後，幼稚園は「教育」の語を用いて，学校教育法下の学校としての立場を強めていき，他方，保育所は「保育」の語を養護と教育を一体的に行うものととらえ，「保育」に欠ける乳幼児を保育する児童福祉施設としての立場を明確にしていった。そうした中で，幼稚園は「教育」，保育所は「保育」の語を用いて，両者の立場の違いを表現するようになる。近年の幼保一体化論議でも，幼稚園は「教育」，保育所は「保育」と単純化してとらえる傾向が強く，2006年の「就学前の子どもに関する教育，保育等の総合的な提供の推進に関する法律」でも，「認定こども園」は「教育及び保育」を行う施設と位置づけられ，「教育」と「保育」が並記されている。しかし，幼稚園は「学校教育法」において，「保育」の語を用いて目的規定を行っており，幼稚園は「教育」，保育所は「保育」と簡単に割り切れるものではない。加えて，幼稚園・保育所双方の「保育」の解釈には隔たりがあり，それが「保育」とは何かをとらえにくくしている。

　そこで，本章では「保育」の語の成立と展開について，以下の四つの視点から歴史的な検討を行い，「保育」概念の推移とその性格を跡づけることとしたい。

　第一に，幼稚園の創設とともに登場した「保育」の語とその概念について，幼稚園規則や文部省の幼稚園政策，保育文献の検討を通して，その成立過程を明らかにする。

　第二に，1900年代以降，「保育」の語が幼稚園教育の範囲を超えて家庭教育

を含めた概念としてとらえられるようになり，さらに「保育」に換えて「幼児教育」の語が用いられるようになるが，なぜ，「保育」ではなく「幼児教育」が採用されたのか，1925年の全国保育者代表協議会の議論をもとに，その経緯を明らかにする。

第三に，戦前・戦時下の「保育」一元化の動きについて，幼稚園令の制定と「国民幼稚園」論の検討を行い，「保育」の語に込められた意味を考察する。

第四に，戦後の幼保二元化体制の成立とそこにおける「保育」と「教育」の語の使用について検討し，解釈の推移とその性格を明らかにする。

1　幼稚園の創設と「保育」の語の成立

東京女子師範学校附属幼稚園の創設と「保育」

「保育」の語は，1876年11月の東京女子師範学校附属幼稚園の創設に伴って，幼稚園における教育を表すものとして考案され，使用されるようになった。したがって，江戸時代にその用例はなく，江戸の子育ての書にも「養育」「撫育」「愛育」の語はあるが，「保育」の語は見当たらない。

それは明治初年においても同様であり，1872（明治5）年公布の「学制」の「幼稚小学」には「男女ノ子弟六歳迄ノモノ小学ニ入ル端緒ヲ教ル」ことが規定されているが，そこに「保育」の語はない。「幼稚小学」のモデルとして知られる『仏国学制』の「育幼院」でも「育幼院ハ小児ノオヲ導キ心術ヲ正シクシ，見聞ヲ広メ，意志ノ向フ所ヲ定メシムルヲ以テ目的ト為ス，其教育恰モ慈母ノ其子ヲ撫育スルニ異ナラズ」（佐沢，1876）と，「教育」や「撫育」の語でその目的が説明されている。また，1875年8月の文部大輔・田中不二麿による幼稚園開設の伺を見ると，「幼稚園ノ儀ハ児輩ノ為メ良教師ヲシテ専ラ扶育誘導セシメ，遊戯中不知々々就学ノ階梯ニ就カシムルモノニシテ，教育ノ基礎全ク茲ニ立ツヘク……」[1]と「扶育誘導」の語で幼稚園教育の意義が述べられている。

外国幼稚園の翻訳においても，当初は「保育」の語が使われることはなく，桑田親五訳『幼稚園』（全3巻，1876-78年）では，「五歳以下の幼稚き時に其能力を導く」ことの重要性が「教ふ」「育てる」「導く」「養ふ」等の語を用いて説明されている（桑田，1876）。関信三訳『幼稚園記』（全3巻，1876年）でも

「保育」の語は使用されておらず，附属幼稚園創設後に刊行された『幼稚園記附録』(1877年)において，「乳母ハ固ヨリ嬰児保育ノ教授ヲ要セサルヘカラス」(関，1877)と1か所に「保育」の語が使われているにすぎない。しかし，その原文は 'nurses ought always to be instructed' (Mann & Peabody, 1876)であり，「嬰児保育」に対応する単語はなく，翻訳語として「保育」の語が用いられたわけではない。

　「保育」の語が最初に使用されたのは，1876年11月に作成された東京女子師範学校附属幼稚園の「幼稚園規則」(仮定)においてである。そこでは「保育料」「保育規則」という複合語ながら，「保育」の語が使われており，幼稚園では幼児を「保育」して，「天賦ノ知覚ヲ発達シ固有ノ良心ヲ啓発セシムル」ことや「身体ヲ自由ニ運動シ強固健全ナラシムル」こと，「慈母教保ノ及ヒ難キ所ヲ補綴シ不良ノ習慣ニ浸染セシメザル」ことを目指すとされた[2]。

　翌年の「附属幼稚園規則」では，さらに「保育科目」として，「物品科」「美麗科」「知識科」の3科目が置かれ，フリードリヒ・フレーベルの恩物(フレーベル考案の遊具と作業材料のこと)を用いた様々な活動を通して幼児の諸能力を伸長する保育が目指された。附属幼稚園監事として創設期の幼稚園教育の基盤作りに尽力した関は，幼稚園は「学齢未満ノ軟弱ナル稚児ヲ保育スル楽園」(関，1878)であり，「幼稚ヲシテ此保育法ニ就カシムルトキハ後チ初歩学校ノ根本演習ニオイテ進歩スルヤ果シテ速疾ナルヲ期スベシ」(関，1879)と述べている。幼稚園は幼児を保育する楽園であり，幼稚園の保育法を用いるならば，就学後の学業の進歩も早まるというのであった。

　一方，大阪府でも1879年5月に府立模範幼稚園を設立して，幼稚園教育に着手した。注目すべきは，幼稚園に母親を対象とする修業期間4か月の「保育見習科」を併設し，幼稚園の保育法を学ばせたことである。母親が家庭で幼稚園の保育法を実践すれば，そこは幼稚園になり，家庭教育の近代化も果たされると考えたのである。

　文部大輔・田中はそうした幼稚園の効用に期待を寄せ，東京女子師範学校附属幼稚園の設置を断行するが，さらに1878年5月の「日本教育令草案」に「第六十六章　各地方ニ於テハ学齢以下ノ幼児ヲ保育センカ為ニ幼稚園ヲ設クルコトアルヘシ」と幼稚園の章を立て，幼稚園の普及を期した。1879年9月

Ⅰ 保育学とは

公布の「教育令」では，幼稚園の条目は削除されるが，第一条に「全国ノ教育事務ハ文部卿之ヲ統摂ス，学校幼稚園書籍館等ハ公立私立ノ別ナク皆文部卿ノ監督内ニアルヘシ」と教育機関の一つに幼稚園は位置づけられ，同年 11 月 12 日文部省布達第 7 号において，「公立幼稚園ノ保育法ハ公立学校ノ教則同様文部卿ノ認可ヲ得ヘク，私立幼稚園ノ保育法ハ私立学校ノ教則同様府知事県令ニ開申スヘキ儀ト可心得此旨布達候事」と，公立・私立幼稚園の「保育法」の認可・開申が規定された。こうして「保育」の語は，教育令下で法令用語としても用いられるようになった。

以上のように，1876 年の東京女子師範学校附属幼稚園の創設とともに登場した「保育」は，幼稚園教育と同義であり，幼稚園における教育が「保育」と表現された。そして「保育」の語には，江戸時代に広く用いられた「養育」や「撫育」とは異なり，身体の発育や徳性の涵養に加えて，フレーベルの恩物による知育が含まれており，幼稚園では幼児を「保育」して知徳体の発達を促すとともに，母親にその「保育法」を伝授して，家庭教育の近代化（家庭の幼稚園化）を図ろうとしたのである。

「保育」の語の普及

「保育」の語は，幼稚園の普及とともに一般に浸透していくが，その一つの契機が 1882 年開催の「学事諮問会」であった。そこで文部省は全国府県の学務課長および府県立学校長などに対して，教育政策の基本方針を『文部省示諭』として伝え，幼稚園についても，次のように保育の意義を説示して，その設置を奨励した（pp. 102-103, 強調筆者）。

> 完全ナル幼稚園ニ於テ保育ヲ受ケタル児童ハ，他日小学校ニ入ルニ当テ身体ノ周旋ニ嫺ヒ精神ノ作用ヲ敏ニスル等保育ヲ受ケサルモノニ優レリトス。故ニ各府県ニ於テ該園ノ準備ヲナシ幼児ノ保育ニ従事スルコトアラハ，教育ノ功績豈唯現今ノ地歩ニシテ止マランヤ。……

また，ここでは「完全ナル幼稚園」における保育の効用のみならず，貧民や労働者子弟を対象とした「編制ヲ簡易」にした幼稚園の設置を勧めており，そうした簡易幼稚園では「唯善ク幼児ヲ看護保育スルニ堪フル保姆ヲ得テ平穏ノ遊嬉ヲナサシムルヲ得ハ則チ可」とするというのであった。

その後，文部省は 1884 年 2 月 15 日達第 3 号において学齢未満幼児の就学禁止を打ち出し，府県に対して「幼児ハ幼稚園ノ方法ニ因リ保育候様取計フ」よう通達した。これを受けて，各府県では東京女子師範学校附属幼稚園に倣って幼稚園の設置を進めるが，また，小学校施設を利用した簡易幼稚園（小学校保育科）の規則（「幼児保育規則」「幼児取扱心得」「幼児保育準則」など）を整備して，幼稚園の方法による保育を実施した。大阪府が作成した「幼児保育規則」（1885 年）の一部をあげれば，以下の通りである[3]。

　　第一条　幼稚園ノ設置ナキ町村ニ於テ学齢未満幼児ヲ保育セントスルトキハ，小学校内ニ於テ学齢児童ト分別シ，本則ニ依リ保育スルモノトス。
　　第二条　保育スヘキ幼児ハ男女年齢大約満四歳以上六歳未満ニシテ，種痘若クハ天然痘ヲ歴タルモノトス。
　　第三条　保育科ハ之ヲ二組ニ分チ，二ノ組ヲ年齢満五年以下トシ，一ノ組ヲ六年未満ノ者トス。
　　第四条　保育科ハ総テ試験ヲ須ヒサルモノトス。
　　第五条　保育科目ハ修身ノ話，庶物ノ話，木ノ積立，板排ヘ，箸排ヘ，鐶排ヘ，画キ方，数ヘ方，読ミ方，書キ方，唱歌，遊嬉トス。

　この保育科の保育科目は，読み方，書き方，数え方に修身・庶物の話と恩物5種，唱歌，遊嬉を加えた 12 科目であり，それは幼稚園の簡易化というよりも，小学校課程の簡易化に近いものであった。とはいえ，大阪府下では 1885 年の幼稚園数 8，小学校保育科数 4 が，2 年後には幼稚園数 9 に対して，小学校保育科は 22 に増設されており，この時期の幼児の「保育」は主に小学校保育科によって担われたことがわかる。

　1884 年 2 月の学齢未満幼児の就学禁止措置を受けて，各地で幼稚園や小学校保育科が設置されるようになると，幼稚園保姆の養成が急務となり，幼稚園の指導書の需要も高まった。そうした中で，以下のような「保育」の名を冠した書籍も刊行され，保姆養成のテキストないし幼稚園の指導書として用いられた。

　　東京女子師範学校『幼稚園保育法』（1885 年）
　　榎本常・平松三木枝『幼稚保育の手引』（1887 年）
　　寺井与三郎『幼稚園保育術』（1887 年）

Ⅰ 保育学とは

　　林吾一『幼稚保育編』（1887 年）
　　アニー・L・ハウ『保育学初歩』（1893 年）
　『幼稚園保育法』は，東京女子師範学校における「幼稚園保育法」の講義テキストとして編集されたものである。第 1 章で幼稚園の趣旨，第 2〜6 章で幼稚園の編成，建築，園庭，玩具，要具，幼稚園書籍などが図入りで示されており，幼稚園開設のわかりやすい手引きにもなっている。また，第 7 章では保姆について，幼児の教育は学齢児童の教育と比べて才能と忍耐を要するもので，慈母と教師の両方の性質を兼ねていなければならないと，その職務の重要性が述べられ，第 8 章では「保育術並に課目の要旨」として，各種の恩物を用いた保育課目についての詳細な解説がなされている。そして，「保育術」について，「幼稚園の諸課は小学校の必修課目とは大に異なる者にして，之を以て幼児畢生の業務となし，厳格に之を課し，最上の熟練を要する者に非す。只々之に因て幼児の観察を促し，注意を惹き，心目を楽ましめ，手指の運用に慣れしめ，以て心力を開発し，身体を強健ならしむるの方便に供するのみ」（20 丁）と，小学校とは異なる幼稚園保育の独自性を説くのであった。
　『幼稚保育の手引』『幼稚園保育術』『幼稚保育編』も同様に，幼稚園の保育法について，恩物の大意と指導法を中心に保育に必要な知識が盛り込まれており，幼稚園の指導書として用いられたと考えられる。一方，『保育学初歩』は「保育学」と銘打つ最初の書籍で，頌栄保姆伝習所におけるハウの講義録を出版したものである。同書には指導法のみならず保育法の基礎にある恩物理論がフレーベルの教育理念とともに示されているが，ハウ（1893）はその「序」で，幼稚園の事業には「フレーベル氏の原理を透徹理会する者を得」（p.3）なければならないとし，保姆に対して保育の理論に通暁することを求めるのであった。

「保育」研究の進展と「保育」の定義

　1890 年代以降，幼稚園は急速に普及し，1887 年の 67 園から 10 年後の 97 年には 222 園にまで増加した。その一方で，幼稚園の効果や教育方法に対する疑問から幼稚園批判や幼稚園無用論が起こり，それは欧米における幼稚園批判と相俟って，幼稚園そのものの是非を問う方向にも展開していった。そうした幼稚園批判の中で，幼稚園関係者は 1896 年にフレーベル会，翌年には京阪神連

合保育会といった研究団体を組織し，保育研究に基づく保育内容・方法改革を進めた。また，幼稚園教育の不振は制度上の問題にも起因するとして，フレーベル会は1899年2月に「幼稚園制度ニ関スル建議書」を文部大臣に提出し，幼稚園教育令の制定を求めた。これが一つの契機となって，同年6月に「幼稚園保育及設備規程」（文部省令第32号）が公布されるが，そこで幼稚園は「満三年ヨリ小学校ニ就学スルマテノ幼児ヲ保育スル所」（第1条）であり，「幼児ヲ保育スルニハ其心身ヲシテ健全ナル発育ヲ遂ケ，善良ナル習慣ヲ得シメ，以テ家庭教育ヲ補ハンコトヲ要ス」（第5条1項）と規定された。すなわち，幼稚園は満3歳から就学までの幼児を「保育」し，心身の健全な発育と善良な習慣の形成を図ることによって家庭教育を補う施設であることが示されたのである。

こうした，幼稚園は幼児を「保育」し，心身の健全な発達を助長するという目的規定のあり方は，その後の「幼稚園令」（1926年）や「学校教育法」（1945年，2007年）にも引き継がれており，法令上，「保育」の語は「幼稚園保育及設備規程」において成立したといえるだろう。

その後，フレーベル会は1905年と08年にも幼稚園制度の整備を求める建議を行った。1908年の建議[4]では，以下のような幼稚園規程の改正案が提示されており，この時期の保育界の保育認識を窺うことができる。

一　幼稚園は凡そ三歳より尋常小学校に入学する迄の幼児を保育するを以て目的とす。

一　幼児を保育するには其日常の遊嬉を指導して心身を健全に発達せしめ，善良なる習慣を得しむるを以て本旨とす。

　　遊嬉は幼児の心身発達の程度に副ひて其の興味を発揚し，兼て其心情を快活純美ならしむるものたる可く，且幼児をして任意に熱心に遊楽せしめて個性の遺憾なき発達を遂げしめんことを要す。常に幼児の交際及行儀に注意して之を善良なる方面に誘導し，実際の事例を示して之に倣はしめんことを要す。

一　保育に要する遊嬉を観察，模倣，唱歌，談話，運動，手技，作業等とす。……

一　保育の時数は一日五時以下とす。……

ここでフレーベル会は，幼児の「保育」は「遊嬉」を通して指導するもので

あることを明確に打ち出し，保育内容についても「遊嬉」の中に「観察，模倣，唱歌，談話，運動，手技，作業等」を位置づけるのであった。

　このフレーベル会の保育研究を主導したのが，女子高等師範学校教授兼附属幼稚園主事を務めた中村五六である。中村は，1906年の『婦人と子ども』（第6巻第6号）に「保育法の研究には古来の教育家就中フレーベルの教育説に論究するの必要あり」と題する論考を載せ，自発活動の尊重こそフレーベルが教育界にもたらした最大の功績であるとして讃えるが，また，子どもとのかかわりを通して実践的研究を進めたフレーベルのあり方に教育者のあるべき姿を見出し，教育者はフレーベルが幼稚園教育に込めた思いを汲み取りながら，それに盲従することなく，自ら進んで改良進歩を図らなければならないと述べている。

　中村五六『保育法』（1906年）は，そうした中村の保育研究の成果をまとめたもので，「保育」の概念についても整理を行っている。中村による「保育」の定義に着目して，その性格を窺ってみよう。

　中村（1906）は，『保育法』第一篇第一章「保育の意義」の冒頭で，「保育」について，「其字義によりて普通の解釈を下すときは幼児を保護養育するの意にして幼児教育の義に外ならず」（p.1）と述べている。そして，「保育」は教育の一部であって，教育の原理方法の外に立つものではなく，ただ対象が幼児に限られるだけのことであり，教育に対しては全体と部分の関係にあるという。

　また，「保育」の語は単に身体の養育の意味で用いられることもあるが，幼児に対して身体の養育という時，それは心身両方の教育と解し得るもので，幼児教育にほかならないとし，さらに，法令上も「保育」の語は幼稚園における幼児の教育を指すもので，その理論と方法は一般の幼児教育にも適用すべきものであると説く。

　このように，中村（1906）は「保育」を「幼児教育即ち幼児の心身を円満に発達せしむるの義」（p.4）として，幼児教育と同義ととらえており，よって，幼稚園保姆には教育の諸般の学科に精通するのみならず，児童研究によって幼児に関する諸科の学問を修め，さらに実地練習によって実際の技能に熟練することが肝要であるというのであった。

　以上のように，中村は「保育」を幼稚園教育に限定せず，幼児を対象とする

教育（幼児教育）と定義して，教育学の範疇に位置づけた。そして，「保育」に必要な知識・技能も従前のフレーベルの恩物の理論と指導法の範囲を超えて，教育全般に及ぶとし，幼稚園保姆には教育学の知識とともに，幼児教育の理論と実践に通ずることを求めたのである。

2 「保育」と「教育」

幼児教育学の提唱

　中村による保育＝幼児教育という認識は，さらに，中村五六・和田実共著『幼児教育法』（1908年）における「幼児教育学」の提唱へと展開していく。その序において，和田は，同書は従来の幼稚園教育のための理論を超えて，広く幼児教育の全部にわたって適用し得る原則を打ち出そうとしたもので，「児童の生まれ落ちてより小学校就学に至る迄の教育に関して其目的と方法とを組織的に説明せんことを企図した」（中村・和田，1908, p. 3）と述べている。

　注目すべきは，全編にわたり幼児教育に関する理論と方法が「保育」ではなく，「幼児教育」の語で語られていることである。「保育」といえば，未だ幼稚園教育との認識が強かった当時，「保育」を避け，「幼児教育」の語を用いることで，家庭教育を含めた幼児教育全般にわたる理論と方法を示そうとしたのである。そして，次のようにいう（中村・和田，1908, pp. 4-5）。

　　就学を以て教育は始まる可きものであるとして居る人もあるが是れも間違つた考えである。幼児は果たして小学校に行く迄放任さる可きものであらふか。……苟も多少の保護誘導を要するものならば其処に幼児教育は行はるゝ筈である。既に多少の教育行はるゝ以上は決して之を遇然の成り行に委す可きものではない。……教育者は宜しく確然統一したる主義方針の下に之を指揮誘導す可きである。然して確然として首尾一貫したる教育の主義方法は整然たる科学研究の結果に非ざれば把捉す可からざるものである。斯くして幼児教育は必要であり可能であつて幼児教育学はなり立つ訳である。

　このように幼児教育の必要を述べ，科学研究の結果をふまえた「幼児教育学」の構築を展望するのであった。

　この頃，フレーベル会発行の機関誌『婦人と子ども』の編集者となった和田

は，1909 年の第 9 巻第 1 号より誌題に「幼児教育研究雑誌」の語を冠して幼児教育の研究誌としての性格を鮮明にしており，そこに科学的研究をもとに「幼児教育学」を構築しようとした和田の姿勢を窺うことができる。その後，『婦人と子ども』は 1919 年の第 19 巻第 1 号よりフレーベル会の総会の決議により『幼児教育』に改題され（1923 年より『幼児の教育』），名実ともに「幼児教育」の研究雑誌となった。

全国保育者代表協議会における幼稚園令内容案の作成と「教育」の採用

1910 年代に入ると，幼稚園は急速な普及を遂げ，幼稚園の制度的確立を求める声も高まっていった。幼稚園関係者は全国規模の保育研究大会をたびたび開催し，保育研究と同時に幼稚園令の制定を求める建議活動を盛んに行うが，なかでも，1925 年 6 月の「全国保育者代表協議会」は，文部省に幼稚園令内容案を建議することを目的に，全国から 49 名の代表者が参加して開かれたもので，そこに当時の保育界の幼稚園認識のありようを見ることができる。

注目すべきは，幼稚園の目的に関する審議において，従来の「保育」に換えて「教育」の語の採用を決めたことである。すなわち，幼稚園は幼児を保育するところに相違ないが，保育と称して特別扱いをなす必要はなく，小学校令でも中学校令でも使用する教育という言葉を平等に使用するほうがよいとされたのであった[5]。

「保育」の語は幼稚園創設以来，幼稚園教育の特徴を示すものとして長く使用されてきたが，それは一方で幼稚園を小学校以上の教育機関とは異なる施設と見なし，学校教育系統中への幼稚園の位置づけを拒む要因にもなっていた。そこで，幼稚園が小学校と同様に国民の基礎教育を担う重要な教育機関であることを人々に認識させ，幼稚園を学校教育系統中に位置づけていくためには，「保育」よりも「教育」の語を使用するほうがよいとの主張がなされたのである。審議の結果，幼稚園令内容案では次のように「教育」の語を用いて幼稚園の目的を規定することとなった[6]。

　幼稚園は幼児を教育するを目的とする。
　幼児の教育は幼児の生活を尊重し，心身を健全に発達せしめ，純良なる性情を涵養すること。

また，「幼稚園教育要項」については，倉橋惣三（東京女子高等師範学校教授）が参考案として「幼児を教育するには遊戯を本体とし，幼児に適当なる実際生活，製作，文学，美術，音楽を以てし，又自然界社会生活に対する観察をなさしむ」[7]を提出し，それをもとに協議がなされた。この参考案の保育内容は万国幼稚園協会（編）『幼稚園カリキュラム（*The Kindergarten Curriculum*）』（1919年）における社会生活と自然研究（Community Life and Nature Study），製作（Manual Activities），芸術（Art），言語（Language），文学（Literature），遊びとゲーム（Plays and Games），音楽（Music）という活動領域と近似のものであり，そこにアメリカの新教育の理論に基づく幼稚園カリキュラムの影響を窺うことができる。審議の結果，次のような「幼稚園教育要項」案が作成された[8]。

　　幼児を教育するには遊びの生活を本体とし，幼児に適当なる実際生活，芸術生活，及び運動遊戯を以てし，又自然界及社会生活の直観をなさしむ。
　　［説明］幼児教育要項は従来遊戯，談話，唱歌，手技の四に限定されてあるけれどもこれでは幼児の遊びの生活を全体として指導するのには不十分の点がないでもないから常に幼児に適当な実際生活，芸術生活及び運動遊戯等から自然界及び社会生活の観察等を以てその内容とする。
　　而して実際生活とは身のまはりの始末，仕事の手伝，食事の当番，会話などの如きものを意味し，芸術生活には音楽，童話，図画，製作等を包含し，運動遊戯は各種の運動遊戯やある種の律動遊戯などでありこれに動，植，鉱物の直観，自然現象の観察などと，社会生活のあらはれなる市街，村落，停車場，市場，店舗などの社会事象や社会の中心にあらはれる種々の仕事，事項の類を観察させることを含む。
　　けれども，これらは分科としての要目ではない。常に具体的な幼児の生活を指導することを主とする。それゆえひとつの遊びをとって見ると前記各方面の種々の内容を包含してをる。

　以上のように，全国保育者代表協議会における幼稚園令内容案の審議では，「保育」に換えて「教育」の語を使用することとなり，文言はすべて「教育」に統一された。それが保育界の総意として表明されたことの意味は大きい。また，託児所に対しては「託児所に於いても満三歳以上の幼児十名以上を集めて教育するときは，本令により幼稚園として取り扱ふ」として，託児所にも幼

Ⅰ　保育学とは

稚園令を適用し，幼児を「教育」する施設となるよう求めたのである。

　1925年結成の全国連合保育会も「幼稚園令制定に関する意見書」[9]を当局に提出し，幼稚園令の制定を求めるが，そこでも「保育」の語は使われておらず，もっぱら「教育」の語を用いて，幼児教育が幼児の人格形成のみならず，国民教育や社会政策的見地から重要な役割を果たすことを主張し，労働者子弟の幼児の教育も幼稚園において行うよう要望している。

託児所の誕生と「保育」

　1890年代から1900年代にかけての産業革命の進行は，都市下層社会を膨張させ，劣悪な環境に置かれた子どもの問題が顕在化していった。こうした社会状況を背景に，キリスト教徒や進歩的知識人らによって貧民幼稚園設立の動きが起こり，1895年神戸市に宣教師タムソンによる善隣幼稚園が開設された。東京では1900年に野口幽香と森島峰が二葉幼稚園を設立し，貧民幼稚園として，遊びを中心としながら衛生や生活習慣などの生活面に重点を置いた保育を行った。大阪では1909年，石井十次により愛染橋保育所がつくられた。また，女性労働者確保のための工場付設託児所も設置されるようになり，1894年に東京紡績株式会社，1902年には鐘淵紡績会社が託児所を設置した。日露戦争時には戦時保育事業として出征軍人遺家族の生活擁護を目的とする託児所が全国各地に開設され，一部は戦後も事業を継続した。

　他方，内務省も慈善救済事業の一環として，「幼児保育事業」の名のもとに託児所の普及に乗り出し，1908年からは民間の社会事業団体に対して補助金を下付して積極的助成を行った。そうした中で，二葉幼稚園は1916年に名称を二葉保育園に変更して，内務省所管の保育施設となった。また，都市部では公立託児所が設置され，労働者子弟の保育は託児所が担うようになった。

　こうして「保育」の語は幼稚園だけでなく，託児所・保育所においても用いられるようになるが，中上流層の保育は幼稚園，労働者層の保育は託児所というように，「保育」の階層別二元化が起こった。そして，幼稚園令制定運動が盛んになると，幼稚園と託児所における「保育」の二元化が問題とされるようになり，幼稚園への「保育」の一元化が要望されたのである。

3　幼稚園令の制定と「保育」の一元化

幼稚園令における「保育」一元化の試み

　保育界における度重なる幼稚園令制定要求を背景に，文部省は幼稚園令の制定を決め，1925年12月16日の文政審議会に諮詢第5号として「幼稚園令制定ニ関スル件」をかけた。その説明に立った文部大臣・岡田良平は，次のように幼稚園の「保育」について述べている[10]。

　　教育ノ本義ニ鑑ミマスルノニ，教育ハ啻ニ知識及技術ヲ教授スルノミナラズ，広ク心身ニ影響ヲ与フル事業ヲ包含スルモノデアリマスガ故ニ，法令上幼稚園ニ在リマシテハ保育ト称シマシテ，学校ノ教育ト区別致シマスケレドモ，本質ノ上カラ云ヘバ保育モ亦教育ニ外ナラヌノデアリマス，唯小学校等ニ於ケル教育ト大ニ其状態ヲ異ニスルノデアリマス，而シテ児童ノ心身ヲ健全ニ発達セシメ善良ナル性情及習慣ヲ涵養セントスルノニハ幼児カラ之ニ着手スルコトガ必要デアリマス，是レ家庭教育ノ必要ナル所以デアリマス，……生存競争ノ激甚ナル所ニ在リマシテハ，父母ガ終日業務ノ為ニ鞅掌致シマシテ，已ムヲ得ズ子女ノ教育ヲ等閑ニ附スル家庭ガ段々年ト共ニ増加セントスルノ傾向デアリマス，是ニ於テ幼稚園ガ家庭教育ヲ補ハントスル任務ガ益々重要ノ度ヲ加ヘル次第デアリマス

　岡田は，法令上，幼稚園は「保育」と称して小学校などにおける教育と区別しているが，教育の本質からいえば保育も教育に外ならないとして，幼児期からの教育の必要性を説き，さらに「生存競争ノ激甚ナル」状況下において，労働者子弟の家庭教育を補助する役割を幼稚園に期待するのであった。

　その後，1926年4月22日勅令第74号をもって幼稚園令は公布され，幼稚園は「幼児ヲ保育シテ其ノ心身ヲ健全ニ発達セシメ家庭教育ヲ補フヲ以テ目的トス」（第1条）と規定された。幼稚園令の最大の眼目は，社会政策的見地から幼稚園に託児所的機能を付与したことである。それは先の岡田の説明にも示されていたが，1926年4月文部省訓令第9号よりその趣旨を窺えば，以下の通りである。

　　父母共ニ労働ニ従事シ子女ニ対シテ家庭教育ヲ行フコト困難ナル者ノ多数居住セル地域ニ在リテハ幼稚園ノ必要殊ニ痛切ナルモノアリ。今後幼稚園

Ⅰ 保育学とは

　　ハ此ノ如キ方面ニ普及発達セシムコトヲ期セサルヘカラス。随ツテ其ノ保育
　　ノ時間ノ如キハ早朝ヨリタ刻ニ及フモ亦可ナルト認ム。……特別ノ事情ア
　　ル場合ニ於テハ三歳未満ノ幼児ヲモ入園セシメ得ルコトトセリ。
　すなわち，文部省では幼稚園において労働者子弟を対象に長時間保育や3歳未満児保育を実施すると同時に，託児所の幼稚園化を進め，もって「保育」の一元化を果たそうとしたのである。幼稚園令制定にかかわった文部省督学官の森岡常蔵は，それが従来の規定と最も異なる重要な点であるとし，ドイツの「国民幼稚園」（Volkskindergarten）のように，低廉な保育料で長時間保育を実施し，労働者層への幼稚園の普及を図ることを通じて，社会政策上の課題にも応えようというのであった（森岡，1926）。
　幼稚園令では従前の通り「保育」の語が用いられたが，そこには保育も教育に外ならないとの認識のもとで，小学校以上の教育とは異なる幼稚園教育の役割と機能を「保育」の語で表現したものと考えられる。幼稚園令の制定を機に，幼児教育への関心は次第に高まり，幼稚園は中流以下の子弟にまでその対象を拡大しながら普及していく。しかし，幼稚園令が企図した幼稚園への「保育」の一元化は，文部省が幼稚園に財政的保障を行わなかったために画餅に終わり，結局，幼稚園と託児所の二元的状況は解消されなかった。

戦時下における「国民幼稚園」論の展開──「保育」の一元化・義務制を求めて
　1936年6月，全国規模の保育連合組織である全日本保育連盟が結成され，保育一元化と幼稚園保育の義務制を求めて活動を展開した。1937年11月に同連盟が主催した全日本保育大会では，文部・内務両省の諮問に対する答申案，建議案が取りまとめられたが，幼稚園保育の義務制についても，次のような建議案が可決されており，注目される。
　　幼児保育ノ重要性ニ鑑ミ国民ハ小学校就学前ニ於テ二ヶ年間幼稚園保育ヲ
　　受クルヲソノ義務トシ，従ツテ市町村ヲシテ其市町村内ノ該当幼児ヲ収容
　　シ得ルニ足ル幼稚園ヲ設置セシムルタメ，国ハ既設並ニ新設ノ公私立幼稚
　　園ニ対シ相当額ノ補助金ヲ交附スルノ制度ヲ設ケラレタシ。
　　　理　由
　　輓近社会情勢ノ進展ニ伴ヒ国民生活ハ愈々繁劇ヲ加ヘ，家庭ニ於テ教育ノ

機能ヲ発揮セシムルコト困難ナル現状ナリ。
　茲ニ於テ特ニ幼年期ニ於ケル保育ノ重要性ニ鑑ミ家庭教育ヲ補フタメ，現行ノ幼稚園令ヲ改正シテ之レヲ尋常小学校同様義務制トシ，保育機関ノ普及充実ヲ図リ以テ幼児ノ国民的性格ノ培養ト健康ノ増進ニ一層ノ力ヲ注ギ，克ク国民教育ノ基礎ヲ確立スルハ刻下ノ最緊要ノ事ナリト信ズ。……

　すなわち，2年間の幼稚園保育を義務制にして，保育機関の普及充実を図り，家庭教育を補助するとともに，幼児の国民的性格の培養と健康の増進に力を注ぎ，国民教育の基礎を確立する必要があるというのであった。

　1937年12月には教育審議会が設置され，総力戦体制に即応した教育改革の基本方策が審議された。幼稚園についても1938年12月の答申「幼稚園ニ関スル要綱」において，簡易な幼稚園の設置や保健と躾の重視，幼稚園における社会的機能の発揮などが方針として示された。全日本保育連盟ではこの教育審議会での議論を受けて，1939年1月に『幼稚園保育を国民義務教育の根幹たらしめよ』と題するパンフレットを作成し，貴衆両院議員に配付した。そして，「保育は国策中の根本問題であり」「新東亜建設の大理想の成否は，今日この時の幼児教育如何にかゝる」との立場から，「国民幼稚園」の名のもとに，幼稚園と託児所の二元化を解消して，満4歳以上の幼児の「保育」を幼稚園に統合し，それを全額国庫負担の義務制とすること，また，義務制実施に際しては，保姆の待遇を小学校教員と同等以上とするよう求めたのである。

　また，保育界の中心的指導者であった倉橋惣三も，1940年から41年にかけて「国民幼稚園」論を盛んに展開して，日本の幼稚園の目指すべき方向を論じた。1940年の「国民幼稚園を目ざして」という論考では，「小学校が国民学校となるときは，幼稚園も国民幼稚園とならなければならない」（倉橋，1940）として，従来の幼稚園を皇国民の錬成を担う「国民幼稚園」に転換することを求めた。そして，幼稚園が国民幼稚園としての実質的な役割を担うためには，当然，国民学校と同様に国民的普及（幼稚園義務制）と国民的無差別（保育の一元化）の実現が不可欠との主張をなし，その制度的保障を当局に要求したのである。同じく城戸幡太郎を会長とする保育問題研究会でも1941年に「国民幼稚園要綱試案」を発表し，「国民幼稚園は皇国の道に則る国民保育機関であるが，国民たる幼児全般を包摂する意味に於ても国民的保育機関でなければならな

い」との立場から，満4歳以上を保育する施設はこれを「国民幼稚園」に統合し，満5歳児の保育を義務制とすることなどの制度改革を提唱した（保育問題研究会就学前教育制度研究委員会，1941）。

以上のように，戦時下の保育界は「国民幼稚園」の名のもとに，満4歳以上の「保育」の一元化と義務制の実現を求めて運動を繰り広げた。そこでは「保育」の語が多用されたが，幼稚園令における「保育」と同様，すべての幼児を対象とする教育の意で用いられたのであった。戦時下の「国民幼稚園」構想は実現することなく終わったが，そこで提起された幼児教育制度改革の方針は，戦後の教育改革において，再度検討されることとなる。

4 戦後における幼保の二元化と「保育」「教育」をめぐる問題

戦後の幼児教育制度改革と「保育」の使用

1946年8月，教育刷新委員会が内閣に設置され，戦後教育改革の方針が審議された。そうした中で，倉橋を部会長とする日本教育会（前身は帝国教育会）保育部会は，教育刷新委員会の開催に先立って臨時の会合を開き，「幼児保育刷新方策（案）」をまとめた[11]。

その要点をあげれば，①幼稚園令を改正して「学齢前の教育及保護に関する制度の綜合的確立を図る」，②「幼児保育施設を統一」し，満4歳以上の「就学前教育を主とする施設」を幼稚園，満1歳〜3歳の「社会的養護を主とする施設」を保育所とする，③幼稚園保育を義務制にし，「保育の機会均等を実現」し，国庫による補助金制度を確立する，④保育所の育成と監督の強化を図る，⑤保姆の地位の向上と養成方法の改善を図る，などであった。これらの提案は，戦時下の改革要求を引き継ぐものであり，そこで果たせなかった改革を戦後の教育改革の中で実現させようとするものであったといえる。なお，ここでは幼稚園にも保育所にも「保育」の語が用いられているが，幼稚園の「保育」は「就学前教育」を主とし，保育所の「保育」は「社会的養護」を主とするというように，「保育」の内容については，対象とする幼児によって異なると考えられていた。

保育界の改革要求を背景に，倉橋惣三は1946年10月25日の教育刷新委員会第二特別委員会（第7回）において，幼児教育制度改革の必要性を主張し，

①満4歳以上を文部省の所管，満4歳未満を厚生省の所管として年齢別の一元化を図り，幼稚園を学校体系中に編入する，②満5歳児の保育を義務制とする，との提案をなし，これらは保育界の一致した要求であること，また，それは米国教育使節団の意見にもあるものであるとして，教育改革の中に組み入れることを強調した（日本近代教育史料研究会，1997）。この倉橋の提案に対して，同年12月11日の第二特別委員会（第19回）では，義務制に関する反対意見も出されたが，城戸幡太郎の強力な賛成意見もあって，「幼稚園を学校体系の一部とし，それに従って幼稚園令を改正すること。尚五才以上の幼児の保育を義務制とすることを希望する」が同委員会の中間報告に盛られることになった。そして，それは1947年1月10日の第18回総会で採択されるに至ったのである。

このうち，5歳児保育の義務制は実現しなかったが，1947年3月公布の「学校教育法」において幼稚園は学校体系中に位置づけられ，「幼稚園は，幼児を保育し，適当な環境を与えて，その心身の発達を助長することを目的とする」（第77条）ものと規定された。ここでも「保育」の語が使用されたが，その理由を文部省学校教育局青少年教育課長として学校教育法の原案作成に携わった坂元彦太郎は，次のように述べている[12]。

　　保育と云ふ意味，之はケヤー care 即細い世話を含んだ教育と云ふ意味である。……「保育」などゝ書かないで「教育」と書いたらいゝではないかと云ふ方があるかも知れないが，何しろ幼稚園は相手が小く全てケヤー即ち細い世話が必要になってくるのである。……細い世話を含んだ教育と云ふ意味で保育と云ふ字を使ったのである。

　　故に先生は決して保姆ではないのである。教諭なのである。適当な環境，これは先生が第一である。要するに幼稚園の目的は子供達が安心して落付いて皆と一緒に遊べる事，それ自身が目的なのである。

すなわち，幼児期の教育の特質を考慮して，ケアを含んだ教育という意味で「保育」の語が用いられたのであった。

他方，幼稚園と託児所の一元化については，文部省と厚生省の調整がつかず見送られ，戦前の託児所は「児童福祉法」（1947年制定）によって児童福祉施設の一つとして，保育所の名称で制度化された。そして，「保育所は，日日保護者の委託を受けて，その乳児又は幼児を保育することを目的とする施設とす

る」(第39条) と目的規定された。なお，保育所については，1951年の児童福祉法の改正で「保育に欠ける乳児又は幼児」を対象とするとされ，保育所は「保育に欠ける」者のみを「保育」する施設となった。

　こうして，戦後，幼稚園は「学校教育法」に規定された文部省所管の学校として，保育所は「児童福祉法」に規定された厚生省所管の児童福祉施設として明確に二元化され，保育者の名称も幼稚園は「教諭」，保育所は「保母」となり，その養成・資格も別立てとなった。しかし，幼稚園と保育所における「保育」について，本質的な違いが認められていたわけではなく，保育内容については両者に共通のものが作成されることとなる。

　1947年2月，文部省は保育内容の基準となる指導書作成のために，幼児教育内容調査委員会を設置し，1948年3月に『保育要領――幼児教育の手びき』(以下，『保育要領』と略) を刊行した。同書の作成にあたっては，CIE係官ヘレン・ヘファナンにより，概要 (Suggestion for Care and Education in Early Childhood) が提示され，委員はそれをもとに各自執筆を分担したとされる (岡田ほか，1980)。委員を務めた山下俊郎は，幼稚園の義務制が実現しなかったために，幼稚園と保育所は2本立てになってしまったが，内容は同一にしようということで『保育要領』を作成したと述べるように，『保育要領』は幼稚園や保育所，家庭の違いを超えて共通の「保育」を行うための手引き書として編まれたものであった。なお，『保育要領』における「保育」とは，幼児の特質に応じた「世話や教育」(care and education) を指すもので，副題に「幼児教育の手びき」とあるように，それは「幼児教育」にも置き換えられるものであった。

　そうした中で，幼稚園教諭，保育所保母，研究者といった立場の違いを超えて，保育研究交流を行い，乳幼児保育の発展を図ろうとする動きが起こった。1948年11月には日本保育学会が設立され，会長に倉橋惣三，副会長に山下俊郎と小川正通が就いた。その設立趣意書の一部をあげれば，以下の通りである[13]。

　　乳幼児を心身ともに健やかに育成するためには，こどもに対する深い愛情とともにその保育に科学的な基礎をもたせなければならない。この保育についての，理論的な研究は，これまで我が国において，ほとんど未開拓の分野であった。年若い保育学をよく発達させ，正しい姿において，乳幼児

保育を展開させるために，わが国最初の研究発表の催しを機としてここに日本保育学会が設立されることとなった。

日本保育学会は，保育に科学的な基礎を持たせるために，保育の理論的な研究を推進し，保育学を発達させて正しい姿において乳幼児保育を展開させようとの趣旨のもとで発足し，研究者と保育実践者の協同による保育学研究が進められたのである。

幼保二元化政策のもとでの保育内容の整備――「保育」と「教育」

1950年代に入ると，出生率の増加や幼児教育に対する認識の高まりなどにより，幼稚園数は増加し，幼稚園教育の大衆化が進んでいく。そうした中で，文部省は1951年9月に「幼稚園設置基準作成協議会」を設置し，委員長・三木安正のもとで，幼稚園教育の水準維持と向上を図るため，幼稚園の教育課程，編制，施設設備などの基準についての研究を進めた。1952年2月に答申された設置基準案を見ると，幼稚園の教育課程や編制についても規定されており，保育日時数についていえば，1年の保育日数は200日を基準とし，1日の保育時間は4時間を標準とするとされた。また，1組の幼児数は30人以下を標準とし，特別の事由のある時は40人まで認めることとされていた（玉越，1952）。文部省ではこの答申をもとに地方の意見を聞き，1952年5月に「幼稚園基準」として文部事務次官名で通達した。その一部を示せば，以下の通りである。

一，教育課程について

　教育課程

　幼稚園の教育課程は，文部省の編集に係る幼稚園教育要領を基準とする。

　教育日時数

　1，幼稚園の教育日数は，毎学年二百日以上とする。

　2，一日の教育時数は，四時間を原則とする。

二，編制について

　一組の幼児数

　幼稚園の一組の幼児数は四十人以下を原則とする。

　但し，特別の事由があるときは，異なる年令の幼児で編制することができる。

Ⅰ　保育学とは

　ここでは「保育」に換えて「教育」の語が使用され，「教育課程」「教育日数」「教育時数」など，すべて「教育」に統一された。なお，幼稚園令では1日の保育時間は「早朝ヨリ夕刻ニ及フモ亦可ナリト認ム」（1926年文部省訓令第9号）とされており，教育日時数の規定もなかったが，「幼稚園基準」では教育日時数や教育時数が小学校との関係において検討され，1日の教育時数も標準4時間が適当とされたのであった。

　「幼稚園基準」は幼稚園教育の充実を図るための参考資料の扱いにとどめられたが，「幼稚園の教育課程は，文部省の編集に係る幼稚園教育要領を基準とする」ことが示され，教育日時数や1組の幼児数が規定されたことは，その後の幼稚園教育のあり方を方向づけるものとなった。

　1956年12月には「幼稚園設置基準」が公布され，幼稚園の編制と施設および設備について規定がなされた。従来，幼稚園では学級制をとっていなかったが，設置基準では，小学校の編制方式にならって同年齢の者によって学級を編制することとし，1学級の幼児数は「四十人以下を原則とする」とされた。

　以上のように，1950年代に入ると文部省は小学校に準拠して，幼稚園の教育課程や教育日時数，編制，施設設備などを規定し，そこではもっぱら「教育」の語が用いられた。そして，1956年に『保育要領』に代わって「幼稚園教育要領」が作成されると，「幼稚園教育要領」からは「保育」の語は消え，「幼稚園教育の目標」「幼稚園教育の内容」など，「幼稚園教育」に置き換えられた。

　一方，厚生省は，1948年制定の「児童福祉法最低基準」において保育所の保育内容を示し，1952年の「保育指針」では児童心身の発達標準，生活指導のあり方，保育計画の立て方，保育上の問題などを示した。そこではもっぱら「保育」の語が用いられており，幼稚園の「教育」とは異なる保育所「保育」のあり方が説かれたのである。こうして，幼稚園は「教育」，保育所は「保育」の語を意識的に使用して，互いに目的・機能を異にする別系統の施設であることを鮮明にしていった。

幼稚園と保育所の関係をめぐる問題

　そうした中で，幼稚園と保育所の関係が問題にされるようになった。1963

年10月には文部省初等中等教育局長と厚生省児童家庭局長の連名による共同通知「幼稚園と保育所の関係について」が出され，幼児教育の振興について配慮すべき点として，以下の諸点が示された。すなわち，「幼稚園は幼児に対し，学校教育を施すことを目的とし，保育所は，『保育に欠ける児童』の保育を行うことを，その目的とするもので，両者は明らかに機能を異にするものである」こと，「幼児教育については，将来その義務化についても検討を要するので，幼稚園においては，今後五歳児および四歳児に重点をおいて，いっそうその普及充実を図るものとすること」，「保育所のもつ機能のうち，教育に関するものは，幼稚園教育要領に準ずることが望ましいこと」，「保育所に入所すべき児童の決定にあたっては，今後いっそう厳正にこれを行なうようにすること」などが確認されたのである。注目すべきは，幼稚園と保育所は設置の目的・機能を異にするが，保育所の「保育」は「教育」と不可分であり，保育所の幼稚園該当年齢児については「幼稚園教育要領」に準じて保育することが示されたことである。そして，それは以後の保育所の「保育」のとらえ方に影響を与えることとなった。

　1964年に「幼稚園教育要領」は改訂された。そこでは，幼稚園教育は幼児にふさわしい環境を与えて，その生活経験に即した総合的な指導を行うものであることや，各領域に示されている事項は相互に密接な関係があり，幼児の具体的・総合的な経験や活動を通して達成されるものであることが明確に示された。翌1965年には「幼稚園教育要領」の改訂を受けて，「保育所保育指針」が出された。そこでは先の共同通知を受けて，保育所における保育は「養護」と「教育」を一体として行うものであるとされ，4歳以上の幼児の保育は「幼稚園教育要領」に準じて行うことが明示された。こうして，保育所の「保育」は養護と教育を一体的に行うものと捉えられるようになり，また，保育所の4歳以上の保育を「幼稚園教育要領」に準じて行うとしたことから，保育所の「教育」の部分は幼稚園教育と同義と解釈されるようにもなった。

　その後，幼児教育の義務化の検討は進まなかったが，1971年6月，中央教育審議会は「今後における学校教育の総合的な拡充整備のための基本的施策について」と題する答申を出し，幼児教育については，①早期才能開発を企図した先導的施行としての幼児学校の設置，②公私立の適正配置と父母の経済負担

軽減のための財政措置，③希望する5歳児全員の就園のための幼稚園の拡充と公的財政援助の強化，などが示された。このうち幼児学校構想は教育に差別と選別をもたらすものとの強い批判を受けて実施には移されなかったが，文部省では同年8月，中教審の答申に基づいて幼稚園教育振興計画要項を発表した。これは1972年度を初年度として10年間に希望する4・5歳児すべてを幼稚園に就園させようとするもので，国庫補助の増額や低所得者層に対する保育料の減免制度，私立幼稚園に対する補助金制度を実施して幼稚園の整備に努めた。その結果，1981年には5歳児の就園率は全国平均で66.4％となり，5歳児の幼稚園・保育所の就園率はあわせて90％を超す状況となった。

幼保一体化論議に見る「保育」と「教育」

　その後も幼稚園と保育所は制度的に二元化したまま展開し，幼稚園と保育所の5歳児の就園率は95％に達した。しかし，その一方で少子化の進行や共働き家庭の一般化に伴う保育ニーズの多様化により，幼稚園と保育所のあり方の再検討が求められるようになった。文部省は1997年以降，幼稚園での「預かり保育」事業を推進して，保育ニーズの多様化に対応する措置をとり，その結果，幼稚園と保育所の実態的な差異は小さくなっていく。他方，少子化の進行により，地域によっては収容定員に満たない幼稚園，保育所も現れ，それは自治体の財政難に拍車をかけた。

　こうした状況を踏まえて，1998年3月，文部省と厚生省は「幼稚園と保育所の施設の共用化等に関する指針」を出した。2006年10月には「認定こども園」の制度がスタートし，幼稚園と保育所の一体的運営が可能となった。認定こども園を規定した「就学前の子どもに関する教育，保育等の総合的な提供の推進に関する法律」（以下，認定こども園法と略）では，「小学校就学前の子どもに対する教育及び保育」（第1条）と「教育」と「保育」の語を並立して用いており，「教育」は幼稚園，保育を必要とする子どもの「保育」は保育所が担うとされた。しかし，幼稚園は「教育」，保育所は「保育」と簡単に割り切れるものではない。幼稚園は「学校教育法」において「義務教育及びその後の教育の基礎を培うものとして，幼児を保育し，幼児の健やかな成長のために適当な環境を与えて，その心身の発達を助長することを目的とする」（第22条）と

「保育」の語を用いて目的規定を行い，他方，保育所は「保育所保育指針」において，保育所の「保育」は養護と教育が一体となって行われるものであることを示すというように，幼稚園，保育所ともに「教育」「保育」の語を用いて概念規定を行っており，認定こども園法における「教育及び保育」の表記は用語の混乱に拍車をかけることとなった。

　そうした中で，2012年8月に認定こども園法の一部改正がなされ，新たに「幼保連携型認定こども園」の設置が規定された（2015年4月より施行）。そして，「幼保連携型認定こども園」は「義務教育及びその後の教育の基礎を培うものとしての満三歳以上の子どもに対する教育並びに保育を必要とする子どもに対する保育を一体的に行」う施設であり（第2条第7項），この法律において「教育」とは，教育基本法第6条第1項に規定する法律に定める学校において行われる教育をいい（第2条第8項），「保育」とは，児童福祉法第6条の3第7項に規定する保育をいう（第2条第9項）とされたのである。このように「幼保連携型認定こども園」の規定では，「教育」と「保育」について法制上の定義を行い，両者を明確に区別することで用語の混乱を避けているが，「保育」の定義を児童福祉法における一時預かり事業の規定（「この法律で，一時預かり事業とは，家庭において保育を受けることが一時的に困難となった乳児又は幼児について，厚生労働省令で定めるところにより，主として昼間において，保育所その他の場所において，一時的に預かり，必要な保護を行う事業をいう」）に採ったため，そこでの「保育」は「養護及び教育（学校教育を除く）」となり，従前の養護と教育を一体的に行う「保育」という考え方からは遠く離れることとなった。幼保一元化ではなく，幼保一体化の議論においては「教育」と「保育」の並立は避けられず，「教育及び保育」を超えて用語の統一を図るのは難しいように思われる。

＊

　「保育」の語は，1876年の東京女子師範学校附属幼稚園の創設とともに誕生し，幼稚園の普及とともに，「保育」の語も普及していく。そして，小学校の施設を利用した簡易幼稚園にも小学校保育科の名称が用いられ，次第に小学校の教育とは異なる幼稚園の教育を「保育」として認識するようになっていった。

　1890年代以降，幼稚園は急速に普及する。そうした中で，フレーベル会や京阪神連合保育会などの研究団体が組織され，保育内容・方法改革はもとより，

幼稚園制度の整備を求めて活動を展開した。1899 年の「幼稚園保育及設備規程」は，幼稚園に関する最初の総合的規定であり，ここで幼稚園は満 3 歳から就学までの幼児を「保育」し，心身の健全な発育と善良な習慣の形成を図ることが規定された。これにより「保育」の語は幼稚園の教育を意味するものとして法令上の位置を確保し，「幼稚園令」や「学校教育法」においても「保育」の語が用いられることとなる。

　1900 年代に入ると，中村五六や和田実を中心に，幼児を対象とする教育全般を「保育」としてとらえる見方が提示され，「保育」は「幼児教育」と同義とされた。そして，「保育」といえば幼稚園教育との認識が強かった当時，中村や和田は「幼児教育」の語を用いることで，家庭教育を含めた幼児教育全般にわたる理論と方法を示そうとしたのである。1925 年に全国保育者代表協議会が作成した「幼稚園令内容案」では「教育」の語を用いて幼稚園の目的を規定するが，そこには幼稚園を小学校と同様に国民の基礎教育を担う重要な教育機関であることを示すには，「教育」の語を採用するほうがよいとの判断があった。

　その一方で，産業革命の進行は社会事業の一環として託児所・保育所を誕生させ，「保育」の語はそれらの施設でも用いられるようになった。1926 年の「幼稚園令」は，幼稚園に託児所的機能を付与して被保育者の拡大を図るとともに，託児所の幼稚園化を進めることで，幼稚園への「保育」の一元化を図ろうとした。この試みは文部省が幼稚園に財政的保障を行わなかったために画餅に終わったが，戦時下においては「国民幼稚園」の名のもとで「保育」の一元化，幼稚園教育の義務制が主張された。ここでも「保育」の語が用いられたが，それはすべての幼児を対象とする教育の意であり，「保育」の語を用いてその制度的一元化が要望されていたことは注目されてよい。

　戦後の幼児教育改革でも幼保の一元化，5 歳児保育の義務制が主張されたが，実現を見ることなく，幼稚園は学校教育法に規定された学校として，他方，保育所は児童福祉法に規定された福祉施設として明確に二元化された。しかし，保育内容についていえば，『保育要領――幼児教育の手びき』(1948 年) では家庭，幼稚園，保育所の保育には幼児の教育としての違いはないとの立場が貫かれており，「保育」の語には，幼児の特質に応じた適切な世話と教育 (care and education）という意味が込められていた。

　その後，文部省は「幼稚園基準」「幼稚園設置基準」を作成し，学校教育法下の学校としての性格を強めていった。『保育要領』に代わって「幼稚園教育要領」が登場すると，そこでは「保育」の語は姿を消し，もっぱら「教育」の語が使用されるようになる。一方，厚生省でも「児童福祉最低基準」「保育指針」を作成し，幼稚園の「教育」とは異なる「保育」のあり方を示した。そうした中で，行政上，幼稚園は「教育」，保育所は「保育」の語を用いることが慣例化するが，実際には，幼稚園でも幼児期の教育の特質を示すものとして「保育」の語は広く用いられており，2007年の「学校教育法」の幼稚園規定でも「保育」の語を用いて目的規定がなされている。よって，保育者といえば，幼稚園教諭と保育士の両方を指し，保育内容，保育実践といえば，幼稚園と保育所の両方の内容や実践を指すのが一般的である。

　2006年の「教育基本法」は，「幼児期の教育は，生涯にわたる人格形成の基礎を培う重要なものであることにかんがみ」（第11条）として，幼稚園，保育所，家庭の別を超えた「幼児期の教育」の振興を謳っている。「教育」の語を用いるか，「保育」の語を用いるかは，使用する側の判断に任されており，それぞれ概念規定をしながら用いてきたという現状がある。

　しかし，2006年の認定こども園法において，「教育及び保育」の語が用いられ，法制上，幼稚園は「教育」，保育所は「保育」と区別されたため，幼稚園と保育所の両方に言及する時は「教育・保育」と併記することが求められるようになった。2012年の同法改正において，「教育」は学校において行われる教育，「保育」は保育を必要とする子どもに対して行う児童福祉であるとの整理がなされ，「幼保連携型こども園」はそれらを一体的に提供する施設であることが示されたが，依然として「教育」と「保育」は並立したままである。

　世界の動向に目を向ければ，幼稚園と保育所が二元化している国は少なく，「教育」か「保育」かを議論することもない。歴史をたどれば，日本でも戦前・戦後改革期に幼保一元化が志向された際には，「教育」ないし「保育」に用語が統一され，「教育」「保育」ともにその概念規定がなされていた。幼児期教育の充実が叫ばれる今日，「教育及び保育」を超えた議論が求められているといえよう。

Ⅰ　保育学とは

付記　本章は，湯川嘉津美（2015）．「保育」という語の成立と展開　上智大学教育学論集，**49**，37-57 に加筆修正を行ったものである。

注
1) 「幼稚園開設之儀再応伺」1875 年 8 月 25 日（「公文録」明治八年八月～九月・文部省伺，国立公文書館蔵）。
2) 「幼稚園規則」1876 年 11 月（「明治九年諸官省往復留」東京都公文書館蔵）。
3) 1885 年 8 月 5 日大阪府布達甲第 69 号（大阪府教育委員会，1972）。
4) 「フレーベル会建議案（上）」（『教育時論』**831**, 24）。
5) 「保育者代表協議会の状況」1925 年（『幼児の教育』**5**（5），32-33）。
6) 同前，p. 38。
7) 「全国保育代表者協議会概況」1925 年（『帝国教育』**516**, 103）。
8) 同前，pp. 107-108。
9) 全国連合保育会「幼稚園令制定に関する意見書」（「澤柳政太郎私家文書」成城学園教育研究所蔵）。
10) 「文政審議会総会議事速記録　諮詢第五号」（「各種調査会委員会文書・文政審議会書類・十二文政審議会議事速記録」国立公文書館蔵）。
11) 「幼児保育刷新方策（案）」1947 年（『幼児の教育』**46**（4），20-21）。
12) 坂元彦太郎「教育基本法と学校教育法」1947 年（「昭和二十二年度全国保姆指導講習会要項」土浦市立土浦幼稚園蔵）。
13) 「日本保育学会記事」1949 年（『幼児の教育』**48**（2・3），65）。

引用文献
ハウ，A. L.／坂田幸三郎（訳）（1893）．保育学初歩　福音社，p. 3.
保育問題研究会就学前教育制度研究委員会（1941）．国民幼稚園（仮称）に関する建議案に就て　保育問題研究，**5**（3），2-5.
倉橋惣三（1940）．国民幼稚園を目ざして　幼児の教育，**40**（8・9），1-2.
桑田親五（訳）（1876）．幼稚園　上　文部省，1 丁.
Mann, H., & Peabody, E. P. (1876). *Moral culture of infancy and kindergarten guide.* New York; J. W. Schemerhorn, p. 41.
森岡常蔵（1926）．幼稚園の発達と改正幼稚園令の精神　教育学術界，**54**（1），228.
中村五六（1906）．保育法　秀英社
中村五六・和田実（1908）．幼児教育法　フレーベル会
日本近代教育史料研究会（編）（1997）．教育刷新委員会第二特別委員会第七回議事速記

録　教育刷新委員会教育刷新審議会会議録 6　岩波書店　pp. 286-288.
岡田正章・久保いと・坂元彦太郎・宍戸建夫・鈴木政次郎・森上史朗（編）（1980）．戦
　　後保育史　第 1 巻　フレーベル館　pp. 32-36.
大阪府教育委員会（1972）．大阪府教育百年史　第 3 巻史料編 2　pp. 778-779.
佐沢太郎（訳）（1876）．仏国学制　初編巻 1　文部省，2 丁．
関信三（訳）（1877）．幼稚園記附録　東京女子師範学校，20 丁．
関信三（1878）．幼稚園創立法　教育雑誌，**84**, 1.
関信三（1879）．幼稚園法二十遊嬉　青山堂，6 丁．
玉越三朗（1952）．幼稚園の設置基準について　保育，**7**（**5**），35.

第3章 保育を支えてきた理論と思想

小川博久

1 保育思想を保育理論の視点から検討する

　本章はこれまで多くの先達が繰り返し語ったように，ただ単に歴史の継時的変化に沿って日本の保育思想を語るのではなく，現在の保育実践に大きな影響を与えている保育思想を分析の対象とし，それを批判的に論ずることによって，保育学の「理論」とはどうあるべきかについて，未来的展望を構想したい。フリードリヒ・フレーベルの保育思想によって保育実践が始まったことは紛れもない事実である。したがって，保育という実践が行われている限り，その前提にはそれを支える教育思想があるという考え方は当然視されるし，また現にそうされてきた。しかし，前述のフレーベルにしても，思想と実践が無関係ではないということが歴史的事実として確認できたとしても，理論と実践との関係は必ずしも明確ではない。

　ただ，保育研究者はこれまで，保育者養成や保育者の現職教育に深くかかわってきた。現在，保育学が「学」として成立する上で保育実践と不可分の関係にあるとすれば，それとのかかわりにおいて，保育思想を取り上げることは必要であろう。今後，「保育思想」なるものを，保育実践や保育者養成とかかわり合うもの，あるいは保育者の園内研修などの現職教育の理論と具体的にかかわり合うものとして考えざるをえないということである。この「保育思想」を「保育という現象についての総体的観念」とし，「理論」をその中で保育実践との関係を具体的に明らかにできる部分とする（小川，2002a, pp. 43-44）と，理論は保育研究者の研究，つまり保育実践についての研究のあり方ともかかわるものだということになる。ここでは，このような視点から，「思想」の価値や有効性を考え，過去の保育思想や研究のアプローチを振り返る。その結果，取り上げる過去の諸業績は，現代の保育の実践と理論の課題を念頭に置いた時，そ

Ⅰ　保育学とは

の解決に貢献する思想ということになる。

　そうした保育思想としては，倉橋惣三から津守真へと連なる系譜と，もう一つ，城戸幡太郎（城戸，1984）から保育問題研究会（岡田ほか，1997, p. 403）への系譜が挙げられる。もちろんこのほかにも，戦後の保育実践に大きな影響を与えた実践運動がある。たとえば，創造美育運動（岡田ほか，1997, p. 273）とか新しい絵の会（井出，1969）などの思想がある。久保田浩（久保田，1973）らの遊び保育の運動も，実践に与えた影響は無視できない。歴史的に見れば，彼らの幼児教育思想は，実践に携わる人々の心を動かし，その実践を方向づける力になったという意味で，教育運動を惹き起こしたと言えるし，現在もその影響下にあった幼稚園が残っている。ただ，思想と実践の双方が，また研究方法論を含めて現代の保育学の課題として検討せざるを得ないものとしては，津守に代表される理論と実践の関係であり，もう一つは保育問題研究会の系譜を引き継ぐ実践であろう。その二つの運動は，理論と実践をつなぎ，その関係性を検証する具体的な手立てを持っていると言えるからである。その手立てとは次のようなものである。

　①　保育研究者の言説と保育者の実践との間に交流がある（著書，講演，研修会）
　②　研究者と実践者とが一体となって運動を展開している
　③　研究者や実践者による実践記録の収集と分析がある

　美術教育の運動も久保田の運動も①②は認められるが，③が存在しない。それゆえ，その思想が保育実践の現場に多大の影響を残した事実を著書，現存する関係者，実践現場を通して歴史的事実として認識することはできるが，実践の事実として確認することには限界がある。たしかに当該の思想家が直接かかわった保育現場や著作における叙述を通じて，具体的な実践を想定することはできるが，保育実践は現代に生きる保育者が実践するものであり，その時代性に制約されるため，保育思想における理論と実践との関係を追究するには，前述の③がきわめて重要である。なぜなら，実践記録は，研究者の側が提起する理論に対して，その理論に基づいて行われた実践の証であり，両者の関係を証明するエビデンスだからである。これに加えて，④として，研究者が自らの理論をもとに保育者養成を実践することで，保育理論としての条件が整備される

と考えられる（小川，2006, p. 68）。

　ところで，前述の津守と保育問題研究会の二つの系譜はこれまで，残念ながら理論においても実践においても交わろうとしないし，直接的な相互批判も展開していない。両者には，その根底に政治的なイデオロギー対立があり，歴史的には社会主義社会と資本主義社会という東西対立の図式が，同じテーブルに着くことを妨げてきた。冷戦構造は終結して，今やそうしたイデオロギー対立は無意味なはずである。それぞれの出自を持つ研究者は，かつての対立はなかったかのように学会活動などにおいて交流しているように見える。ただし，研究論文には異なる立場の文献は引用しないというこだわりは残っている。一方，こうした保育思想の系譜のもとで，戦後，日本保育学会が創設され，保育研究に対して，様々な研究分野から保育実践を研究する人材が現れてきた。また，保育実践を改善するための現職研究者も輩出することになった。

　そこで本章では，この二つの系譜を俎上にあげて検討し，今後の保育理論と実践の課題を保育学の問題（小川，2006, p. 68）として考えてみたい。具体的には，理論と実践をつなぐ研究方法論上の発展を，保育実践理解のためのエスノグラフィックアプローチによるアクションリサーチの確立へという方向で読みとき，二つの系譜の立場の違いを克服することを示唆したい。

2　倉橋惣三から津守真に至る保育思想——津守を中心に

　倉橋惣三は，アメリカ留学を経てアメリカの児童中心主義の洗礼を受け，自ら実践の場に身を置き，理論的にも心情的にも幼児という存在に共鳴し，子どもをめぐる生活を支援し，子どもを育てる手立てを考えるために保育理論を構想した（倉橋，1934）。津守真は，発達心理学者として出発したが，保育現場で子どもを観察することから，子どもとのかかわりの中でしか「真の子ども」理解はできない，子ども世界の独自性に迫ることによって保育という仕事は存立する，と確信するに至る。その思想には，津守自身の実践の場での障がいを持つ幼児とのかかわりが反映されている。それゆえ，津守の保育についての語りは，多くの保育者たちの心をとらえ，今なお強い影響を与え続けている。保育者は自らの実践を，記憶をたどりながらイメージとして再現し，省察する必要があると説いたことは，近代の専門職（プロフェッション）としての保育者の資

質への提言と言える。津守は，倉橋の教育思想を継承し，実践者かつ発達心理学研究者として幼児教育理論の構築を試みた先駆者ということができる（津守，1980）。一方で当時，児童心理学研究のメッカであったミネソタ大学で学んできた実証主義的な発達心理学の研究手法を，帰国後奉職したお茶の水女子大学の附属幼稚園において試行した（津守，2012）。アメリカでの研究成果をフィールド研究に適用することには，多くの葛藤と試行錯誤があったに違いない。その過程を追跡してみよう（津守，2012）。

外的データの量的集積による保育「事実」把握の不可能性

われわれ研究者は，大学で学生に講義を行う時，何より大切にすべきこととして，事実を重視することを教えられてきた。津守は，事実を把握するためにどのように観察を始めたか。彼が保育研究に参入していった過程を歴史的にたどると，事実追求の二つの思考傾向を窺うことができる。一つは児童心理学研究の立場からの観察，もう一つは倉橋の保育観に基づいてお茶の水女子大学附属幼稚園の実態を解釈するという方法である。この二つの思考傾向は，当初一致しなかった。ミネソタ大学で児童心理学の研究をしてきた津守は，アーノルド・ゲゼルの発達心理学の影響を受けて『乳幼児精神発達診断法』という共著を書いており，附属幼稚園の実践を観察する初期においては，ゲゼルがそうであったように，幼児の遊びの実態をマジックミラー越しに，子どもに直接接触することなく，外部者に徹して観察することを貫いたにちがいない。論文の注に，こう書いている。「昭和30（1955）年から，昭和33年にかけてお茶の水女子大学附属幼稚園の1クラス（堀合文子教諭担任）が3歳から5歳になるまで，池戸光子・守永英子の助力をえて，逸話記録，約1000枚を集めた。とくに場面を限定することなく，時間を制限し，子どもの姿をよくあらわしているような行動を記録することにつとめた。そのときの目的としては，まだ幼い3歳児がどのような過程を経て，5歳児のエネルギーに満ちた豊富な活動にまで伸びて行くのかを知ろうとするところであった」（津守，1999）。が，「当時，この記録をどのようにまとめたら良いか全く見当もつかなかった。たまたま，乳児期の資料について，統計的整理をしていたので，その連続として，磯部景子と共に，一書にまとめた」（津守・磯部，1965）。この見方について津守は後に，年齢

を基準にして統計処理をしているので，視野が狭いという。そして，こうした研究の継続を「科学的に取り扱う方法を生み出すことのできないままに，……次第に，詳細に，また部分的にならざるをえなかった」（津守, 1999）と述べている。児童心理学者としての科学的見解を求める姿勢と，倉橋の児童観に影響を受けて，持ち始めたホリスティックな幼児観との葛藤が，保育現場を 15 分ずつ 2 回観察するタイムサンプリングの方法に表れていた。このように子どもの行動について客観的に観察記録をとると，限りなく細かくなっていく傾向があり，その子どもの理解が機械的，分類的になっていくことで，こうしたデータと遊びの中で見せる子どもの笑顔に窺われる内面とが乖離していく。

　しかし，「保育においては，どの一つの部分も，全体との関連なしには考えられないということである」。もちろん「ある瞬間の場面だけでも，そこで感じとられるものはあるし，その前後に，そこにともにいることによって，その一つの場面の意味が明瞭になる」。一方で，「保育の全体は，一つの場面の，具体的な一つのことにあらわれる」。それゆえ，「保育全体の中で，一つのことを見る体験は必要である」ことに気づく（津守, 1999）。

　そして，各局面についていかに詳細な事実を記述しても，何も明らかにならないことをやがて発見する。言い換えれば津守は，研究において，外面的事実を限りなく量的に累積し，それを統計的に処理することで科学的知見が得られるという実証主義的手法では，保育実践における「事実」にはたどり着けないことを発見したのである。とはいえ，研究者である津守にとって，保育という現象の中での「事実」を突きとめるという構えは放棄するわけにはいかない。実証主義的手法とは異なる立場から，事実に迫らなければならない。津守は，研究者としての自負と責任から，保育の実態をより客観的に事実としてとらえようとする試みが招いたジレンマを，克服しなければならなかった。

遊ぶ子どもの内面と出会う必要性

　そして，こうしたジレンマを招くもう一つの要因が，お茶の水女子大学附属幼稚園の実践とそれを支える倉橋の保育思想であった。津守は，その保育実践と向き合うために，幼稚園をフィールドワークの場として，3 年間通うという決断をする。津守は，実証的な心理学研究者とは異なった眼差しで幼稚園の子

Ⅰ　保育学とは

どもの実態をとらえる方法を模索する。外面的な子どもたちの姿をとらえるのではなく，日々の保育の中で子ども一人ひとりがどのような思いで過ごしているかという保育者にも通底する眼差しで見つめ，思索を続けるのである。その成果が，『保育における体験と思索』という津守の代表的著書の一つである。ここで津守は，堀合文子のクラスへの参与観察を続け，ひたすら子どもの遊ぶ姿を追跡し，子どもがわれを忘れて遊ぶ姿に心を動かされ，どうしたらそうした子どもの内面に迫れるかを思索し続ける。そして，保育者は子ども一人ひとりの遊ぶ姿と向き合うことなしに，保育の実践はできないということを確信するに至るのである。津守はこうした信念から，愛育研究所において障がいを抱えた幼児の保育へのかかわりをより深めることにもなる（津守，2012, p. 315）。そして，次のような問題意識を現場の保育に向けるのである。

　「子どもたちが，自分を打ち込んで遊んで，満足できる一日は，どのようにして生まれるのか」（津守，1999, p. 3）。それは，保育者が日々，一人ひとりの子どもと向き合い，子どもという存在とその内面と対面しようとする姿勢を問うものであった。津守の子どもと向き合う構えは，与えられた課題をやらされるのと「子どもが自分を打ち込んで作り出す遊びとは違う」が，いつもその遊びが保育者にわかるわけではないため，「保育者は子どもとともに過ごし，工夫し，持ちこたえ，待たねばならない。そこに予想もしなかったものがあらわれて，保育者も驚き，また学ぶ」（津守，1999, p. 3）というものであった。津守は，保育の場で，子どもの遊ぶという現象を先入観なしに本質直観[1]に至る道を進むのである。そこで津守が，子ども一人ひとりと向き合い，子どもの心をどう理解し，かかわるかという保育者の課題を共有する立場に限りなく近づくことは，同時に倉橋の保育理念や子ども観に共感することでもあった。とはいえ，児童心理学研究者である津守は，実証主義的手法とは異なる立場から，「事実」に迫らなければならなかった。それは以下のような立場である（津守，1999, pp. 3-28）。

①　子どもが遊びこむ時の内面を観察してとらえなければならない
②　その内面がわからない時は，保育者は待たなければならない
③　子どもの内面は保育者の探求課題である
④　保育者は子どもから学ぶのである

「観察すべき場面は，場面そのものから，研究者に迫って来るものである」という津守の立場からすれば，観察すべき保育の問題状況は，研究者の力量次第ということになってしまう（津守，1999, p. 5）。というより，観察者が感動と出会うことの大切さである，と。ではどこから対象をとらえていけばよいのか。津守（1999）はいう。

「保育は，保育者と多数の子どもたちとが長時間の生活を共にして作り上げているものである。ある日には荒れている子どもが，保育者と生活を共にする中で，次の日には，満足した生活をしている」。「このように，日々変化しながら，成長する保育全体の様相をとらえて，保育者の働きや，子どもの変化する姿を明らかにすることは保育研究の重要な課題の一つである」。しかし，この研究姿勢ではクラス全体を記録することも，長期の変化を追うことも不可能で，タイムサンプリングも保育内部をとらえられないので望ましくない。結局，「一つのクラスを長期に渡って全貌をわかろうとするならば，保育の中で，観察者が惹きつけられる場面を追って行った方がよいであろう」（津守，1999, p. 7）ということになる。つまり，「観察者が訴えるものを選択して記録に残す」（津守，1999, p. 5）ことに保育の真実がある，という。客観的観察の場合，2人以上の結果の調整が必要になると，外部から見えることにしか観察の重点を置かざるをえなくなる。規定のカテゴリーにあてはまる行動を採取する方法も生きて動いている保育を切り捨ててしまう。では生きて動いている保育の中で起こっていることを，そのままにとらえようとするにはどうするか。

このようにして津守の思考は，外的事実をとらえることを捨てて，幼児の内面世界と向き合う方法を志向するようになる。これは明らかに，実証主義的研究方法の放棄を意味していたが，保育現場からの回避を意味するものではなかった。いずれにせよ，津守が，保育の実態をフィールドとしてとらえようとしたことは，後述するような批判的側面があるにせよ，保育に対するエスノグラフィックな研究の嚆矢として，岩田（2010, p. 129）が指摘するように評価すべきである。

津守の研究視点に対する批判的考察

幼児の内面的事実を把握しようとするこうした保育へのアプローチは，保育

者と子ども集団の関係の中で生み出される保育の現象から乖離していく。津守 (1999) は,「子ども理解とは子どもが出会い遊ぶようになった偶然の機会を捉えることであり,外部行動の裏側にある体験が感動を伴った場合,外部的なものとは異質なものとなる,そこを捉えなければならない。体験は意識されるとは限らないし,漠たるイメージのこともある」(p. 7) という。実証主義的方法では生きた保育をとらえることができないというジレンマとともに,生の記録をとらえるための科学的な取り扱い方法を見出すことができないというジレンマ (津守, 1999, p. 10) を,津守はどのように乗り越えようとしたのであろうか。

「観察される行動は,その人の体験の世界の,いわば外縁の部分にすぎない」(津守, 1999, p. 11)。外的に観察される行動は,その人の体験の世界に戻り,そこから新たに出発するという仕方で考えられなければならない。しかし,生きた感動を持った体験の世界の発達の観察は,何らかの形で外部から観察できる出来事を通して得ざるをえない。そこで客観的に記述される行動が,体験の世界に対応するものである場合,ある感動を体験をした瞬間,それは他の部分とは異質なものとなる。その異質な部分に気がついて取り出すことが,観察の課題となる。体験は Leben すなわち生そのものである。津守は,人のうちに動く生のそのものが体験であり,そこに動くものは茫漠としてとらえられるが,そのある部分ははっきりとした意識としてとらえられる (津守, 1999, p. 13) と考えるに至るのである。こうした認識の仕方は現象学的な本質直観とならざるをえない。たとえば,子どもが夢中になって遊んでいる姿の外的な事実をいくら重ねても,そこからは何も明らかにならない。遊びのある瞬間の出来事から子どもの心が体験していることを読み取ることが,子どもの遊びの「事実」となるのだというわけである。たしかに,保育者は子ども一人ひとりとのかかわりにおいて,彼らの内面と通底する立場に立ちたいと願う。津守の著書は,子どもという存在に関心を持つ保育者からすれば,常に魅力に満ちたものである。

しかし,保育者が「保育」を記述するのは,津守が求めているよりもっと切実な理由からである。保育における遊びをどう支援するかについての知見を得るためである。研究者は,保育における遊びを観察し,保育者の立ち位置からとらえられる子どもたちの遊び状況を記述することになる。そして,当事者としての保育者がどのようにしたためにこの状況が生まれたか,また今後この関

係性に保育者がどうかかわるべきかを，保育者とともに考えざるをえないという研究者の立場こそが，遊びをとらえ，記録する必然性につながる。一方，保育者の立場であれば，その時の当事者記録をどう書いたかは実践者としての反省につながる。保育者は自分の関与する事態しか記憶になく，自己のかかわりを介した記録には，当事者としての解釈が含まれざるをえない。子どもの遊びが，素材や遊具とのかかわりが，一定の保育空間中で展開することで，子どもどうしの連携としてのいくつかの遊び集団が形成され，自主的な動きが展開され，保育者がこうした動きを俯瞰する余裕を得られることで，それらの遊びをより客観的に記録するチャンスに恵まれることもありえる。とはいえ，この記録は当事者的であることを越えるものではない（小川，2006, p. 68）。

しかし，保育者には，もう一つの側面がある。保育実践は，幼児集団を対象として彼らと生活を共にいとなむという役割である。それは毎日繰り返されるきわめてルーティンないとなみでもある。保育者は，生活者として，クラス集団の生活を運営する責任者として，子どもの集団生活の安全の展開を時空間的に俯瞰し，その継続を記録する責務がある（それが，週案，期案，年間指導計画の資料となる）。何気なく繰り返される集団的行為が，ハビトゥスとして子どもたちの発達を保障するという信念は，ここから生まれる。子どもの成長・発達が，植物の生長になぞらえられてきたゆえんも同じである。津守は当初，保育における保育者と子どもとのかかわりの多面性を共同研究者と追求したにもかかわらず，彼らとの共同主観性の形式を放棄し，最終的には子どもの内面追求に収斂してしまった観がある（津守，1999, pp. 111-158）。

津守の保育研究のスタンスへの私の批判の一つは，保育者の記録の多面性をとらえていない点にある。保育者の日常的実践は，近代国家の制度である幼稚園や保育所という公的保育施設において，法律に従い，保育者の職能によって遂行されている。子どもたちは，制度的枠組みに潜む権力的意志に従い，クラスという集団に組織化され，計画的に運営されている。そうした子ども集団の日常の中で，子ども一人ひとりが生きており，そうした集団生活の持つハビトゥス性に制約されているという現実を見逃すわけにはいかない。この現実を記録し，理解することは，保育当事者としての責務である。なぜなら，そうした現実がもたらすストレスは，すでに多くの事例に示されているからである。も

I 保育学とは

し本田 (1992) の言うように，子どもが心性の一面として超近代性を持つとすれば，個人をターゲットにすることにこだわること自体問題である。津守の問題点は，保育者の実践は個人の行動の自由な変化にのみ焦点をしぼればよいと考えてしまった点にあると言える。保育者は子どもの発達を保障する目的から，子ども一人ひとりとかかわろうとスタンバイしていたとしても，現実には子どもどうしのかかわりを対象にせざるをえない。また，保育の場における子どもの内面の理解が重要な研究の目的であったとしても，保育者の責任として集団保育の場において一人ひとりを匿名化することはできないし，一人の命も無視することはできない。津守の研究ではこれらの条件が考慮されておらず，その点で保育研究として十全なものとは言えない。また，子どもの遊びは子どもの自発性によって引き起こされるものだとしても，保育時間や施設空間の制約や保育者の意図的関与に規定されており，市井の遊びと保育の中での遊びを全く同一なものと考えることはできない（小川，2010a, pp. 53-56）。ゆえに，津守らの一連の研究は，保育理論の研究としては問題だと言わざるをえない。津守は保育実践の後，自らの保育を反省，省察し，そこから明日の保育を構想するという。この言説自体は否定すべきではないとしても，この言説は，保育者とクラス全員とのかかわりで展開されるという，保育の現実から導き出されていないという点で，保育理論として十全なものとすることはできない。

津守の子ども理解が保育実践から乖離していった要因は，『保育における体験と思索』（津守，1980）のもとになったフィールドワークのあり方にあり，お茶の水女子大学附属幼稚園の堀合のクラスへの参与観察に表れていた。つまり，そこでは堀合の実践における子どもの遊びと津守がかかわる中で，津守とかかわった特定の子どもだけが記録と考察の対象になっていたのである。ちなみに，津守とかかわった当該の子どもたちが，日常的に担任の堀合教諭とどうかかわったかについての津守のフォローは見当たらない。あたかも，津守が担任であるかのような印象になっている。したがって，津守の子どもについての語りはいわば，彼がかかわった子どもの世界についての形而上学に終わっている。それゆえ，保育臨床研究の立場からすれば，津守の仕事への評価は，二面性を持つことになるだろう。

まず評価すべき点としては，子どもという存在への存在論的認識を確立した

ことが挙げられる。近代以前，子どもは存在しなかったというのがアリエス（1980）の主張であった。イギリスのチルドレン・ミュージアムを見学し，18世紀になって初めて，イギリスの中産階級において子ども部屋が生まれた（ショルシュ，1992, p. 104）という展示に出会った時，近代社会こそが大人とは異なる心性を持った存在として子どもを認知するようになったことを，筆者は認識した。しかし，子どもの権利条約（今野ほか，2014, p. 317）が発効した現代でもなお，大人に庇護されなければ生きられない存在である子どもへの虐待や抑圧は存在し続ける。民主主義社会における民法上の規定では，未成年には税負担の義務が免除される代わりに，国民ないし市民としての権利は与えられないのが普通である。にもかかわらず，子どもの権利条約は，子どもに市民としての同等の権利を保障しようとする。それは，社会的弱者である子どもの人権が守られていない現実への，特例法的な対処である（小川，2002b, pp. 101-106）。現代では，多くの大衆が，グローバルな市場経済の普及の中でわが子により十分な教育機会を与えようとするがゆえに，既存の文化を次世代に伝達するという教育の基本的機能を超えて，結果的に，未成熟期の段階から子どもたちを公共的な教育訓練に駆り立てている状況がある。そこで，津守が子どもとの具体的かかわりの中で，子どもという存在の生き様を，子ども独自の世界として語った意義は大きい。特に，競争社会の中で生き抜くことを前提にしているかに見える教育政策のもとで，特別な配慮を持って対応すべき障がい児と向き合い，人としての分けへだてのない豊かな関係性を具体的に開示してくれた津守のフィールドワークは，障がいの有無を超えた人と人の交流の豊かさをわれわれに教えてくれる。さらに，こうした子ども一人ひとりとのかかわりが持つ豊穣な世界があるというメッセージが，多くの保育に携わる人々，将来保育の世界をめざす人々に，保育という仕事への夢を与えたことは確かである。

　しかし，岩田（2010）が指摘するように，「〈子ども世界〉一般を読むという津守の独自の形而上学」（p. 131）には，反面，保育という仕事についてのリアルな認識，さらには保育実践の具体的認識と実践力の養成という面では否定的評価を与えざるをえない，すなわち保育実践に対する臨床理論的な面で，マイナスの影響を与えていることは否めない。それはアクションリサーチとしてのエスノグラフィーへの認識不足によるものである。保育研究に対する心理主義

Ⅰ 保育学とは

的なバイアスと言ってもよい。すなわち，保育といういとなみが保育者と子どもたちのかかわりにおいて成り立っているという事実を無視し，個々の子どもを対象にするいとなみのみに限定して短絡的にとらえてしまっているということである。現実社会に置かれている保育者たちが現行の保育所制度の法的規定において課されている様々な役割を顧慮することなく，保育者と子どもとの関係性を理念的に語り，そうした語りに従って保育実践を導けるとしたことである。そうした臨床研究が依然として現場において行われている状況には，津守のアプローチの矛盾に気づかず，それを墨守するエピゴーネンの責任も大きい。すでに述べたように，津守（1980）において取り上げられた事例は，堀合のクラスの子どもと津守が出会った出来事であった。津守が頻繁にこのクラスに参与観察したとしても，日常的には，堀合と子どもたちとの関係の中で生み出されてきた，個々の子どもとクラス集団の実態があったはずである。しかし，そうした背景はほとんど存在しないかのように，津守と子どもたちとの関係は背景に関係なく語られ，考察されている。言い換えれば，お茶の水女子大学附属幼稚園の施設環境，職員組織，年間指導計画，学年組織などの社会学的事実とは一切無関係に，津守と子どもとの，あるいは子どもどうしの心理学的事実が取り上げられている。しかし，保育者は，近代社会制度の一つとしての社会福祉・教育制度において規定された「専門職」の一員として振る舞うことを義務づけられており，そうした側面からの役割を無視して保育を語るわけにはいかない。具体的には，津守は堀合の実践を背景に保育を語らねばならなかったのである。

　津守の子ども観，「保育」観の影響を受けた研究者たちは，この津守の誤りを踏襲してしまっている。研究者がフィールドに入る時，保育者のフィルターを通すことなしに保育の現実をとらえることはできないはずである。にもかかわらず，現在，特定の保育施設での保育の中での遊び研究の多くが，市井の遊び研究と同一視されている。そしてそれは，現場の保育研究すなわち，保育臨床研究のあり方にもバイアスを与えている。現場の保育研究の場合，保育の中での遊び活動のみが取り上げられることがほとんどである。なぜなら，現場には，子どもの主体的な育ちは遊びにおいてなされるという原理的な発達観があり，しかも，遊びにおける保育者の役割は，子どもの主体的な育ちを援助する

第3章　保育を支えてきた理論と思想

ことである。そして，筆者（小川，2010b, p. 21）が，援助は遊ぶ主体である子どもの活動の志向性を読むことなしには不可能であると述べたように，子どもの活動を観察すること，つまり子ども理解が重視され，研究の関心が子どもの遊びを観察することに向けられがちになるという事情もあって，結果的に保育臨床研究が子どもの遊び研究と同一視される傾向が生まれた。その結果，保育者どうしが，子どもの遊びにおいてどこまで子どもの内面のドラマを深く理解できているかが，その保育者の「専門家」としての力量の証であるかのように考えるようになる。そして，こうした態度が，園内研究会のスタイルに，あるパターンを生み出すことになるのである。

　一例として，筆者が外部講師として参加した某国立大学附属幼稚園の公開研究会のスタイルを紹介しよう。5歳児クラスが公開クラスになり，他のクラスの保育者は，当該時間の前に子どもを早退させ，記録者となり，担任保育者から指定された子どもや子ども集団を観察する。そして保育が終了して子どもたちが降園した後，保育者全員でカンファレンスを行う。担任保育者の自評の後，記録を担当した他のクラスの保育者がそれぞれ記録に基づき子どもの実態について詳細に語る。子どもたちは他のクラスの子どもがいなくなった広い園庭やホール，保育室と三々五々分かれて行ったので，保育の講評を依頼された筆者は，保育全体を俯瞰すると共に，保育者と子どもたちの個別の動きも見なければならず苦労する。しかし，もっと大変なのはカンファレンスを総合的にまとめることが，ほとんど不可能に近いということである。カンファレンスの目的は，保育当事者がこの日の自己の実践，子どもの実態とそれに対する保育者自身の働きかけを振り返り，明日の子どもの遊びの発展にどう結びつけるか，明日の子どもの実態に対しどんな援助や環境構成が考えられるかの話し合いをすることである。なぜそれが不可能なのか。①保育当事者の反省は，当然のことながら，きわめてアバウトにならざるをえない。なぜなら，子どもの遊びの場が室内，テラス，園庭，遊戯室と広がり，すべてを詳しく見守る余裕などありえない。見取れない遊びがいくつかあったという表明になる。記録としても当事者記録になり，遊びのディティールは語りえない。一方，記録を担当する他クラスの保育者たちは，しっかりと特定の子どもや小グループの子どもの遊びに張りついて，これを観察して第三者記録を取る。そして，延々とその遊びと

そこでの読み取りを語る。記録者は，四つか五つの子どもの遊びのエピソードを，あたかも独立の物語であるかのように，また自分がいかに詳しく遊びの実態を語れるかを誇示するかのように語り続ける。こうした記録者の語りと，保育当事者の反省を比べると，前者はアバウト過ぎて，両者をつなげていく手がかりはない。カンファレンスの目的からすれば，担当保育者と記録者とが，相互に子どもの遊びの実態と保育者の援助とを結びつけて話し合うことで，初めて保育の実践の反省になるのである。しかし，すでに述べた通り，津守が堀合のクラスでしたように，特定の子どもと向き合い，記録して子どもの内面を読み取ることが，研究会の中で再生産され，記録者たちがそれぞれ自己の記録によるエピソード語りに集中し，それが保育者の力量の証であるかのように振る舞うので，カンファレンスの目的である保育当事者の自己の実践に対する省察が行われず，省察こそ保育研究であるという津守の主張を結果的に裏切ってしまう。これは津守が自覚せずに，堀合の実践を無視して特定の子どもを観察し，自己の「保育思想」を語ったことの論理的帰結である。職能としての保育者が負わされている，近代社会組織としての公的保育施設における保育は，一対多の関係に置かれている。研究者が「保育」を語る時は，それを前提として保育実践を語らなければならない。にもかかわらず，そうした状況的背景を無視して，一対一で向き合う対象として子どもとの関係をとらえようとした津守の視点は，形而上学的であった。津守はそれを子どもの所与の姿とせず，むしろ自己解釈による現象の切り取りであることを自覚的にすべきだったのである。そうすれば，津守の保育思想が，保育者と幼児集団の日常に位置づけられる可能性も残されたし，それによってその思想の保育現実に対する挑戦性も生かされたのではないだろうか。

保育問題研究会の理論と実践

保育問題研究会は，第二次世界大戦前の，東京大学の学生によるセツルメント運動に端を発している。この運動の創始者の１人であった城戸幡太郎は，当時の保育所保育にかかわりながら，子どもの生活を構築することの重要性を唱えた（城戸，1984）。城戸の保育思想は倉橋とくらべ，保育といういとなみをより広い社会的視野においてとらえようとする視点を持っていたと言える。倉橋

がお茶の水女子大学附属幼稚園の実践を起点に子どもの生活を構想したのに対して，城戸は東大セツルメント運動とのかかわりで保育所の保育を念頭に子どものあるべき生活を構想したということから，彼らが対象とした子どもたちの背景となる親たちの生活現実が，すでに原風景として異なっていたことが容易に想像できる。すなわち，セツルメントの援助の対象になるのは，両親が賃金労働に参加せざるをえない家庭の子どもたちであり，彼らの生活のあり方についての城戸の構想は，倉橋よりははるかにリアリスティックにならざるをえなかったと言えよう。

宍戸（1989, p. 149）によれば，保育所における保育実践は，敗戦による廃墟の中から始まったと言ってもよく，それを担ったのが保育問題研究会であった。そして，その実践を研究と結びつけていくきっかけをつくったのは，小学校の教育実践であった。それは無着成恭の「やまびこ学校」の実践と記録である。無着（1951）は，山形県の僻地の小学校において，子どもたちが古い慣習と貧困にかこまれている現実に対面し，「生活綴り方」という作文教育によって，子どもたちがその現実を凝視し，記述する仕方を工夫することを通して，自らその現実を変革する自立的思考を構築することを意図したのである。この影響が，戦後の困難な生活環境にあって保育実践に取り組んでいた保育所の実践の記録として現れたのである。宍戸（1989, pp. 149-169）によれば，保育問題研究会の系譜を引く保育記録による保育研究の手法は，子どもの育ちが民主的な集団的関係を構築することができているかどうかを見きわめる手段であった。それは言い換えれば，保育者の保育目標が子ども集団の中で実現しているか否かを見きわめていく手立てであった。こうした記録論は，教育の現場の問題を解決する手立てとして生まれたという点で，より実践的でありリアルなものであった。この方法が保育者に継承されていく際にも，保育者の立場と子どもの実態との両者の関係性を把握しようとしていた点で，津守らの系譜のように，子ども理解にのみ傾斜するというバイアスは存在しない。一方で，保育問題研究会の記録観には，保育記録＝事実そのものとする固定観念があった。すなわち，保育記録そのものが子ども集団の実態を反映しているのか，記録のあり方そのものへの反省や検討も存在しないのである。それは，保育記録は保育のねらいに則してとられ，記録の考察は子ども集団の検討そのものであり，保育の実態

Ⅰ 保育学とは

そのものであるという考え方に基づいている。つまり，そこには保育記録を保育実態とイコールであると考える言語リアリズム観がある。こうした考え方からすれば，保育の実態に対し，それを記録するという行為がどこまで事実に迫りうるかという問いも，保育実践自体に対し，保育者が自らを反省的に振り返るという契機も，その実践についての記録それ自体の信憑性について検討する契機も生まれてこない。その一例が，勅使千鶴，亀谷和史，東内瑠璃子の著書である（勅使ほか，2010）。現代の研究者である彼らが研究対象にするのは，昭和20（1945）～60（1985）年代に活躍し，実践記録を著した保育実践者たちである。問題は，なぜ現在，保育者たちの間で実践記録をとるということが，実践されていないのかである。研究者たちが，実践者たちの業績を高く評価するのであれば，なぜこうした伝統を現場で実践する努力をしないのか，あるいはできないのか。その原因をなぜ追求しないのか。それは，こうした実践記録が著名な実践者のカリスマ性と不可分であって，無名な多くの保育者の日常的な保育実践と結びつく形では，記録を書くという行為が現実化していかなかったことと無関係ではない。保育記録を書くのは，日々の保育がその日一日，問題もなく過ぎていったとすれば，現場の保育者や園経営者にしてみれば，ホッと胸をなでおろす瞬間である。保育担当者が，その日の実践を記録する場合，その記録は，物語としては，きわめて単調な無機的な記録になるかもしれない。しかし，その累積こそ保育という日常行為に歴史的意味を与える。

　今から40年前，筆者は，世田谷区のある公立幼稚園の保育を見学する機会を得た。対象は5歳児クラスで，この日は午前保育で，11時30分すぎに集まりの時間があった。「昨日，Aちゃんが膝のところをけがしていてすりむけているので，みんなに触らないようにって話したよね。でも，それなのに，わざとB君は触った。これいいことかどうか，みんなで話しあってほしいのね」という保育者の提案で，話し合いが始まった。結論は見えているように，子どもたちから次々に，なぜいけないことなのにそんなことをしたのかという声が，集中砲火のようにB君に浴びせられた。B君はだんまりのままだ。もう帰りの時間は迫っていて，お迎えの父母たちは玄関に集まっている。しかし，保育担当者は腕を組んだまま，話し合いを続けさせる。結局，タイムリミットを過ぎて，保育者が「この続きはまた明日にします」という形で終わった。後で，

この保育者は話し合い保育の熱心な実践者だということを園長から聞いた。その時の筆者の疑問は，この話し合いの目的は何かということだ。仮に，Aちゃんの立場になって，Aちゃんにとって迷惑になることをしない，というモラルをみんなで学びあうことだとしよう。でも議論はB君への集中攻撃に終始していた。B君の行為が，「触るなと言われると，ますます好奇心が大きくなり，思わず，触ってしまった」というものであり，それが誰にでもありがちな出来心だったとしたら，どういう話し合いをすべきだったのか。もっと相互に言い合うカンファレンスが必要ではないのか。私はこの時そう感じていた。しかし，保育者には自己の実践にいささかの反省もないように思われた。こうした実践についての自己省察を含めた議論の余地があるとしたら，この保育者が記録を残す場合にもその事実は記載されるはずである。しかし，この日の保育実践は保育者にとっては何の問題もない，信念に基づいた行為なのである。自己の保育を正当化する論理は，保育記録への批判的考察を欠くことと通底する。

　坂元（1983）は教育実践は失敗の連続である，だから実践記録が必要だし，カンファレンスがあるのだ，とも言っている（p. 37）。しかし，少なくとも勅使ら（2010）の著書には，そうした事例は取り上げられていないし，そうした視点で，実践記録自体を検討対象にする意識はない。コラムに書かれている記録内容は，著者やその仲間の実践それ自体であり，記述内容をイコール実践のリアリティだという前提自体を疑うことはしていない。しかし，無着らの実践記録の系譜の歴史的意義を高く評価している坂元（1983）は，「実践記録は自分の実践のなかから，ある問題意識にしたがって，ある現実を切りとって客観化したものである。教師は自分の実践の過程をすべて記録することはできないので，その中から，自分にとって最も重要だと思われた事実を選択して記録していくのである。だから，当然のことながら，実践記録には，実践の切りとった事実だけではなく，その実践に対する教師の態度や思想が表現されている」，「しかもその事実はある時のある場所の一回限りの事実である」（p. 36）と述べている。しかし，坂元とは異なり，勅使らは，実践記録を実際の保育実践それ自体と見なし，それを分析対象としている。昭和期の著名な保育実践者の保育実践思想の重要な資料として，実践記録を分析することはもちろん認められて

Ⅰ 保育学とは

よい。しかし,それは保育実践を理論的に分析し,明日の保育を構想する戦略として検討することとは峻別しなければならない。坂元が指摘するように,保育実践の現実においては,保育者の意図と,遊びにおける子どもたちの行動と瞬間ごとの思いとの間に絶えざるずれが生まれるであろうし,両者の関係性も絶えざる試行錯誤の繰り返しであり,完結することはない。こうした実践の側面は,記録で使用されるVTRなどによって,見返され省察され,新たな実践として試み直されるものである。

　以上の点から,このような実践記録への講評は,保育臨床研究の理論の対象とは見なしえないと言わざるをえない。たしかに,保育のねらいを前提にし,クラスの保育集団を記録の対象にしたことは,津守らのように個を対象にしてしまうより,保育の理論研究にふさわしいとは言えよう。しかし,記録するという行為や保育の実態に対するその妥当性などについてのメタ認識を欠いており,保育問題研究会の系譜を引く記録論は,やはり保育思想のレベルに留まり,保育理論としての体裁を持つものとは言えない。津守らの保育論も保育問題研究会の系譜を引く保育記録論も,現代の保育実践に大きな影響を与えている教育思想であり,その系譜に所属すると思われる著名な研究者を介して,運動論的に未だ強い啓蒙的な影響を及ぼしている。しかし,保育実践を記述し,その記述を振り返ることで自らの実践をより確かなものにしようとする反省的思考の手立てとして記録を考えるならば,保育問題研究会の系譜を引く記録論は,実践との関係を吟味するメタ認識を持たないと言わざるをえず,それは保育実践を批判的に検討する理論とはなりえない。今後,保育者養成を介して,また現職研修を通じて,現場の実践に確かな効果を与えるであろう保育理論を構築するためには,保育実践をどう記述し,そこから保育者の実践行為を批判的に検討し,より確かな実践をどう構成するかが構想されなければならない。

保育臨床研究に基づく保育理論の構築に向けての展望

　筆者の論展開の最終目的は,現行の保育者養成制度や現場の現職教育において,保育者の保育実践力を高めることができる理論を構築することである。それは,保育研究者が,現行の保育実践を参与観察し,記録し,分析した結果を,実践者の自己省察の過程に役立てることができるかどうかにかかっている。こ

こに保育臨床研究の課題がある。具体的には，保育実践を記録し，分析した結果と，保育実践者の当事者記録の省察を照合させることが，保育実践理論を構成する過程となる。保育者は実践の場で課題を持っている。たとえば，子どもの遊びへの取り組みがなぜ持続しないのか，などである。研究者は，子どもとモノ（素材，遊具）とそれを取り巻く空間とのかかわりの中でどう活動が推移するかを，記録し，分析し，この遊びへの保育者のかかわりについての自己省察とすり合わせることで，問題解決を図るのである。

　従来，保育研究を含む教育研究は，研究の理論的妥当性を自然科学の理論に依拠してきた。それゆえ，教育現象の中で実験研究の成果や手法を適用できるのは，心理学的分野くらいしかなかった。教育実践の分野は，その実践の一回性のゆえに，自然科学的研究の対象にはふさわしくないともされてきた。しかし，エスノグラフィックなフィールド研究によって，教育実践を対象にする理論研究が可能になった。それは普遍的な法則定立を求める研究ではなく，それぞれの現場での具体的な問題解決を試みるアクションリサーチとしての研究である。

　それを実現するためには，以下のことが重要である。第一に，実践当事者と問題意識を共有すること。第二に，研究の場であるフィールドを明らかにすること，それは保育者とクラスの子どもたちの遊びが展開する保育室であること。第三に，幼稚園や保育所の保育時間の保育過程を記録化すること。第四に，記録対象にしている実践は，日案に提示されている集まり，お弁当，片付けなどの活動の一つであり，長期的に見れば園行事を軸に展開される週案，期案に基づき展開される保育のハビトゥスに含まれる活動であることを自覚すること。第五に，第三者である研究者が，保育実践を観察し，記録することの必要性。保育者は実践当事者として子どもとの関係の中にいるがゆえに，自らの保育課題に対し直観的問題解決の暗示は抱くことはできるけれども，自分がかかわる保育状況に対し俯瞰する視野を持つことが困難になる。それに対し，保育研究者は第三者でありながら，保育を理解する者として，保育者と保育課題を共有し，当事者的視点に立つことができ，より俯瞰的視野で保育記録を取り，分析することができる。この点から保育者と保育課題の省察に寄与することができるはずである。第六に，研究者には，保育室や園庭の環境設定に対し，共通理

解を構築する努力が必要であること。さもないと，保育者の保育実践についての省察のコンセンサスは得られない。なぜなら，保育者の省察には，たとえば，「ままごとコーナーの内側の子と外にいる子が立っておしゃべりを始めた時，保育者はテーブルのところで座って食事をしている幼児のところへ行き，一緒にテーブルを囲む位置に座るという参加の仕方が，ままごと遊びを存続させる援助としてふさわしい」というように，保育者の立ち位置や，身体行為のよし悪しにまで言及せざるをえないことも少なくないからである。

　以上のような視点での研究を実現できたとしても，分析の対象となる保育の現象はきわめて限定的であるかもしれない。ただこうした保育者の援助の蓄積を通して，第四の点で指摘したように，子どもの発達は幼児教育実践の長期的ハビトゥスの結果とのかかわりにおいて，明示的になっていくはずである。研究者は常に，記録のあり方の限界を自覚しながらも，研究の知見が長期的視点で実践に寄与する可能性を求めて，保育理論の構築を追求しなければならない。

注
1)　この用語は，エトムント・フッサールの現象学における鍵概念である。これについてモーリス・メルロ＝ポンティは，「われわれの生活は単なる偶然の心理的出来事からなるのであってはならず，そうした心理的出来事を通して，事実の特殊性に還元できないような〈意味〉が開示されなければならないのです。心理的出来事を通してのこうした真理の表現」を本質直観という，としている（メルロ＝ポンティ，1966, p. 24）。このパラグラフの津守（1999）の叙述は，保育者が子どもの遊びの本質を直観するに至るプロセスを示している。

引用文献
アリエス，P. 杉山光信・杉山恵美子（訳）(1980).〈子供〉の誕生　みすず書房
本田和子 (1992). 異文化としての子ども　ちくま学芸文庫
井出則雄 (1969). 幼年期の美術教育　誠文堂新光社
岩田遵子 (2010). 保育実践をフィールドとするエスノグラフィーとは何か　子ども社会学研究, 17, 127-139.
城戸幡太郎 (1984). 城戸幡太郎と現代の保育研究――城戸幡太郎先生卒寿記念出版　城戸幡太郎・子どもの文化研究所
今野喜清・新井郁男・児島邦宏（編）(2014). 学校教育辞典（第3版）　教育出版

久保田浩（1973）．遊びの誕生　誠文堂新光社
倉橋惣三（1934）．倉橋惣三選集第三巻　幼稚園真諦　フレーベル館
メルロ＝ポンティ，M．滝浦静雄・木田元（訳）（1966）．眼と精神　みすず書房
無着成恭（編）（1951）．やまびこ学校　青銅社
小川博久（2002a）．倉橋惣三の保育理論研究——保育実践と保育理論との関係をどうおさえたか　日本女子大家政学部紀要，**49**, 43-48.
小川博久（2002b）．子どもの権利条約が観念としての「子ども」に与える意味は何か——従来の福祉諸法との対比において　日本女子大学大学院紀要，**8**, 101-108.
小川博久（2006）．保育学の学問的性格をめぐって——学会活動を考えるてがかりとして　聖徳大学研究紀要（人文学部），**17**.
小川博久（2010a）．遊び保育論　萌文書林
小川博久（2010b）．保育援助論　萌文書林
小川博久（2010c）．保育者養成論　萌文書林
岡田正章・網野武博・大戸美也子・小林美実・萩原元昭・千羽喜代子・上田礼子・大場幸夫・中村悦子（編）（1997）．現代保育用語辞典　フレーベル館
坂元忠芳（1983）．あゆみ教育学叢書7　教育実践記録論　あゆみ出版
ショルシュ，A．北本正章（訳）（1992）．絵でよむ子どもの社会史　新曜社
宍戸健夫（1989）．日本の幼児保育——昭和保育思想史（下）　青木書店
勅使千鶴・亀谷和史・東内瑠璃子（2010）．「知的な育ち」を形成する保育実践——海卓子，畑谷光代，高瀬慶子に学ぶ　新読書社
津守真（1980）．保育における体験と思索　大日本図書
津守真（1999）．保育研究転回の過程　津守真・本田和子・松井とし・浜口順子　人間現象としての保育研究・増補版　光生館
津守真（2012）．私が保育学を志した頃　ななみ書房
津守真・磯部景子（1965）．乳幼児精神発達診断法——3才〜7才まで　大日本図書

第4章 保育学としての問いと研究方法

秋田喜代美

1 はじめに——二つの駆動輪

 保育にかかわる学術研究は，国内外ともに数多くなされるようになり，対象とする分野とアプローチは，多岐にわたってきている。この保育学の学としての研究の進展は，二つの駆動輪により動かされてきている。

 一つの駆動輪は，社会や文化の変化による，保育の拡大である。子育てや保育に社会や家庭が求めるものの比重は重くなり，また保育にかかわって問うべき課題は複雑化し，社会や文化の状況とともに変化している。男女共同参画や経済不況に伴う母親の就労率の上昇に伴い，0～2歳の乳児からの保育に，一般の多くの人の注目が集まっている。たとえば，1～2歳児の保育所入園率は2014年には35.1％，2015年には38.1％であり，2017年には48.0％となるとも言われる。人々の施設の量的拡大のニーズは小規模保育などの新たな施設制度改革をもたらしている。子どもたちへの保育だけではなく，その子どもたちの家庭の保護者への支援，またさらにはその地域における子育て支援も，保育がかかわる重要な課題となってきている。そして乳幼児期の問題は乳幼児期にとどまるのではない。将来の人材育成への人生早期の公的投資の経済効果が明らかになり（Heckman, 2006; Barnet & Masse, 2007; Dalziel *et al.*, 2015），生涯にわたる人格形成の基盤の時期として，保育・幼児教育の質向上が，保育に関わる人たちだけではなく広く一般により重視されるようになってきている（OECD, 2011; 2015）。それらが保育学の新たに問うべき課題群を生み出していく。

 もう片方の駆動輪は，学術における研究方法の発展や学術と社会との関係のあり方の変化である。社会科学の研究方法論として，質的研究法の台頭により，21世紀に入り，研究を行うメソドロジーが変化してきた（やまだほか，2013；秋田ほか，2005：中坪，2012）。保育のいとなみを記録・分析し，さらにそれを研

Ⅰ 保育学とは

究として発表するためのメディアや道具のあり方も，情報コミュニケーション技術（ICT）の普及とともに急速に変わってきている。この発展が研究のための資料やデータの記録・分析・記述発表のあり方への，新たな窓を開いてきている。また学術と社会との関係は，研究の価値が，その研究者コミュニティである学会の研究者集団により，各学問分野の内的規範や論理によって決められるという考え方（モードⅠ）のみではなくなってきている。研究は社会に開かれた知識生産活動であって，何を問うのかという課題の設定と解決は，その学術と関連する社会の人々の要請により決まり，そこに関与する複数の領域の人びとの協働によって成し遂げられるという考え方（モードⅡ）へと展開をしている（ギボンズ，1997）。この学術全般の変革動向が保育学と周辺領域との越境・融合・連携を可能としてきている。

　この両輪の駆動力によって，保育学は，時代とともに新たな課題に常に直面しつつも，多様な学問の原理や視座との交流・融合によって豊かな知を生成し，発展してきている。保育学は，特に，保育者自身が探究者として保育を問い続けることを自ら引き受けてきた伝統と歴史を持つ。保育の実践研究が脈々と受け継がれ，日本の保育学ならではの独自のアプローチを生み出してきた。子どもの日々の暮らしと遊びを豊かにする保育の質向上にむけて，各時代が直面する課題に取り組む研究者がいる。また一方で，子どもの遊びや保育における保育者の行為など，時代をこえて変わらぬ課題を問う研究者，時代の変化や国や文化によるその相違を問う研究者がいる。保育学の研究は，子育て，保育という複雑ないとなみの中に織り込まれた，様々な現象や関係の網の目を解きほぐしながら，見ようとし見続けなければ見えないものを，より見えるようにしようとする試みとして歩みを進めてきている。

　本章では，保育学において私たちは何を問いとして求めてきたのか，求めていくのかを考えていく。筆者は歴史研究を専門とする研究者ではない。しかし，保育学の今とこれからの問いを考えるにあたって，まず前半では，保育学会の創立当初から目指された研究は何であったのかを考える。そして学会設立30年後（1977年）に出版された日本保育学会（編著）『保育学の進歩』において論じられた保育学の議論に再度立ち戻って，研究への問いを考えてみたい。そして次に，社会の変化の中で，そこにどのような研究の方法と研究対象の射程の

広がりが問いとして加わってきたのかを考えていくことにする。

2 保育学の「学」としての問い

学会設立当初の趣意書から見る「保育の学」たる問い

1948（昭和23）年11月21日，日本保育学会は，倉橋惣三を初代会長，小川正通と山下俊郎（のちに第2代会長）を副会長として，東京女子高等師範学校（現・お茶の水女子大学）附属幼稚園で第1回大会を開催し設立された。この年は，1月には児童福祉法が施行され，4月には学校教育法の施行にともなって幼稚園教育の方向を指示する保育要領が刊行された年であり，当時の学会設立の趣意書には，以下のように書かれている。

日本保育学会趣意書

　乳幼児を心身共に健やかに育成するためには，こどもに対する深い愛情とともにその保育に科学的な基礎をもたせなければならない。この保育についての，理論的な研究は，これまでわが国において，ほとんど未開拓の分野であった。年若い保育学をよく発達させ，正しい姿に置いて，乳幼児保育を展開させるために，わが国最初の研究発表の催しを機としてここに日本保育学会が設立されることになった。

　乳幼児保育の諸問題に関する研究者，幼稚園，保育所等において，実際保育に従事しつつその理論的基礎を求めているもの，一般に乳幼児の問題に深い関心をもち，こどものたくましい発達をこいねがう人々は，それぞれの立場から，この学会に会員として参加し，学会の目的とするところに協力されることを希望する次第である。

倉橋は，終戦直後，教育刷新委員会の委員として，学校教育法による新たな幼稚園制度の発足，保育要領の作成編纂にあたり，幼児教育内容調査委員会委員長としても，指導の役にあたった。彼は当時のアメリカの学術の潮流にふれ，保育における経験科学的基礎の必要性を痛感し，科学的研究を推進する母体として，この日本保育学会を設立した。科学的基盤の形成が戦後の学問の研究方法を大きく推進させる原動力となるという考えからである。この設立の場に立ち会った山下によれば，「幼児の幸せをこころから願うものはなんとかして幼児保育を正しいそして科学的な基盤の上において，着実な発展の歩みを遂げさ

Ⅰ 保育学とは

せるようにありたいと心から願うこと切なるものがあった」(山下, 1962) という。

　もちろん, 学会設立までにも様々な研究がなされてきていた。東京女子高等師範学校附属幼稚園や保育問題研究会, 愛育研究所による日本保育研究会などで, 研究発表はなされてきていた。しかし, この学会設立によって, 日本における保育の学としての, 体系的な保育学の知の構築と会員間での共有は始まったと言える。1947 (昭和 22) 年には幼稚園と保育所をともに包含する全国保育連合会があったが, 52 年には解散し, 幼稚園と保育所はおのおの別の団体を形成し, 別の道を歩むことになった。この意味では, 幼稚園, 保育所, その他の施設を, 乳幼児の健やかな育成のための保育学研究という科学的客観的立場からともにつなぎ包括する役割を学会がすること, 幼保いずれのいとなみをも含むものとしての「保育」の学が研究当初から志向されてきた。そこには当初から今日に至る, 保育学がもつ特徴, 学問の存立基盤としての問いがある。

　それらの問いは 60 年以上を経た 21 世紀初頭の現在においても, 私たちが保育学を考える際に考えるべき問いでもあると筆者は考える。「子どもの幸せのために, 保育といういとなみのための科学的な基盤を創ることが, 保育を発展させる」という理念によって, 日本における学としての保育学は始まった。そこには, 科学的基礎, 科学的基盤ということばが当初よく用いられており, 科学的研究が志向されたことをうかがい知ることができる。保育学における科学的基盤, 科学的研究とは何なのか, そこで問われる科学や理論とはいかなるものかという問いこそが問われなければならない。

　ペスタロッチの教育学を研究していた長田新を会長として, 日本教育学会が設立されたのは, 1947 (昭和 22) 年であった。その翌年春には, すでに日本保育学会は準備会が開かれ, 秋には学会設立している。この事実からもわかるように, 戦後の設立当初より教育学の一分野としての位置づけではなく, 保育学は保育のための学として独自の研究の歩みを志向し続けてきた。そこでは, 心理学や社会学, 哲学, 歴史学など, 既存の学問原理の応用分野として保育が研究対象とされたのではなく, 保育という実践のいとなみそのものの発展を願って, 学問としての保育学は日本では成立し発展してきた歴史を持つ。そこで隣接諸科学との関連や影響を相互にいかなるかたちで持っていくのか。学として

の保育学がその独自性を築きつつ，いかに発展していくのかという学問としての科学のあり方の問いを内包していた。

また日本保育学会では発足当初より，幼稚園も保育所も乳児院その他の施設もすべてを保育学が包括する分野として考えていた。そこで行われる実践の営みを「保育」と呼び，とらえてきている。行政の制度的な枠組みから研究を問うのではなく，それら制度を通底する，どの施設においても子どもたちが日々経験する保育のいとなみの発展，これを問う学として成立してきた。第2代保育学会会長の山下は，設立当初は学会発表も個人研究が多かったが，第11回大会以後回を重ねるたびに，学会発表として共同研究が増えてきている状況について，「単に学者が研究するのではなくて，学者と保育の現場の保育者とが相提携して研究し，そして保育者自身の研究が進められることが必要であることを強調し，そうあることを願っていたのであるが，まさにそれが大会のあゆみによって実現されてきていることをここにはっきりと認めることが出来て喜ばしい」と記している（山下，1962, p. 147）。保育者自身が，実践に根ざした研究をすること，あるいはまた学者である外部研究者と保育実践を担う保育者が協働して研究を進めることが，日本の保育学において志向されてきたことがわかる。これは，実践者が当初から研究を発表し協働してきた保育学会独自の特徴である。実践の場から実践を支え発展するための知を生み出すことが大事にされてきたといえる。そこで実践に根づき保育者自らも研究する，研究に参画する研究とは，何をどのような方法で問う研究なのか，だれが何をどのように研究するのが実践を問い実践を発展させる学問たりえるのかという問いが探究され続けてきた。

さらには，趣意書の起草，日本保育学会設立から14年後，日本保育学会の学会誌として編纂された『保育学年報』の第1号にあたる1962年版には，「科学的」ということと常にあわせて「子どもに対する深い愛情と共に」「われわれ幼児の幸せを願うものは」「真に幼児の幸せをもたらす保育を確立するように」「保育の発展を願って」という文言が見られる。科学的研究の背後に，子どもへの愛情や幸せへの願いが大事にされてきた点に，保育学の研究の原点はあるだろう。いわゆる研究者の真理探究という知的興味のみならず，子どもを育むいとなみへの願いが研究というかたちになって行われてきた。それは，あ

Ⅰ　保育学とは

る種の普遍的な価値に支えられた研究であるとも言えるだろう。子どものいま，そして将来の幸せのために，また保育が発展することに資するためにという協働の思いが，知を生み出してきた。

人間学，人間科学としての保育学研究──子どもを観る学として

では，当初から求められた「科学的研究」としての保育学を，どのように私たちはとらえることはできるだろうか。

日本の保育学に大きな影響を与えてきた倉橋の理論を，津守真は「人間学」と名づけ，以下のように述べている（津守，1977）。

> 倉橋惣三の保育論の出発点には，生きた人間をそのままにとらえようとする人間の観方がある。いかなる理論的枠組みからみようとするのでもなく，いかなる理論構成をしようとするのでもない。むしろ理論を取り払って，いきいきと動いている人間そのものに自らふれて，そこに息づいている心をとらえようとする態度が根本にある。それを，彼は詩的な文章で表現した（p. 100）。

> 当時のいかなる学界のいかなる理論の上にも立たず，また概念化を拒んだ。ひとたび理論化されると，その網の目を通してしか人間を見られなくなる。しかし，保育の世界はこのいかなる物よりも広く大きい。理論化によらずして，詩的な言語でその世界を指し示したところに，時代を超えて人々の心にとらえられるものがあるのだと思う。それはまた同時に各時代に，いろいろな形で，理論家され得る可能性をはらんでいるものであると思う（p. 102）。

また，倉橋を追悼して1955年に日本保育学会として出された弔詞（日本保育学会，1955）においても，「心理学によって子供を知り，教育学によって子供の教育法を学ぶ他に，絶えず人間の偉大さを知らなければならない。絶えず心にその感激を湛えていなければならない，そうでない時，私の目は子供において凡庸だけを見る者となるであろうと先生は自ら問われました。そして先生は人間の偉大さを知る物のみが人間を教育することの偉大さを知り得ると語られました，そしてさらに人間の偉大さを自分において信じ得るものは最も幸福であると語られ，この幸福を先生ご自身ははっきりとつかんでおられました」と記

されている。

　帝国大学（現・東京大学）文学部心理学科を卒業し，アメリカ・コロンビア大学においてジョン・デューイの進歩主義教育の哲学・思想を学んだ倉橋が向かったのは，行動主義の自然科学的な解明でも人文科学的解明でもなかった。保育の場にわが身を置いて総体としての保育の詳細をできるかぎり生き生きととらえようとする，人間科学としての保育学であったと言うことができる。

　第5代の日本保育学会の会長であった津守もまた，心理学を学び保育の世界に入っている。そして彼は『人間現象としての保育研究』（津守ら，1974）において，観察研究に関して論じた中で，自らの研究の転回を述べている。

　　客観的に，形式的に，条件を整えないと，科学的研究にならないという考えが強くあると，観察していて，自分が感動して捉えたことを研究の中心部にもってくることができなくなり，せいぜい副産物としてしかならなくなる。それでは，保育の中で，本当に重要なことを切り捨て，外面的・形式的に条件の整うことを，主として問題にすることになる（p. 6）。
　　観察すべき場面をあらかじめ決めておくという考えを捨て，その日の保育の中で起こっていることで，観察者に訴えるものを，その場で選択して記録に残した，それは，粗い記録であるけれども保育全体の流れを捉えているように思う，細かいことを言うと抜けていくことや不正確なことが多くある。しかし，保育全体の中で起こっていることをよく捉えている。その当時は，主観的になっているのではないかと心配したり，抜けているところが気になっていたが，観察者がひきつけられて，しっかりとみたものが積み重ねられたところに，保育の真実があるのだと思う（p. 7）。

ここには，初期の研究において自身がとっていた自然科学的な行動主義のアプローチでの客観的観察に対して疑いをもち，観察者に訴えてくる事柄の中に観察者が入り込み，記録する姿にこそ真実があるのではないかという見方がある。そして子どもの発達体験をとらえる観察について，次のように述べている。

　　外部にあらわれる行動の裏側に，子どもの体験の世界がある。逆に言えば体験の世界が，行動となって，外部に表れる。発達の体験は，何らかの形で，外部から観察されうる出来事である。客観的に記述される行動は体験の世界に対応するものであるから，ある感動を持った体験をした瞬間，そ

れは他の部分とは異質なものとなる，その異質な部分に気が付いて，取り出すことが観察の課題となる，体験は意識されるものに限られない。（……）人のうちに動く生の過程そのものが体験であり，そこに動くものは茫漠とした感じとして捉えられある部分ははっきりとして捉えられる (p. 12)。

私どもが知覚によって観察する行動の背後には，その人の体験の世界があり，そこには生きた感動とそれを支える根源的事実がある，私どもは知覚を手掛かりとして，根源的事実にふれ，私ども自身の感動をよび起こされる。これは保育の観察である。その時観察者の側に，生きた事実にふれて感動することを妨げる要因が動いていると，そこで起こっていることを素直にとらえることができない。すなわち，観察者の側の価値基準や概念的枠組みなどを取り去る意志的な行為を必要とする，そしてそこで起こっていることをできるだけそのままに感じることのできる心の状態を用意せねばならない。これが観察者の訓練として重要なものである (p. 19)。

保育において研究を行う観察者自身が，自らの理論枠組みを保育の場においてはいったん捨て去り，子ども自身の育ちの変化が生まれる体験を肌で感じ取り，そこに入り込むことでその場面を記録することが保育の場をとらえるありようであるという認識がある。と同時にそれは，研究者（観る者）と実践者（観られる者）の関係の問い直しをもたらしてきた。

> 子どもをみにいく。保育をみてくれる。幼稚園を見てきた。なんだかおかしなことばではないでしょうか。「みる」極があるから「みられる」極が出来て「みられよう」とする動きが出てくる。時として見せようとする動きまで誘い出してしまうのではないでしょうか。
> 「みたり，みられたり」するのではなく，「子どもがいて　そこに先生でないおとなのわたくしがいて……」そこに生まれてくるのは何でしょうか。それをつかまえてみたいものです。これからしばらくの水曜日，「子どもがいて，そのそばに私もいる」といういちばん当たり前でいちばん大切なことのなかに，どっぷり浸ってみることにいたしましょう（津守ほか，1974, p. 45）。

津守とともに保育観察を行い保育記録をとりつづけた本田和子は，「みる―

第4章　保育学としての問いと研究方法

みられる」関係という力関係を問い直し，居ることでみえてくるという居方を，研究の場にあるものの姿として提示した。本田は「今，目の前に起こっている幼児の行動をどうみるかは，『幼児の行動をどのようなものとして私が引き受けるか』ということである。そこには，私の全存在が投入される。視力・聴力・触感覚など，感覚器官を通じて受け止めるものもすべて，感受性やそれらを言葉としてとらえなおす場合の傾向，私の過去の体験や既得の知識・教養のすべて，それらをひっくるめて私がそこに投げ出されているのである。『人が人を観る』とは，相手を単なる被写体としてみなし，カメラのレンズのように物体としての対象を写しだすことではない」（津守ほか，1974, p. 64）とする。まさに観る者が自己と切り離して観察することをとらえるのではなく，観ることで引き受ける責任をもってその場にいるという居方によって，子どもや保育者との新たな関係を築こうとしていた。そしてそこでは観ることが身体感覚や情動をともなうものであるからこそ，現象記述の言葉として，「科学の言葉」よりも「文学（詩）の言葉」が使用される点を指摘した。

　　保育担当者や観察者にとって確かな真実として立ち現われながら，どのようにことばを加えても論理的実証的に証明することの困難な世界，それは詩的真実の世界と呼ぶことができるかもしれない。科学的言語が支配的になって世界を実証的に支持し説得しようとする精神が旺盛になるにつれて（詩的真実の世界は孤立し，人間の実生活からは遠いものとなりつつある。しかしこの詩的世界における詩的経験は保育の世界を支える重要なファクターなのである（津守ほか，1974, p. 74）。

どのような言語が支配的な世界が実践との距離を決める。保育の場に身を置いて捉えようとする観察研究の中で，研究者の居方や描き出す言葉が問い続けられてきた。

　近年においても，人の生きる場に関与しながら，その接面に応じたものをとりあげていくという研究者の居方を鯨岡峻は，「関与観察」（鯨岡，2007, 2013）といい，エピソード記述という表現形式を提唱する。見えない心を取り上げるためには，子どもと養育者の接面を描きだすことができるかが研究の命綱であり，この点を以下のように述べている。

　　人と人の接面ではいったい何がおこっているのかと問うてみるとよいと思

99

います。人と人の関係を外側から眺めれば行動と行動の関係としてしか見えないとしても，人と人の接面に自分が当事者として関わってみれば，その接面では単に相手がこう言った，こうしたという行動だけではなく，相手の心が動いていることがまず摑み取れ，また自分の内部でもさまざまな心が動いていることが実感されるはずです（鯨岡，2007, p. 12）。

「接面で生じている目に見えない心の動きをその接面の当事者である実践者が捉え，その関わりの機微（心の動き）に入り込みそこから相手への対応を紡ぎだそうとするのか，その接面に生じていることを無視して，人と人のかかわりを第三者の関係，行動と行動の関係としてみて記述したり対応を考えるのか」（鯨岡，2007, p. 12）が研究の分岐点であるとする。そして，エピソード記述とは，子どもとの接面において保育者の心が揺さぶられた場面を描くものであり，保育者がその接面で得た体験を他の読み手に伝えたいという明確な意図をもって書く，保育者の書いたエピソード記述を職場内で読みあわせて，それを保育の振り返りに生かすことの必要性を説いている。

一人ひとりの子どもの姿や育ち，出来事を体験としてとらえるヒューマニスティックな科学としての視座が，日本の保育学の思想として連なり，研究の一つの系譜の底流をなしてきている。子どもの行動系列を要素に分解して分析をするのではなく，その子の出来事の体験としての意味を解釈し理解を深めようとすることが，日本の保育学の研究方法の特徴を創りだしてきている。子どもや保育者が織りなす出来事を観て捉えよう，その意味を解釈しようとする研究の系譜が根を張ってきたと言えよう。人の行動は見えても，そこでの心情や関係を観ることはできない。背景の知識や枠組みをもたなければ見えてこないことと，つねにその枠組みや知識から出て解き放たれて出来事において出会う，その両面の相克を常に抱えているからである。「遊びは一瞬先の未来を自分の意志で創りだす行為である。『未来への意志』は理念や理想ではなく，子どもの現実を見る者の主張である」（津守，1996）。

子どもたちのこの瞬間の意志を，保育者は推測し判断をする。しかしその判断の正しさの確証はなく，一義的でもない。育つことと育てること（「添立つ」，津守，1996）は相補的な対応関係でも線型的な関係でもないから，問い続ける。どのような保育の場であってもその場に生きる子どもたちと保育者に添い，そ

の生の出来事を，その傍らで観ることから生成されてきた問いを，省察しつつ問う視座が，保育学が独自の学として存立する根拠としてどの時代にも求められるだろう。

教育科学，実践を問う保育学研究——実践者主体の事例的研究

子どもをいかに観るのかという観察のありようから問いが生まれ論じていくあり方とは別の系譜が，日本の保育学の学たるもう一つの特徴を生み出してきた。城戸幡太郎は，戦前から保育問題研究会を組織し，保育者自身が実践において抱える問題を実践者との対話から共有し，事例を報告しあい，そこに共に立ち会い，次の保育の向上へとむかう実践の計画を立てることのできる，科学としての保育学を志向した。

　　教育は自然的事実とは違って，教育するものとされるものとの人間的関係によって社会的に変動し，歴史的に発展している事実であり，その事実の解明には社会的調査や歴史的解釈が必要であり，特に教育的調査や教育史的解釈には地域的，国際的な比較研究が必要なのである。特に教育的事実としては，教育がどのような目的または方針によって実行されているかの教育するものの立場が問題にされなければならない。それで保育の科学的研究ということも，現実の保育がどのようにして行われるようになったのかの理由を社会的歴史的現実として解明することだけではなく，保育する実践の立場からは保育はこれでよいのかの保育の現状を歴史的に反省することによって，保育はどうあるべきかを考えなければならない（城戸，1977, p. 128）。

城戸は，保育実践のあり方を社会や歴史文化的文脈の中で位置づけ，保育を行う者の立場に実践者と研究者がともに立って，保育研究をとらえていこうとした。保育の現状の分析を行い，そこから問題や課題を発見すること，またそこでの立場性の自覚をとらえることとともに，ただ解決を必要とする実際の問題を解決するためだけの研究では，体系的な保育学を創る研究にはならないとした。要素に分析して必然的な法則性を発見する自然科学とは異なり，保育や教育では特殊な法則性の発見の重要性を唱えた。

　保育は，一般には教育の科学的研究は解決を必要とする問題の所在を明ら

Ⅰ 保育学とは

かにすることによって，それを解決するのに必要な科学的方法を総合して研究をしなければならない。そしてその問題が科学的に解決されたとすれば，それに類似する問題の解決にはその研究法を適用する可能性があるので，そこに問題解決を可能にする特殊な法則性が発見されることになるのである。(城戸，1977, p. 132)

　実践から問題（課題）を同定し，その実践の解決過程の中で，理論と実践が統一され，その固有の法則を導き出していく。そして，その法則に基づいて，実践者が自律的に保育計画を立てることができると考えた。1970年代当時の保育の具体的な問題として，保育の一元化や4歳からの義務教育制の実現，保育のカリキュラムのあり方，財源や保育の勤務制度，養成制度などの問題をあげ，これらを科学的計画の課題として城戸は指摘している。保育実践の問題を問うことは，教育協同体としての園や学校が，教育協同体として民主的な市民社会を実現することにつながるとして，そのために問い，課題を解決克服する学のあり方を目指していた。

　城戸が提起した研究法は，社会文化的文脈の中での保育実践の課題から始まる理論化である。繰り返される課題に対して，それを超えるための特定の原理を見出し，それを次の実践の計画に生かそうとする道筋の提示が目指された。保育実践者の行為に立ち会いつつ，保育実践の課題解決をしつつ保育を問うという視座である。そこでは，一人ひとりの子ども，あるいは子どもと保育者の在り方を問うだけではなく，集団の子どもたちが同じ場にいる保育実践において，社会や文化的な状況とそれを支える制度的な課題を指摘し，それを問おうとしてきた。保育学を，実践の根源にある課題からはじめ，社会科学，教育科学としてその社会歴史的側面や文化，制度的側面を含めとらえようとした。これは自然科学の一般法則とは異なる。保育実践に固有の特殊（固有）な原理を問い，ある地域の局所的文化の場において実践者同士が研究者とともに共有可能な知を生成することを目ざした保育学の考え方であると位置づけることができるだろう。

　金田（1977）は，他学術分野での事例研究においては事例の発展を目的とした事例のための研究法，事例による一般化をめざす事例研究が含まれているのに対し，保育学における「事例的研究」では，臨床研究と発達研究を統一し，

実践的に生きた事例を捉えて発展させていく歴史的縦断的研究としてあるべきだと指摘する。そして，こうした着想による研究を「事例研究」と区別して「事例的研究」と呼んでいる。保育実践の軌跡の追究から見通しを立て，そこから仮説を立て，検証すると同時に発展させていく「事例的研究」によって，特定の典型的な個人や集団の歴史的時系列のプロセスを分析する。そのことによって事柄の本質に迫る研究が，科学的方法による保育研究として成り立ちうると指摘している。事例は単なる事実のまとまりではなく，何の事例であるかを記録する者が意識し，その意味のまとまりによって構成したものであるからこそ代理的に問うことができる（Shulman, 2004）。だから，他の者がその事例をまたその視座から他の場面でも問い，理解を深めることができるのである。

　保育学における歴史研究について，宍戸（1977）は，それまでの保育の歴史研究をレビューしながら，その研究が制度，思想，施設などの狭い分野に限られ，保育の仕事をその時代社会と深くかかわらせて位置づける研究が不十分であったとしている。保育の歴史的研究の方法において運動史的視点からとらえてきたことを指摘しつつ，保育の歴史を創造する「主体」に目を向けてそれを社会科学的に明らかにすることの必要性を述べている。戦前から戦後にかけて，城戸らが組織した保育問題研究会に参加した保育者自身が，自らが主体となって保育計画やカリキュラムを自主的に編成し，実際に実践をして子どもの姿や保育者自身の体験にもとづきながら実践記録を書き，省察と探究をして，保育学の研究として発表していったことの意義は改めて現在，問われる必要があるだろう（勅使ほか，2013；松本，2003）。保育学は実践のための学として，保育者自身が直面している問題やそこから探究する課題，そのさらに内奥に解き得ぬ難題，という問いの輪の中に，当初から多くの現実を含み込みながら，実践者と研究者の協働の軌跡の中で成立していったと言える。

　子どもを観る側から問う，実践という社会文化的な活動を創る実践者の課題から問う，という二つの系譜が織りなす，65年の歩みの中で，日本の保育学の系譜を創り出してきている。暮らしや遊びの中で生じる子どもの内面や育ちの姿を観ること，そこで感じ考えた言葉を紡ぎ出すことと，実践者が研究者とともに実践の出来事から課題を導出し，事例的研究として問うことを通して，保育や園，社会の変革へとつなごうとする意志をもち取り組むこと，その実践

I 保育学とは

表4-1 日本保育学会（編）『保育学の進歩』（日本保育学会，1977）

1部	保育史　外国　各国の幼児教育改革の動向
	わが国の保育思想　日本保育学会の歴史
2部	保育科学論　関連諸科学から見た保育論
	保育の科学的研究　保育心理学　保育と大脳生理学　保育と条件反射
	保育保健学　社会福祉としての保育　保育社会学　保育環境学　保育文化学
3部	保育研究方法論
	歴史的研究　事例的研究　実験的研究　調査統計的研究　実践的研究
4部	保育論
	幼稚園論　保育所論　家庭保育論　保育者論　保育養成論　保育団体論
	保育内容論　宗教保育論　保育課程論　保育方法論　集団保育論
	障碍児保育論　保育における評価の問題
	保育行政論　保育施設論　保育関係論。

が社会文化的文脈の中で置かれる困難を多様な事例を通して問い，そこから制度や社会変革を見据えていくことに，保育学の問いの神髄がある。これはおそらくこれからも変わらないであろう。

3　保育学の新たな潮流

多様性の内包

保育学会における多様性とその射程――前節では，日本の保育学の問いの特徴をとらえるのに，二つの系譜を論じてきた。しかし，日本の保育学はこの二つの流れのみによって成立してきたのではないことはいうまでもない。哲学や歴史学，社会学，心理学，福祉学，文化人類学，工学などが編み出した多様な学問原理や概念にもとづく研究パラダイムとメソドロジーを用いて保育を問う数多くの研究も生み出されてきた。

表4-1は，創立30周年に刊行された，日本保育学会（編著）『保育学の進歩』の目次である。

なお，保育学の研究者コミュニティである日本保育学会は，1948年の創設当時会員が69名，準会員が22名，来会者327名であったが，1962年に1000名，1976年に2000名を超え，1997年以来増加し続け，2015年1月現在5300名を超える会員数となっている（図4-1）。

日本保育学会は，全会員の約4分の1が，幼稚園・保育所・認定子ども園な

第4章　保育学としての問いと研究方法

(正会員数)

図 4-1　日本保育学会会員数の変遷

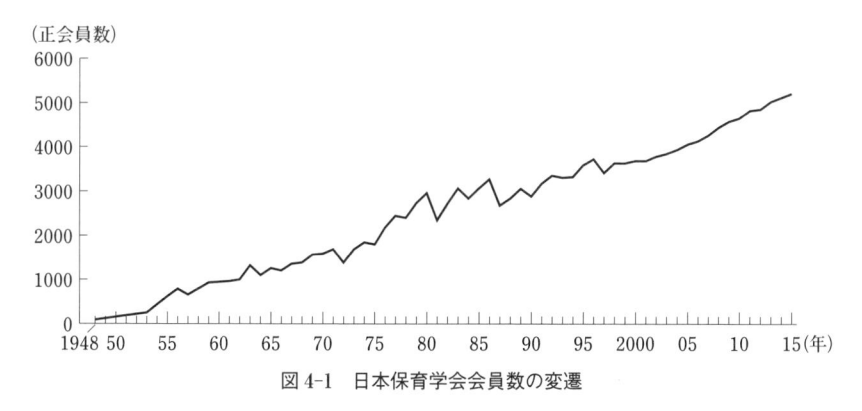

表 4-2　日本保育学会会員内訳

年	大学関係	短期大学	専門学校	研究所	幼稚園	保育園(所)	養護学校	児童福祉	大学院生	幼保一体	その他	無記入
1955	42	21	14	11	364	82	0	1	0		47	13
1961	99	79	23	37	428	166	2	5	0		78	34
1967	176	161	41	44	456	261	2	9	2		85	68
1972	249	283	60	36	377	188	2	11	8		88	67
1978	419	533	91	46	580	337	7	32	51		170	99
1984	458	728	105	52	538	357	9	34	75		182	112
1990	505	778	101	49	488	329	13	34	79		170	139
1996	567	862	129	77	579	365	16	31	90		190	148
1999	691	865	136	55	541	377	23	8	80		236	142
2001	802	933	150	57	705	434	22	23	117		281	162
2002	800	957	157	58	719	451	19	25	125		273	155
2003	835	978	168	52	702	438	19	24	154		294	158
2004	870	988	174	53	706	457	20	21	180		301	158
2005	892	1038	188	51	724	470	20	15	184		310	152
2006	973	1101	206	54	707	432	19	13	158		289	152
2007	1010	1162	219	49	695	415	20	13	195		295	148
2008	1106	1197	229	42	687	437	20	18	235	0	303	139
2009	1254	1210	219	41	651	436	13	21	236	0	309	144
2010	1307	1226	205	42	641	461	14	15	264	0	305	146
2011	1386	1253	186	43	690	474	15	10	292	4	290	140
2012	1485	1216	165	47	661	502	15	11	263	11	316	151
2013	1566	1226	177	48	672	526	16	12	283	19	329	143
2014	1619	1240	181	42	676	519	17	11	290	22	332	145
2015	1673	1266	203	39	670	550	17	11	290	23	335	145

Ⅰ 保育学とは

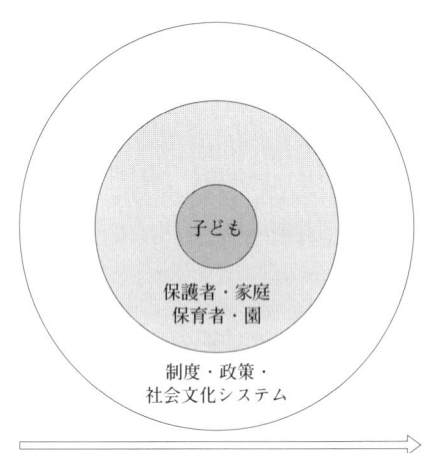

図 4-2 保育学の射程（秋田，2016，p.12 を一部修正）

子ども：活動プロセス（くらし，遊び・学び），子どもの育ちのメカニズムや発達変化の特徴，子ども同士の関係　環境，クラスや仲間集団。
保護者・家庭・地域：家庭・家族システム，家庭と園の連携，地域子育て支援システム。
保育者：保育実践，保育のかかわり，保育者の資質と専門性と成長，保育者の養成，主任・園長の専門性。
園：社会文化的・物理的な場（環境），カリキュラム，素材・教材，園の保育思想と目標，家庭・地域との連携）職員間の同僚性やリーダーシップ，管理経営や研修システム，職場風土。
保育制度や社会構造：保育の場を制度的に支える自治体や国の制度政策，政策や担当行政官保育のネットワークや保育の指導にあたる指導主事等の有り方，また学校教育や学童保育など保育の場からの環境移行の制度的構造，地域の保育に関わる大学，保育を支える産業のあり方。
国際的分析と歴史的分析：上記の保育の営みを捉える比較文化的，通時的分析。

どの関係者，残り4分の3が研究者である。そのうち保育士・幼稚園教諭養成校大学の関係者や大学院生の比率が会員の中では近年高くなっている（表 4-2）。

　この会員数や研究発表数の量的拡大は，研究の発展をもたらし，保育学の新たな研究の地平を拓いてきたと言えるだろうか。研究者コミュニティへ参加する人びとの多様性が，研究の独自性，異質な視座と新たな知と価値を生成してきているかを批判的に問い続けることが，保育学の研究には問われるだろう。図4-2に示すように，保育学の射程は，広い。この図においてもそのすべての要素を列挙，網羅して示しているわけではない。だが，いずれかの層に焦点を絞った時にも，この入れ子構造の環境の往還的関係と，多様な時間軸の射程の中の文脈において，保育の研究をとらえていくことが，城戸が実践者とともに問おうとしたように，これからの時代にも求められよう。現代の保育にかかわ

る研究は，子どもや保育者の傍らにともに居ると同時に，その図となる地平の背後にある，地の風景としての園組織や社会の政策や行政を含め，その関係と課題を観てとらえることが問われている。

事例と研究方法の選択

限られた研究時間や資源の中で研究を行うには，子ども，保育者，クラス，園，地域，自治体，国などいずれの層の研究でも，どのような対象に研究協力をしてもらい，いつどのような方法で行うかが常に問われ続けなければならない。子どもや園などと研究者との出会いがあるから，そこから問いが生まれることもあれば，研究への問いがあるから協力者を選び，関係を形成することもある。いずれにおいてもその研究協力者と深い信頼のラポールを形成するという，関係性の形成が重要であることは言うまでもない。しかしその一方で，研究の目的や問いとの関係において，その協力者がどのような特徴をもつのかを自覚し，客観的に検討がなされることが科学的であるためには必要である。研究目的に照らし，研究にとって意味ある対象を協力者としてどのように選ぶか（サンプリング），その研究をいつどの程度の期間で行うのか，そしてどのような研究方法をそのために選ぶのかが，研究の要となるだろう。保育の質的研究論を理論化してきた Hatch (2007) は，事例の選択（サンプリング）において，「極端な逸脱事例を選ぶ，深く描ける少数事例を選ぶ，できるだけ多様なバリエーション（散らばり）を意識して選ぶ，同質な類似の経験を持った複数事例を選ぶ，その集団の典型的と判断できる事例を選ぶ，その集団でのいくつかの下位集団を代表するようないくつかの事例を選ぶ，一定の基準を研究者が設定しそれをもとに選ぶ，理論的に対立的な事例を選ぶ，仮説とあった事例や仮説が当てはまらない，当てはまりにくい事例の両方を選ぶ，政策的にインパクトのある事例を選ぶ，読者にとって衝撃的でインパクトのある事例を選ぶ，研究者にとって研究に便利な事例を選ぶ」など，様々なあり方を示している。研究の事例を選ぶ時に，自分がどのようにその事例を選んでいるのかに自覚的であることが，研究の結果や解釈につながるため，大事になる。

1990年代から研究手法として，実践の場の様子を厚く記述するエスノグラフィー，その場でなされる対話や言動の相互作用を微視的に社会的関係なども

Ⅰ　保育学とは

とらえるエスノメソドロジー，実践の場において課題に対して実際に介入し起こる変化の過程の軌跡をとらえるアクションリサーチ，その場に生きる人びとの語りを聴くライフストーリーや，その人の人生と生きる歴史文脈の関係を問うライフヒストリーなどのナラティブ・アプローチなど，フィールドでの質的研究法の多様な手法が，保育研究においても取り入れられてきた。その個別の研究方法や手順の解説は，各種の研究方法のテキストやハンドブックが刊行されてきている。このアプローチにおいても，研究対象の選択とともにその方法への自覚化が必要である。

　アプローチの選択の中で，意識して問われねばならないことの一つは，保育学会創設以来問われてきた，保育ならではの独自性を明らかにする事例と方法とは何かであるだろう。小学校以上の義務教育を中心に発展してきた教育学とも異なる保育学のアプローチとは何か，である。自分の意志を明確に言葉で語ることはできないバルネラブルな（脆い）存在としての乳幼児の声を，いかに明らかにするか，専門家としていまだ十分に社会的に認められてはいない保育者の専門性をケアと教育のあり方においてどのように明らかにするのか，「環境を通した保育・教育」という遊びや生活の空間や素材というモノや場が重要な意味をもつ保育の方法を，どのように記述解明するのか，そして保育施設の量的な拡大の中で，非常勤やパートタイムの保育者が多く存在する中，園において問われる保育の質とは何か，国際的に見ても乳幼児の保育への公共投資が低い日本での保育政策への関与，提言をするためには何が求められるのか。これらは，保育学が固有に問い，明らかにしていくことが求められる難題であるだろう。

　そこで，保育ならではの哲学にもとづく研究方法の新たな潮流として，三つの方法をとりあげてみたい。第一には，ビデオや写真というデジタルメディアの特質を生かすことで子どもの声や環境をとりあげることが可能となる研究方法，第二には，子どもや保育者という個人を単位とするだけではなく園という組織や環境という場やシステムを単位とした研究方法，そして園を超えて政策など社会的ニーズにつなげていく（エビデンスベースといわれる時のエビデンスとなる）大規模研究である。これらは日本の保育学固有の研究に対して，グローバル化する国際的な保育学研究の潮流の中で新たに台頭してきているアプロー

チや動きであり，それが日本の保育を照射する新たな研究方法の萌芽となると考えるからである。

「多声的」な「ビジュアル」アプローチ
　ビジュアル・エスノグラフィーによる多声的アプローチ　保育にかかわる多様な人の声を聴きとることから研究を行おうとする動きが，研究における新たなアプローチを生み出してきている。ジョセフ・トービンら (Tobin & Davidson, 1990; Tobin et et., 1991) は，従来のフィールドにおけるエスノグラフィー（民族誌的研究方法）研究が，「記録する者―される者」の非対称な力関係を生み出してきたことを指摘する。研究者により自分の言動を記録される実践者は，研究者に抗えず自分の生活世界をそのままさらけだし，実践者の意志とは独立に編集し描かれる脆い存在となる。この力関係に対して倫理的な疑問を呈し，それを超える方法として，ビデオで実際の場を記録したビジュアル・エスノグラフィー（動画による民族誌的記述）を一つの刺激材料として，多様な人びとに視聴してもらい，その声を聴き取る方法である。そのビデオを見て語る語りの中に，その視聴者たちが安定して持っている文化的信念や価値，認識，実践の方法や原理を捉えようとするアプローチを，ビジュアル人類学 (visual anthropology) による多声的エスノグラフィー (poly-vocal, multi-vocal) と呼んでいる。外部記録装置としてのデジタルビデオは，文字記録に比べて情報量が多い。したがって，その出来事の背景やその場の臨場感ある文脈情報を収めることができる。それが視聴者にとっては，様々な情動を喚起しやすい，状況をイメージしやすいという効果をもつ。そのために，視聴者側の日常的な推理や思考を引き出すことに役立つ。この特徴のおかげで，ビデオでの出来事を収めた映像は，文脈を超えた抽象化ではなく，より実践の具体的な場面に則して，インター・ローカリティー（間局所性）をもつことになる。そこで視聴者の信念や個別の場面での多様な推論 (pedagogical reasoning: Shulman, 2004) を引き出し，調べる研究を行うのに用いることができる。

　トービンら (Tobin et al., 1991) は，米国，中国，日本の3か国の，園での一日の保育における出来事を収めたビデオクリップを，保育者や保護者に刺激として再生提示して視聴した後に感想を言ってもらうことで，様々な声（多声的

方法）を比較検討する方法を開発，それによって保育者や保護者の生の声にもとづく比較文化研究を行った。また，論文や本というかたちだけではなく，刺激課題に用いたビデオ自体もあわせて公刊することで，広く一般の他の研究者も共有できる研究知見の公開のしかたを試みている。そしてさらにそのビデオと同じ国や園で，20年経た後の姿もビデオに収め，同様の研究を過去のビデオと現在のビデオ，そして，三つの国のビデオの視聴に3文化の参加者を得ることで，対象となった国や文化の保育の時代的な変化のあり方の比較と，そこにかかわる人びとの意識の変容のあり方を分析している（Tobin *et al.*, 2011）。

　この方法の着想を取り入れ，日本でも，たとえば芦田ら（2007）は，日本とドイツでのごっこ遊びや工作場面など類似の活動場面の両国保育のビデオクリップを，両国の保育者に視聴してもらった。同じビデオ映像を見ても，保育文化的背景が異なることによって，たとえば，ままごと遊び場面とジェンダーの関連にドイツの保育者が注目しても，日本の保育者ではそこへの注意が見られなかったり，同じ場面でもドイツでは子どもの能力として語るのに対し，日本では環境や仲間関係という場や人との関係性に注目して語られるといったような点を明らかにしている。椨ら（2007）も，日米の保育者による両国ビデオの共同視聴からその保育観の違いを明らかにしている。また同様の方法で，異なる国ではなく，鈴木ら（2009）は，幼稚園と小学校での遊び場面，製作と図工場面とを，幼小の教師に見てもらう方法をとっている。それによって保育者は，小学校教師よりも一つの場面の中にいろいろな意味を見出す傾向が高いのに対し，小学校教師は，その活動で何が達成されたかという達成や能力で語る語りが多いことを見出している。このように，異なる文化の保育や教育のビデオ動画クリップを用いることで，視聴を通して，自文化の共通の価値や自文化に欠落しがちな視座を明らかにし，その独自性と異なる視座を得ることが可能となる。それは特定の文化や文脈に埋め込まれた実践において保育者がもつ実践的知識や，推理の様式が反映されるからである。対話的アプローチとして異質な人の声を聴くことによって，そこから研究者も実践者も学ぶことが可能となる方法である。研究協力者が研究参画によって，新たな学びの機会を与えるアプローチと言えるだろう。

　子どもの声を聴くモザイク・アプローチ　多様な声の主体には，子どもも含

まれる。子どもの傍らで子どもを観るだけではなく，子どもの発する声を聴くことが，子どもを一人の尊厳ある主体，子どももまた市民として認めることになる。イタリアのレッジョ・エミリアでは，この思想を「聴くことの教育学（pedagogy of listening）」と呼び，その思想と記録の方法が提唱されてきた。

聴くとは「私たちと他者とをつなぐパタンやつないでいるものへの感受性をもつこと，耳だけでなくあらゆる感覚できくこと，言葉だけではなく文脈で聴くこと，数百・数千のことば，あらゆるシンボルを聴くこと，停止や内なる時間を聴くこと，答えではなく問いを形作ること，違いに心を開き他者の視点や解釈を認めること，匿名の他者ではなく各々を正統なものとして名づけあい認め合うこと（レッジョチルドレン，2001）。

多様な表現，そしていろいろな声を聴き取ることが求められてきた。この声は物理的に発せられる音響的な情報だけではない。イタリアのレッジョ・エミリアの思想の影響をうけ，ヨーロッパの研究者によって子ども自身のつぶやき，多様な表現としての絵画，子どもの撮った写真，子どもが作った多様なモノ（人工物），子どもとの対話，子ども集団でのグループインタビューなどから，子どもの声を聴く研究方法が考案されてきた。それらの研究を展望した Johhana（2007）は，子どもの声をとらえる研究は，研究者と子どもの関係性によるところが大きく，また子どもの情報保護やインフォームド・コンセントにおいて倫理的に難しい問題を抱えている点を指摘している。しかし，その一方で，保育の場やそこからの社会形成に参画し構成する主体としての子どもという視点から，子どもの尊厳，子どもの幸福や福祉を考えていくことの重要性を指摘している。子どもは，研究される対象だけではない。研究に共同参画する一員であり，その声を生かすことでよりよい保育を構成する一員である。この理念から子どもの声を聴くという研究パラダイムが生まれてきている。これまで保育の研究において，子どもは，データをとられたり，観られたり，語られる存在であった。しかし，この理念の中では，子どもをいかに保育参画者としてとらえるか，研究がその一つの契機になるような方法は何かを問題としている。

「モザイク・アプローチ」を開発した Clark（2005, 2010）も，この着想から子どもを「意味を作り出す有能な者・環境の探究者」として見る視点から出発し，子どもは研究や社会において受動的な対象者ではなく，社会を構成する能動的

な存在であると述べ，弱い立場の声を可視化するための一方法として，視覚的・言語的道具として，子どもに自分たちの好きな場所や居心地のよい空間などを提供し，そこで自分たちの視座からカメラを用いて写し，グループで対話する方法を開発している。そこには保育者や保護者も同様の方法で参加する。このモザイク・アプローチは，「多様な方法（multi-method）」，つまり，子どもの異なる「声」や言語を認め，参画（participatory）してもらい，子どもを子ども自身の生活の熟達者・主体として見る，データなどの意味を考え解釈を行う時に，子ども・実践者・保護者を巻き込み対話する，省察的（reflexive）でどんな園でも適用できる（adaptable）方法である。そして子どもの生きた体験に焦点をあて（focused on children's lived experiences），その実践の場に埋め込まれて（embedded into practice），それが評価の道具として用いられる。こうして子ども自身の声を聴いての園の空間づくりがなされていく。

　同様のアプローチで，宮本ら（2016）は，幼児自身にカメラをもたせて園での自分の好きな場所，園の遊び場の写真を撮影してもらい，その理由を尋ねるということを複数園で行い，たとえば隠れ家的な場所や過去の自分の経験と関係のある場所，多様性や選択性がある場所，他児とのかかわりや規範的な場，挑戦ができる場，願望が持てる場など動的な場と，静的な場の両方を子ども自身が必要としていることを示している。また，滑り台やブランコでも，子どもは滑り台に登っておりる場面から撮影したり，ブランコの漕いだ頂点を写すなど，保育者とは異なる表象をもって意味づけを行っていることを示している。中山ら（2014）も，写真投映法を用いて，幼小中高生に対して持続可能な環境（ESD）の意識を調べるにあたって，子どもたちに身の回りの写真を撮影してもらい，その撮られた写真の内容を分類する方法を用いて，その発達的変化を調べている。このように，モザイク・アプローチや写真投映法は，子どものまなざしから子どもにとっての経験をとらえることによって，言語を介すことが難しい空間や，非言語的な感覚の情報を提供してくれると言えるだろう。

園を単位とした関与的研究

　環境へのアクションリサーチ　写真投映法からも言えるように，保育においては空間としての「場」やモノが重要な意味を持っている。その場の変化が子

どもたちの動きや活動にどのような変化を与えるのかを，実際に介入することによって調べるアプローチを実施している。これは園において空間のシステムへの介入がどのように異なっているのかを調べる研究と言える。河邉（2006）は，園庭にウッドデッキを新設するというように環境を変えることで，子どもたちの動線や動きの変化を4年間追い，環境構成図などを用いて記すことによって，保育室の拡張であるとともに，園庭ともつながる場として子どもたちの動きの変化と遊びの関係を描き出している。同様に，村上（2010）や汐見ら（2012）は，0歳児クラスの保育室に段差や落ち着く場所を設定することで，乳児のじっくり度や集中度が変わるとともに，保育者の意識もまた変化することを明らかにしている。また，大坪ら（2012）は，子どもにとってチャレンジ度の高い遊具を新たに介入し，設定した園とそうした遊具のない園での子どもの活動における危険回避率を観察から調べ，チャレンジ度の高い遊具のある園ほど，子ども自身の危険回避能力が育つこと，またそこでの園の保護者の意識と保育との関係を明らかにしている。境（2016）は，複数の園で園舎と園外の境となるテラスの機能を観察し，多様なモノの交わる場や活動の発展の場所であると同時に，移行の緩衝空間や個室的な機能，活動の止まり木的な機能を果たすことを示している。このように，園内の場や空間と子どものかかわりの多様な関係から子どもの可能性を引き出すために必要な要件を明らかにする研究の方法は，特定の園の実践を超えて子どもの遊びを引き出すために必要な原理を導き出すことができると考えられるだろう。

園を単位とした実践知の研究　保育においては，現在複数の保育者がシフトを組んで園全体の保育にあたっている。そのために園として保育のかかわる知を共有し，協同で保育にあたるための研究開発が重要になってきている。また子どもたちは0歳から6歳までを一つの園で育ち，複数の保育者が協同しながら一日の時間の流れを創り出しているからこそ，そこでの知の形成としての園内研修のあり方や，園としてのカリキュラムのデザイン，省察などにかかわる事例研究が現在探究されるようになってきている。

　小学校のような空間，時間構造が均質な場ではないからこそ，その固有の知を園を単位として検討することも，また新たなアプローチとして必要になる。図4-3のようなかたちでそれは表現することができよう。

Ⅰ 保育学とは

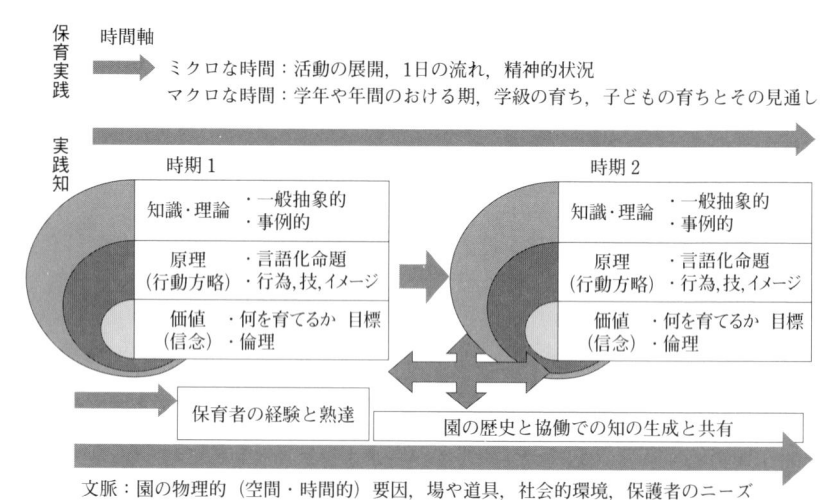

図 4-3 教師，保育者の状況的・文脈的な実践知（秋田・野間研究所幼児教育研究部会，2012）

　たとえば幼稚園の片づけを観ると，どの園の先生も保育者主導ではなく子ども主体で行うという姿をめざしており，その園環境にふさわしい方法を創意工夫していることがわかった（図 4-4：砂上ほか，2012a）。さらに 4 歳の 1 年間の中でも，6 月と 10 月ではどのように対応が異なるのかを当該月の片づけビデオを用いてビジュアル・エスノグラフィーの方法で検討すると（砂上ほか，2012b），両月ともに遊びの満足感を考慮しつつも，10 月になると片付けが園生活のルーティンとして定着し，保育者の声かけは最初だけで済むことが多くなることや，6 月は保育者が率先し中心となり子どもと一緒に片づけるのが，10 月になると子どもに任せ，保育者は必要な部分にかかわること，片づけ場面での保育者の声かけは，直接的で具体的な指示から間接的でおおまかな指示へと変化していくことが，園を超えた共通性として見えてきている。
　園の社会文化的な文脈をいかに記述するかが，これからに問われる一つの方法となるだろう。
　文脈として，物理的空間を表すには，子どもや保育者の活動や動きを平面図に記した環境構成図や保育マップ型記録による記述が考案されてきている（河邉，2013）。この記録法は，保育者が認識している場を単位とした記録である。

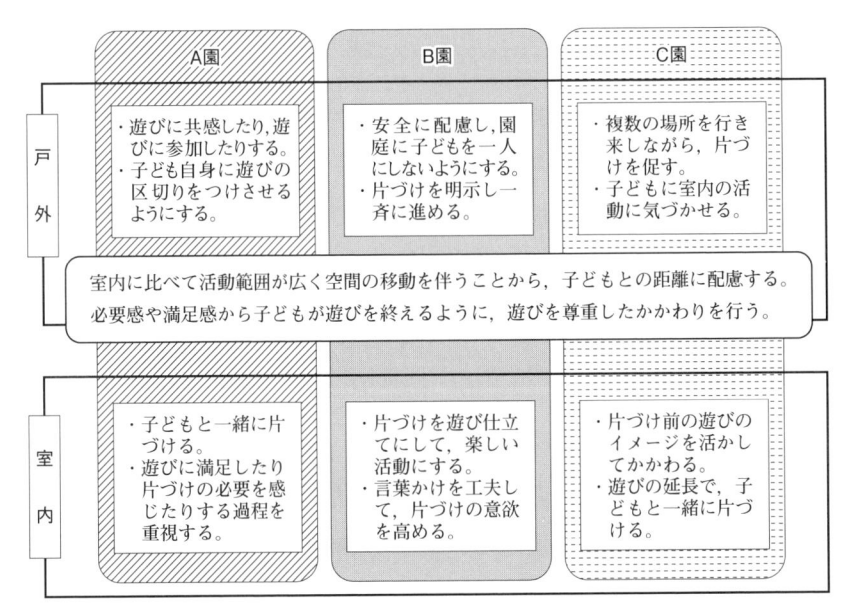

第4章　保育学としての問いと研究方法

	A園	B園	C園
戸外	・遊びに共感したり、遊びに参加したりする。 ・子ども自身に遊びの区切りをつけさせるようにする。	・安全に配慮し、園庭に子どもを一人にしないようにする。 ・片づけを明示し一斉に進める。	・複数の場所を行き来しながら、片づけを促す。 ・子どもに室内の活動に気づかせる。

室内に比べて活動範囲が広く空間の移動を伴うことから、子どもとの距離に配慮する。必要感や満足感から子どもが遊びを終えるように、遊びを尊重したかかわりを行う。

	A園	B園	C園
室内	・子どもと一緒に片づける。 ・遊びに満足したり片づけの必要を感じたりする過程を重視する。	・片づけを遊び仕立てにして、楽しい活動にする。 ・言葉かけを工夫して、片づけの意欲を高める。	・片づけ前の遊びのイメージを活かしてかかわる。 ・遊びの延長で、子どもと一緒に片づける。

図4-4　3園の語りから考察される戸外と室内の片づけの実践知の違い（砂上ほか，2012a）

だから、実践者自身が振り返り、次をデザインし考えるサイクルを創り出すのに有効な方法である。一方、実践者の認識よりも詳細な単位で事象を分析的に観たり、より長期の、あるいはより広くマクロな単位で記録分析したりすることで、自明になっている面を改めて明らかにすることもできる。デジタルカメラや動画は、一瞬の出来事の中にある複雑、冗長な情報を記録する。その一方で、比較的安定している風景や配置、身体の動きと空間の関係の記録も可能となる（秋田・あゆのこ保育園，2016）。香月（2013）は、民俗学者の宮本常一の思想を受け「ありふれたものとしておさまっていたある風景が今までになかった意味を背負い構造性を孕む」写真を「景観写真」と呼ぶ。園風景から園文化をとらえるのに、景観写真がその一助を果たすことができる。また、時間においても、生活の流れや、曜日や月、期という経験のリズムや、活動の連続的な展開を意識した記録が、保育の解釈では必要である。何歳何か月児かという個人の生物学的な年齢が発達心理学では鍵になるが、保育学では、入園後の経験年月数や行事経験など、保育の流れの中で育ちを考察することが必要になる。客

観的な時間（クロノスの時間）だけではなく，子どもや保育者らによって経験された主観的な時間（カイロスの時間）が，そこでは問われねばならない。

　社会文化的な文脈は，歴史性，継承された園や組織独自の構成員のふるまいや，風土や，雰囲気により成り立っている。それらは，その場のやりとりや対話，規範により形成される。また，反対に，語りややりとりの様式や規範が，人のありようを方向づける。園組織のリーダーシップなど，園を対象とした研究が重視されている（たとえば，Rodd, 2012; Siraj-Blatchford & Hallet *et al.*, 2013）。実践の文脈や状況を研究者が感知し，各園のかけがえのなさを記録し考えていく方法が，さらに問われなければならないだろう。

政策へとつながる研究──エビデンスにもとづく研究

　前述のように，日本の保育学研究は，制度変化をとらえ，子どもをより深く理解し，園でのよりよい実践，そのための保育者の力量向上に資する研究が，主に行われてきた。これに対し，欧米では，1990年代から「エビデンスにもとづく研究や政策」が医療や教育，社会福祉などで議論され，保育研究もこの影響を受けてきた。この背景には，研究に公費が投じられている以上，その知見は一般に広く寄与しているのかという研究のあり方への問題意識と，政策に公的財源が投入されるにあたり，その政策判断の妥当性を科学的根拠をもって証明する説明責任を行政側が果たす必要性の主張がある。科学的データにもとづき，誰もが納得できる根拠をもって政策判断を行うための情報を指して，「エビデンス」という語が使われる（OECD, 2007；ブリッジほか，2013）。因果関係を同定できる実験研究や，どの要因がどの程度の効果をいつまで保持するかを調べる長期縦断研究，小規模サンプルでの複数の研究知見を統合し定量的にその効果の大きさについての安定した知見を出す系統的レビューやメタアナリシスなどの方法が開発されてきた。ただし，何がエビデンスになりうるのかには多様な見解がある。近年では量的研究と質的研究の混合も唱えられ，実証的データだけではなく，専門的知識との統合による判断が米国などでは重視されてきている（国立教育政策研究所，2012）。保育の領域でも，貧困層の乳幼児への早期からの教育プログラムの効果について，英国の Sure Start（ベルスキーほか，2013）やペリー就学前プログラム（Barnett, 1985）などの効果検証研究がエビデ

ンスになり，貧困層向け保育プログラム定着の政策を動かし，大幅な予算獲得が推進された。また，英国での有効な就学前初等教育プログラム（Effective Pre-school and Primary Education: EPPE）にかかわる15年間の長期縦断研究（Sylva et al., 2010）が，幼児期の教育の効果が，初等教育同等の影響を学業や非認知スキルなどにもつことを示すことで，英国の幼児教育無償化政策の推進に寄与するエビデンスとなった。これを受けて，多くの国々が，保育の質や早期からの教育プログラムと子どもの発達にかかわる大規模縦断研究に着手する機運になってきた。

　先進諸国は，乳幼児期の保育への公的投資を増大させることが生涯にわたる人材育成に有効であるという結果をふまえ，保育の質向上に資する根拠データを政策決定に必要とするようになってきた。OECDやEU，UNESCOなど国連諸機関は，2000年以降，各国の保育にかかわるデータを収集・整理・比較し，保育の質向上に資する体系的なレビューを出してきている。多くの国が保育にかかわるエビデンスを，「つくり，つかい，つたえる」ための研究センターを設置し，政策実施のための基礎となる保育と子どもの発達にかかわるデータを創り，その現状や効果を政策決定に使い，また，それを社会に伝えることを行ってきている。しかし，日本ではこのような研究はこれまで少なかった。全国調査は団体や研究者によってなされても，それがエビデンスとなり，保育の質改善につながる展開は少ない。2015年7月には東京大学教育学研究科附属発達保育実践政策学センター（秋田，2016）が，2016年4月に国立教育政策研究所幼児教育研究センターが設置された。「エビデンスベースな保育政策」研究のために，子どもたちや保育者の現状が正確に把握され，研究者コミュニティと政策立案者コミュニティの対話と連携交流により，子どもたちの育ちや保育の質向上に資するマクロな研究とシステマティックレビューをする方法もまた，これから問われるだろう。過密と過疎の二極化の中，地域課題を相互に連携して実状を記述しとらえていくことが，個人や園レベルと共に，地域や国レベルで，子どもたちによりよい保育をするためのコミュニティにかかわる研究として求められている。その地域のよさや独自性，歴史性の理解こそ，日本の保育学の系譜をふまえた新たな方法への挑戦となるだろう。

　以上，本章では，保育学の最初期と現在の動向をとらえ，考えてきた。子ど

もたちや保育者，保護者の幸福に寄与する知を創出するには，その人にしか問えない問いを見出し，それを研究の形にデザインできる知恵が必要である。保育への怒りや憤り，喜び，手応え，祈りにつながる問いが，保育を変え，研究を推進する。先達の研究と多様な学問の地平の交点に立ち，未来を見据える射程の中で，新たな保育研究を引き受け，創り出す志が求められている。

引用文献

秋田喜代美（監修）／山邊昭則・多賀厳太郎（編）（2016）．あらゆる学問は保育につながる――発達保育実践政策学の挑戦　東京大学出版会

秋田喜代美・あゆのこ保育園（2016）．写真で語る保育の環境づくり　ひかりのくに

秋田喜代美・野間教育研究所幼児教育研究部会（秋田喜代美・安見克夫・増田時枝・中坪史典・砂上史子・箕輪潤子）（2012）．葛藤場面からみる保育者の専門性の探究　野間教育研究所紀要, **52**, p. 315.

秋田喜代美・恒吉僚子・佐藤学（編）（2005）．教育研究のメソドロジー――学校参加型マインドへのいざない　東京大学出版会

芦田宏・秋田喜代美・鈴木正敏・門田理世・野口隆子・小田豊（2007）．多声的エスノグラフィー法を用いた日独保育者の保育観の比較検討――語頻度に注目した実践知の明示化を通して　教育方法学研究, **32**, 107-117.

Barnett, S. (1985). Benefit-cost analysis of the Perry preschool program and its policy implications. *Educational Evaluation and Policy Analysis,* **7**, 333-342.

Barnett, W. S., & Masse, L. N. (2007). Early childhood program design and economic returns: Comparative benefit-cost analysis of the Abecedarian and policy implications. *Economics of Education Review,* **26**, 113-125.

ベルスキー，J., バーンズ，J., メルウィシュ，E.／清水隆則（訳）（2013）．英国の貧困児童家庭の福祉政策――"Sure Start" の実践と評価　明石書店

ブリッジ，D., スメイヤー，P., スミス，R.／柏植雅義・葉養正明・加治佐哲也（編訳）（2013）．エビデンスに基づく教育政策　勁草書房

Clark, A. (2005). Ways of seeing: Using the Mosaic approach to listen to young children's perspectives. In, Clark, A., Kjoholt, & Moss, P. (Eds.), *Beyond listening: Children's perspectives on early childhood services.* Bristol: Policy Press, pp. 29-49.

Clark, A. (2010). *Transforming children's spaces: Children's and adults' participation in designing learning environments.* London: Routledge

Dalziel, K. M., Halliday, D., & Segak, L. (2015). Assessment of the cost-benefit literature on early childhood education for vulnerable children: What the findings mean for policy. SAGE Open January-March, 2015, 1-14. DOI: 10. 1177/2158244015571637.

ギボンズ，M．小林信一（訳）（1997）．現代社会と知の創造――モード論とは何か　丸善ライブラリー

Hatch, A. J. (2007). Assessing the quality of early childhood qualitative research. In, Hatch, A. J. (Eds.), *Early childhood qualitative research*. New York and London: Routledge, pp. 223-244.

Heckman, J. (2006). Skill formation and the economics of investing in disadvantaged children. *Science,* **312**, DOI10. 126/science. 1128898

Johhana E. (2007). Research with children: Methodological and ethical challenges. *European Early Childhood Educational Research Journal,* **15** (**2**), 197-211.

金田利子（1977）．保育の事例的研究．日本保育学会（編）保育学の進歩　フレーベル館 pp. 261-274.

河邉貴子（2006）．園庭環境の再構築による幼児の遊びの新しい展開――ウッドデッキの新説をめぐって　保育学研究，**44**（**2**），139-149.

河邉貴子（2013）．保育記録の機能と役割――保育構想につながる「保育マップ型記録」の提言　聖公会出版

香月洋一郎（2013）．景観写真論ノート――宮本常一のアルバムから　筑摩書房

城戸幡太郎（1977）．保育の科学的研究．日本保育学会（編），保育学の進歩　フレーベル館 pp. 127-136.

鯨岡峻（2007）．子どもの心の育ちをエピソードで描く　ミネルヴァ書房

鯨岡峻（2013）．なぜエピソード記述なのか――「接面」の心理学のために　東京大学出版会

国立教育政策研究所（編）（2012）．教育研究とエビデンス――国際的動向と日本の現状と課題　明石書店

松本園子（2003）．昭和戦中期の保育問題研究会――保育者と研究者の共同の軌跡　新読書社

宮本雄太・秋田喜代美・辻谷真知子・宮田まり子・杉本貴代（2016）．子どもの遊び観――幼児期・児童期の遊び場や遊び観に注目して　子ども環境学会，A2-09.

村上博文（2010）．乳児保育室の空間編成と"子ども及び保育者"の変化――K 保育所 0 歳児クラス：自由遊び時間におけるアクションリサーチ　東京大学大学院教育学研究科紀要，**49**, 21-32

中坪史典（編）（2012）．子ども理解のメソドロジー――実践者のための「質的実践研究」アイディアブック　ナカニシヤ書店

Ⅰ　保育学とは

中山節子・伊藤葉子・古重奈央・鎌野育代・真田知恵子・岩田美保（2014）．ESD に関する発達段階の基礎的研究――写真投映法を用いて　千葉大学教育学部研究紀要，**61**, 203-210.

日本保育学会（1955）．弔辞　山下俊郎　日本保育学会会報，3.

日本保育学会（編著）（1977）．保育学の進歩　フレーベル館

OECD (2007). Evidence in education: Linking research and policy (Knowledge management)．（岩城久美子・菊澤佐江子・藤江陽子・豊浩子（訳）（2009）．教育とエビデンス――研究と製作の協同に向けて　明石書店）

OECD (2011). Starting Strong III. OECD.

OECD (2015). Starting Strong IV: Monitoring quality in early childhood education and care. OECD.

大坪龍太・遠藤幹子・川上正倫・仙田考・中津秀之・丸山智正・八藤後猛・仙田満（2012）．子どもの遊び場におけるリスクの効用に関する調査研究　こども環境学研究，**18**, 27-32.

Rodd, J. (2012). *Leadership in early childhood.* Lodon: Open University.

レッジョチルドレン／田辺敬子・木下龍太郎・辻昌宏（訳）（2001）．子どもたちの 100 の言葉――イタリア／レッジョ・エミリア市の幼児教育実践記録　学習研究社

境愛一郎（2016）．保育環境における境の場所としてのテラスの機能と特質　広島大学博士学位申請論文

汐見稔幸・村上博文・松永静子・保坂佳一・志村洋子（2012）．乳児保育室の空間構成と"子どもの行為及び保育者の意識"の変容　保育学研究，**50**（3），298-308.

宍戸健夫（1977）．保育学の歴史的研究．日本保育学会（編），保育学の進歩　フレーベル館 pp. 253-260.

Shulman, L. (2004). *The wisdom of practice: Essays on teaching, learning, and learning to teach.* Jossey-Bass.

Siraj-Blatchford, I., & Hallet, E. (2013). *Effective and caring leadership in the early years.* Sage Publications.

砂上史子・秋田喜代美・増田時枝・箕輪潤子・中坪史典・安見克夫（2012a）．幼稚園 4 歳児クラスの片付けにおける保育者の実践知――時期の異なる映像記録に対する保育者の語りの分析　日本家政学会誌，**66**（1），8-18.

砂上史子・秋田喜代美・増田時枝・箕輪潤子・安見克夫（2012b）．保育者の語りにみる実践知――「片付け場面」の映像に対する語りの内容分析　保育学研究，**47**（2），70-81.

鈴木正敏・秋田喜代美・芦田宏・門田理世・野口隆子・小田豊（2009）．ビデオ再生刺

激法を用いた幼稚園・小学校教師の発達観の比較研究　乳幼児教育学研究, **17**, 117-126.

Sylva, K., Melwish, E., Sammons, P., Siraj-Blatchford, I., & Taggart, B. (2010). *Early childhood matters: Evidence from the effective pre-school and primary education project*. London: Routledge.

勅使千鶴・亀谷和史・東内瑠里子（編著）(2013).「知的な育ち」を形成する保育実践――海卓子，畑谷光代，高瀬慶子に学ぶ　新読書社

Tobin, J., & Davidson, D. (1990). The ethics of polyvocal ethnography: Empowering vs textualizing children and teachers. *International Journal of Qualitative Studies in Education*.

Tobin, J., Hsuh, Y., & Karasawam, M. (2011). *Preschool in three cultures revisited: China, Japan, and the United States*. Chicago: University of Chicago Press..

Tobin, J., Wu, D. Y. H., & Davidson, D. H. (1991). *Preschool in three cultures: Japan, China and the United States*. Chicago: Yale University Press.

津守真（1977）．倉橋惣三の保育思想．日本保育学会（編），保育学の進歩　フレーベル館 pp. 100-106.

津守真（1996）．エレン・ケイ『児童の世紀』を読む――未来への意志を育てること　幼児の教育, **95**(4), 7-11.

津守真・本田和子・松井とし（1974）．人間現象としての保育研究　光生館

やまだようこ・麻生武・サトウタツヤ・能智正博・秋田喜代美・矢守克也（編）(2013). 質的心理学ハンドブック　新曜社

山下敏郎（1962）．日本保育学会の歴史　保育学年報, **1**, 143-168.

榊瑞希来・立浪澄子・ケイス，C.・ボイヤー，J.（2007）．ビデオ共同視聴から保育を観る眼を探る（2）――日本の保育者養成者とアメリカの現場保育者・保育者養成者の対話から　児童学研究（聖徳大学児童学研究紀要），**9**, 127-139.

II
保育学のあゆみ

第5章　保育実践と保育方法の展開

福元真由美

　今日，幼児教育と小学校教育の接続，および幼稚園と保育所の一体化が重要な課題となっている。幼小接続の背景には，幼児教育が小学校教育に接していながら，小学校とは異なる独自の方法を持ち，子どもの教育経験に「段差」を生じさせている状況がある。幼保一体化の背景には，幼稚園と保育所が共通する方法や内容を持ちながら，目的と機能を異にして二元的に発展した状況があり，それが現代の社会や家族のあり方に見合わなくなったという問題がある。

　そもそも1876年の東京女子師範学校附属幼稚園（以下，附属幼稚園）の創設時，幼稚園は小学校就学に向けた教育の基礎づくりのために必要とされ（湯川，2001），そこでは保育の独自性は重要な事項ではなかった。また，初期の幼稚園には託児機能を備えた園もあり，明治期中頃まで幼稚園と保育所の区別は明確なものではなかった。しかしその後，幼児教育が就学への準備よりも保育の固有性を追求していったという変化と，幼稚園と保育所が切り離されてそれぞれ教育機関と福祉施設として二元化されていったという変化が起こったのである。

　そこで本章では，保育の方法と実践の展開を時系列的に追いながら，幼稚園と保育所の普及と定着の過程で前述の二つの変化がどのように生じ，保育のあり方を特徴づけていったのかを明らかにしたい。保育の固有性を追求する変化については，附属幼稚園創設に尽力した文部大輔・田中不二麿が「遊戯」を通して「就学」に導く教育を構想していたことから[1]，遊びが保育の独自性と幼小の関連にいかにかかわったかに着目して検討する。幼保が二元化されていく変化については，その背景にある都市化と新中間層・労働者層の増加という社会変動に言及しつつ，幼保の共通と差異が生み出された経緯を記述したい。

　なお「保育方法」という言葉は，広義には保育全体のあり方を示す語として，保育の目標，内容，計画，環境，技法のすべてにかかわる概念として用いられ

125

Ⅱ　保育学のあゆみ

る場合がある。しかし本章では，狭義の「保育方法」の概念，すなわち保育を成り立たせる基盤となる基本的な原理に焦点化して議論する。

1　小学校的な方法から保育固有の方法への改革

フレーベル主義の恩物中心の保育

　当初から幼稚園教育は遊びを主要な活動として位置づけていたが，明治期前半はフリードリヒ・フレーベルの恩物による作業を中心として，後に小学校的だと批判される指導が行われた。開園時の附属幼稚園では，遊戯と体操で1日1時間半から2時間の戸外活動が行われていた。保姆見習生だった氏原鋠は，「屋外保育盛ニシテ雨天ノ外ハ保育時間ノ大部分ヲ保育シ」[2]と述べている。しかし，1881年7月改正の「幼稚園規則」で遊戯や体操の時間は各20分に減じられ，保育の重点は室内での恩物を中心とした活動に置かれた[3]。保育者の豊田芙雄が記した手記「保育の栞」には，恩物を用いた開誘の方法が次のように記述された（豊田，1929）。

> 各々禮を畢りて第一號より第六號中の一種を與ふる……保姆幼兒に向ひ，今や余が為せし如くなすべしとて豫め伏せ置きたる函に左手をかけ押さへ右手を以て蓋を引あけ一，二，三，の號令と共に函を揚げ蓋をば函中に納め机案の棚或は机上の妨げなき所に置かしめ先づ形體の問答を為し徐に順序追ひて模造物體を作りその回答を試み成たけ小兒の考案をひかしめ中に就き稍確實なる答を為したるを採り斯くして十分乃至十五分間は保姆の與ふる規則により，此の外に十五分間は小兒随意に種々模造體を作らしめ……。

　このように恩物の配布，操作，模造物の製作の手続きは，保育者の指示，号令，問答に従って一斉に進められていた。後半15分間に幼児の自由な製作時間が用意されているものの，全体の活動内容や進行は保育者主導で統制されていた。恩物の時間，幼児は碁盤の目状に直線の描かれた恩物机に向かって座り，保育者の指示で机面の線に沿って恩物を置いたり移動したりした。フレーベルの恩物による遊びは，幼児に決められた作業をさせる課業的な活動として指導されたのである。

自発的な遊びの発見による保育方法の再考

しかし，1890年代以降には小学校とは異なる保育固有の方法の開発がめざされた。そこでは，幼児の自発性を追求した結果，遊びが見出され，教育活動の基礎に自発的な遊びが位置づけられることになった。

明治期後半には，幼稚園の必要性と有用性が保育界内外で論じられた（幼稚園論争）。この論争は，保育関係者に幼稚園教育に求められる保育方法とは何かを再考させる契機となった。幼稚園無用論・廃止論の中には，形式的な恩物の指導法や遊具としての恩物の抽象性が幼児に適さないという批判や，小学校のような画一的な指導法に対する批判が散見された。幼稚園批判に対して，代表的な保育研究団体フレーベル会（1896年創設）会長・高嶺秀夫は，「之レ全ク実施ノ方法ノ誤リタルニ原因スルモノ」[4]という認識を示した。保育関係者は，批判の原因となる保育方法の誤りを修正することによって，教育機関としての幼稚園を定着させようとした。その際，日本においてフレーベル主義の保育をどのように再構築するかという問題は重大なものではなかった。それよりも，全体として当時の保育関係者が問題としたのは，幼稚園が小学校的であり，幼児の保育と学齢児童の教育の方法原理が区別されていないことであった（太田, 2012）。

保育関係者の関心は，恩物による小学校的な指導から遊びを解き放ち，幼児の自発的な活動として遊びを理論的，実践的に位置づけ直すことに向けられた。彼らの改革に見通しを与えたのは，アメリカで先行する子ども中心主義の思想，幼児期の発達や特性に関する児童研究の知見，進歩主義教育の幼稚園改革論だった。附属幼稚園主事・中村五六に招かれて1900年に同園批評係に就任した東基吉は，「幼児保育法につきて」（東, 1901）で，フレーベルによりながら「幼児保育の根本主義と云うものは子供の自由活動にある」とし，「教えるよりも，寧子供の自由活動を導いていく」ことが「幼児保育の精神」だという考えを示した。そして，「幼児の活動」が「一番普通に現れる形は遊嬉」と見なした。東（1902a）は，「現今の幼稚園保育法につきて（説林）」で，「幼児遊戯の真正の価値」は「彼らの随意遊戯に於て多く存する」と明言し，自発的な遊びを最も重視する方向性を打ち出したのである。

保育の方針が保育者主導の統制から自発的遊びの重視に転換されると，今度

は遊びをどう指導するかが問われた。東の後任で1905年附属幼稚園批評係に着任した和田実は，幼児の興味に着目することを遊び指導の基本原理においた。和田は『幼児教育法』で，「幼児は常に其興味の趣く所に乗じて活動するもの」であり，「遊戯」が「児童の自発活動に副ふたか」は子どもが「充分の興味を以て遊んで居るか」で判断できるため，「興味」が「幼児教育上」の「標準」「指針」になると考えた。よって，幼児の興味の傾向を把握して「其自発的興味を満足せしめて嬉々として悦しみ忻々として躍れる間に其自然の発育を遂げしめ併せて之を或方向に誘ひ行く」ことが「幼児教育上における今日の理想」とされた（中村・和田，1908）。

　興味への着目により，課業的な活動の保育方法も自由遊びをモデルに考えられるようになった（太田，2012）。先に「之等のもの［保育四項目：筆者注］は悉く遊戯的性質をおびざるべからず」と言った東（1902b）の論を進め，和田は課業の指導場面に即してその方法を提示した。たとえば，和田により「遊戯的手工」と称された恩物の活動は，「自由に遊戯的に取扱はるゝ」ものとして小学校の手工とは区別された。「遊戯的手工」の指導で特に重要とされたのは，自発的な製作を促すために「興味の基礎を培養する」生活経験（環境）を構成することである。具体的には保育者の製作する様子を見せたり，製作物を幼児に見せて遊ばせたりすることで，幼児の興味を喚起し，無意識的に製作の手続きを伝えることと考えられた。保育者の「訂正」「指示」「批評」や「模範」の提示といった直接の指導は，自発的な活動を「誘導」する補助的な行為とされた（和田，1910）。

　ここで，フレーベル会の機関誌『婦人と子ども』（1901年創刊）に掲載された保育実践記録を見てみよう。東京の幼稚園に在職する和歌子という保育者は，「幼児の汽車遊び」（1903年）で雨の日の室内遊びの様子を紹介した。2人の男児が相談して10脚余の椅子と積木の入った箱で汽車を作り，他の幼児と保育者も乗客，車掌，販売員として汽車に乗り各地に出向くという遊びである。和歌子は，子どもの興味や考えを注意深く読み取って，次の活動を誘発する言葉かけをしていた。彼女の記録は，幼児の自由な遊びとその指導が保育実践として様式化されつつあったことを物語っている。

　また，精華学校幼稚部の鈴木マサは「自由保育」という題で実践を紹介して

いる。彼女は，ある幼児が手技の一斉活動を苦痛に感じたことを大いに反省し，手技の時間に材料を与えた後は幼児の自由に任せ，幼児が各自の遊び方で「満足」したところに，自らの保育の「効果」を確認した（鈴木，1911）。保育者の設定した活動場面においても，予め用意された活動より，子どもが自発的な活動を通して興味や要求を満たすことに積極的な意味づけがなされていた。幼児の興味と遊びを重視する保育は，こうした保育者の記録を通じて実践的な基盤を固めつつあったと言える。

　保育方法改革の展開は，幼稚園が教育機能のみを担う施設として制度化され普及する過程とも重なった。「幼稚園保育及設備規程」（1899年）は，幼稚園の編成や設備，保育時間の条件を定めた条項を設け，これに満たない施設の安易な設置を防ぐ目的があった。保育の施設には，貧民幼稚園と呼ばれ貧困層の託児を担った施設もあったが，これらは「規程」から外れた施設として「幼稚園」から除外され（湯川，2001），保育所になっていった[5]。これ以降，東や和田らによって自発的な遊びが幼児期固有の教育の対象として見出され，保育の核心に位置づけられている。遊びに焦点を合わせた方法の改革は，幼稚園が小学校とも保育所とも異なる幼児の教育に特化した施設として定着するための拠りどころとなったと言えよう。

　以上の通り，1890年代以降に小学校とは異なる保育固有の方法が探求されたのが，保育の第一の変化であった。

2　都市化がもたらした保育の階層性

　保育の第二の変化は，1900年代以降に幼稚園と保育所の二元制がそれぞれの大衆化とともに固定化したことである。これをもたらしたのは，都市化とともに幼稚園への教育要求を持つ新中間層，保育所への託児要求を持つ労働者層の増加という社会構造の変化であった。

　附属幼稚園創設以来，幼稚園教育を受容したのは，多額の教育費を支払う財力のある中上流層であった。私立幼稚園では高額の保育料が徴収され，公立幼稚園の保育料も小学校の授業料より高かった。1880年代以降，文部省は簡易幼稚園を奨励し，労働者と貧困層を視野に入れて幼稚園の普及を図ったが，この取り組みは十分に広がらなかった。幼稚園を受容する層は，教育に関心の高

い都市部を中心とした官吏や商業者，地域の有力者などの裕福な家庭に限られていたのである。

1900年代以降，幼稚園の設置数は急速に増えていくが，これを牽引したのは私立幼稚園だった。1900年の小学校令改正による義務教育無償化と義務教育就学率の上昇は，この方面への市町村費支出を増大させ，財政上，公立幼稚園の設置を困難にした。一方，飛躍的な産業化に伴う都市化は，明治末期から大正期にかけて新たな幼稚園の受容層となる新中間層の増加をもたらした。官公吏，会社員，専門職等の俸給生活者とその家族からなる新中間層は，性別役割分業のもとで母親の教育的役割を重視し，科学的な知識を吸収して子ども中心の子育てを行う「教育家族」であった。新中間層の拡大と再生産のための教育機関として，幼児期の受け皿になったのが私立幼稚園である（福元, 2011）。私立を中心とする幼稚園の普及は，幼稚園の対象を中上流層に絞ることになり，教育機能に限定された幼稚園の量的拡大の基盤を形成していった。

一方，1899年の「規程」によって「幼稚園」から切り離された貧民幼稚園は，心身のケアと矯正を基本に労働者や貧困層の幼児の発達を支え，「幼稚園」とは異なる実践的課題に対応していた。東京有数のスラムを擁する地域にあった二葉幼稚園（1900年設立）では，1904年の報告で在園児の父親の職業は車夫，消防夫，指物職，小使，左官など，母親の職業は巻煙草や洗濯仕立物の内職，髪結などだった[6]。開設時の保育の様子を巖谷小波「二葉幼稚園（参観記）」に見ると，保育者は巖谷に「相手は貧家の小児で，今まで野放しの癖が付いて居ますから，今急に規則にはめて強い秩序を立てようとすると却って裨益に成ませんので，まだ此頃の処では，手技とか唱歌とかは次にしてまづ遊戯を主にして居ります」と語っている（巖谷, 1900）。保育中には，目やにと鼻水だらけの幼児の顔を石けんで洗い，手足の凍傷やあかぎれには薬を塗って包帯を巻くといった対応も行われた。保育者は，粗暴な言葉を話す子どもには丁寧な言葉づかいを教え，貧困と障がいで精神的に荒れた子どもには，思いやりのある対応でその情緒を安定させていた。貧民幼稚園の実践では，託児の機能，遊びを主とする活動，身体の清潔，けがや病気の処置，言葉の指導，心理的支援のほか，生活に必要な習慣，規律，態度の形成も重視されていた。

第一次世界大戦を契機とする重化学工業化の進展や，地方からの人口の大量

流入による都市化の加速は，労働者や貧困層向けの児童保護施設としての保育所の需要を増大させた。都市の工場地帯周辺には，日雇い労働者や下層職工などの貧困層が居住するスラムが拡大した。このため労働者の就労機会確保，児童保護，スラムの治安維持を目的に，保育所の整備が行政上の緊急の課題に浮上した。それまで民間事業に委ねられていた保育所は都市部を中心に公設されるようになり，1919年以降，大阪市，京都市，東京市等で公立保育所が次々と開設された。内務省も1920年に社会局を設置して，保育所をはじめとする児童保護事業を統括的に扱った。1916年に分園を開園した二葉保育園保姆の徳永恕子は，「貧児保育の話」で，「栄養不良，無教育，不潔，不道徳とあらゆる悪い事の中で，いやでも応でも育つていかねばならない」子どもに対して，同園設立の趣旨を次のように語った（徳永，1917）。

　　二葉保育園は其幼い子供をなるべく悪い感化の少ない内に家庭から引離し，……十分に子供の本性に適ふ満足を与へてやり度い，どうか身も心も健かに生ひたつて大きくなつたら良民として正業に就く者であらせ度い，貧しくとも正しい清い生涯を送る様に保護してやり度いとの希ひから成りました。

徳永の語るように，保育所は，経済的な貧困と不衛生な環境と劣悪な文化から子どもを保護する福祉施設としての機能を求められ，労働者・貧困層対象の施設として普及していった。幼児を教育する幼稚園と乳幼児を保護する保育所の階級的・階層的な性格は，双方の量的拡大と制度整備とともに固定化されていった。

3　保育の独自性を表す実践の多様化

さて，1900年前後に自発的な遊びの発見を通して新たな保育方法が開発され，保育独自の歩みが始まったが，大正期から昭和期になると，幼児期の発達特性の観点と都市化による発達阻害への危機感から，自然による保育の重要性が増し，小学校に対する保育の独自性がさらに探求された。

戸外の自然の中での保育は，すでに明治後期には恩物に偏った保育から脱却する意図から重要だと考えられていた。東（1904）は，『幼稚園保育法』で「元来幼児は……心身発達の必要上常に戸外に在りて動作せんことを好むもの

にして幼児保育上自然界を利用するは最も自然に合へる方法」と指摘する。そして，保育時間の大部分を室内で費やす保育を批判し，遊戯はもとより他の保育項目でも戸外の園庭で活動することの有効性を説いた。

　産業化と都市化は，自然による保育を緊急の課題として際立たせた。工場や住宅の密集地は劣悪な環境とされ，保育関係者は幼児の発達の害される危機を深刻にとらえた。1910年に東京女子高等師範学校嘱託講師に着任した倉橋惣三も，その一人である。倉橋（1912）は「幼児保育の新目標」で，「実行力」の要求される時代には「強健なる神経系統の力」が必要とし，「人為的文明」が幼児の「身体」と「精神」，特に「神経系統」に与える悪影響を危惧した。そこで，幼児の神経系に害を及ぼすとの理由で室内で机に向かう保育を否定し，自然物を「真の恩物」と見なして，戸外で「自由に自然物を以て遊ばせ」，「大きな筋肉の使用を先づ以てさせる」ことを，「幼児保育の新目標にあった」方法だと考えた（森上，1984）。知識の獲得に比べて神経系の発達は幼児期に決定的で，小学校教育は教室が不可欠という見解から，倉橋にとって自然による保育は，幼児期の教育の特殊性をとらえたものであった。

　大正期になると自然を活用する保育は戸外保育，園外保育，郊外保育，転地保育と称されて計画的に実践された。その例を，神戸幼稚園の佐藤ますによる実践「我園の郊外保育に就きて」に見てみよう。佐藤（1914）によれば，新しい場所に幼児を連れていく時は，保育者は前日にはその場所に行って動植物について調べ，幼児の質問に答える準備をする。自然の中では遊ばせるだけでなく，「漠然たりと見ゆる大なる自然の中に面白き自然ある事を悟らしめん」ため，数を数える，名前を覚える，製作やままごとの材料にする，様々なものを分類するなどの目的をもって採集させる方法や，自由に採集させて幼児から質問が出るようにする方法もとられた。自然に対する幼児の興味を養い，その面白さに関する気づきを促す保育が，自然物を使った多様な活動を組織することで意図的に行われていた。

　1922年に橋詰良一が大阪の郊外住宅地に設立した家なき幼稚園は，あえて園舎を持たずに一貫して戸外で保育する実践を試みた。保育項目「廻遊」では，自然があらゆる保育の環境に見立てられ，活動のための主題，遊具，教材，材料，装置がすべて自然で構成された。毎朝，神社の境内に集まった幼児と保育

者は，ござ，机，椅子，オルガンなどを持ち運び，川，森，野原に出かけて活動した。同園の影響を受けた志賀志那人の大阪市立北市民館保育組合（1925年設立）では，劣悪な環境に住む幼児たちを電車で郊外に連れて行き，自然の中で遊ばせて疲弊した心身を回復させる実践が行われた。このように，都市部の鉄道の拡張と郊外住宅地の開発を背景に，保育にとって自然は教育の空間，癒しと回復の空間としての意味合いを増していた（福元，2011）。

以上の自然を活用する保育は，教室の中での活動を主体とする小学校教育に対する保育の独自な可能性を探求する試みだった。そして保育の独自性を求める動きは，自然の活用以外にも多様な実践として表れていた。たとえば，1912年アメリカのモンテッソーリ法が倉橋により紹介されると，保育界でも関心が高まり，熱心に研究や実践に取り組む園が出てきた。保育項目で見ると，随意遊戯の時間が多く取られるようになり，共同遊戯では律動遊戯（土川五郎）やリトミック（小林宗作）のリズム遊びも取り入れられた。唱歌や談話では，幼児の発達や興味に即した教材が開発されるようになった。

さらに明石女子師範学校附属幼稚園では，パティ・スミス・ヒルのコンダクト・カリキュラムを導入して，プロジェクト法による実践を行った。明石女子師範学校附属小学校と同幼稚園の主事を兼任した及川平治は，欧米の教育視察を経て，1930年代に「生活単位」によるカリキュラム開発を指導した。「生活単位」とは，幼児の興味，要求，目標を中心に組織された系統的な活動のまとまりであり，具体的には「買物ゴッコ」「八百屋遊」「七夕祭」「蒐集遊」「近郊見学」などが挙げられる[7]。「生活単位」に基づく指導では，幼児の経験の幅を広げ，必要な知識，習慣，態度を形成し，その生活を価値あるものへ導くことが目指された。たとえば「電車遊」では，4歳児は停留所見学，積木で電車づくり，運転士になる活動，5歳児では花電車や急行電車を作る活動を通して，電車の乗降や運転士の仕事をよく見る（4歳児），電車の知識や車中での作法（5歳児）などの「成果」が期待された[8]。同園の一日の保育は，こうしたプロジェクトによる活動が中心で，その日の活動は環境と幼児の興味によって決められた。

明石女子師範学校附属幼稚園のプロジェクト法による実践は，同小学校の低学年の教育実践と連続性を持ち，実験的な幼小接続カリキュラムに基づく実践

と考えられている（橋本，2013）。幼小接続の課題は，当時の保育界において東，和田，倉橋も視野に入れて議論していた。しかし，彼らの関心の中心は，小学校の準備教育としての保育から脱却することにあり，幼小接続はそうした関心の周辺にあるにすぎなかった。

ところで，幼稚園が大衆化する過程で，幼児の興味や自発性を重視する保育の広がりは，他方で幼児を好きに遊ばせておく放任，不干渉の保育を生じさせた。こうした状況が，倉橋により批判され，保育者の働きを意識した誘導保育の開発を準備したと言える。

4 誘導保育における保育の固有性の探究

倉橋惣三による誘導保育

昭和初期，明治期以降の保育方法改革の知見をまとめ上げ，誘導保育を通じて保育固有の方法を定式化したのが倉橋惣三だった。彼の方法は，幼児の自発的な生活の充実を第一の目的にし，この目的を達成する過程で付随的に態度や能力を獲得させる指導とその系統に表現されていた。特に，幼児の自発的な活動による経験の拡大と能力の獲得を促すために，環境の重要性が高められている点が特徴であった。

1917年に附属幼稚園主事に就任した倉橋は，欧米留学でジョン・デューイの影響を受けた幼児教育を研究し，ウィリアム・H・キルパトリックのプロジェクト・メソッド，コンダクト・カリキュラムの理論を吸収した（湯川，1999）。「就学前の教育」（1931年）では，「生活で生活を教育する」誘導保育の考え方が提示され，その方法が「生活本位」「遊戯の尊重」「社会的」「環境的」「機会の捕捉」「欲求の充足」「生活による誘発」「心もち」の8項目で説明された（倉橋，1965）。

そこで，大まかに三つの基本原理が提起された。第一に，幼児の自発的な生活の実質と自然を維持しながら，遊びを尊重した教育を行うことである。第二に，幼児の欲求の満足と幼児相互の交渉を通じて生活を持続的に発展させることである。そして第三に，教育的意図を反映させた環境と「教育者自身の生活」によって，幼児の興味を喚起し，その生活を誘導することである。保育者は，「楽しく」「熱心に」活動することで，幼児を「同一生活へ引き入れる」と

ともに，幼児に保育者と同様の態度を促し育てていく。倉橋が保育者主導で幼児を動かす「旧い教育法」を乗り越えて，新たに打ち出した「保育者中心の作用」は，保育者がモデルになって具体的な生活のあり方と生活に取り組む態度を幼児に伝える働きかけを意味していた。

この誘導保育の含む方法は，『幼稚園保育法真諦』（倉橋，1934）において，幼児の活動の状態に応じた指導の類型とその段階的系列として精緻化された。具体的には，「自己充実（設備・自由）」「充実指導」「誘導」「教導」の配列で示された。

倉橋の誘導保育は，保育の固有性を探究しつつ，保育者による教育的な作用という小学校教育に結びつく理論的根拠を提示するものであったと言えよう。

附属幼稚園における誘導保育の実践

誘導保育の実践はプロジェクト活動の特徴を有し，附属幼稚園を中心に展開された。徳久孝子の「わたくし達の自動車」（1932年）では，保育者が幼児の遊ぶ姿から主題を構想し，製作からごっこ遊びに生活の発展する過程が記述されている。年長組の幼児が木工で飛行機や電車を熱心に作る様子から，徳久は共同で大きな製作をしたらどうかと思いつき，女児の作った人形とも結びつけようと考えた。ある日，電車作りのグループを手助けして「この電車に乗れるといいわね」と持ちかけると，幼児から「大きいの作れば乗れるよ」と言われ，みんなで作ろうと盛り上がる。徳久は材木屋での材料購入を提案したり，幼児同士の相談を促したりしながら，子どもたちが活動に熱中していく姿をとらえている。大型乗用車が完成すると，これが「乗用車にもなれば，乗り合ひ，デパートの送迎車，円タク，自動車等」にも見立てられ，送迎車でデパートに買い物に行く，果物をトラックで市場に運ぶ，自動車を修理するといったごっこ遊びが多様に展開されていった。

また，村上露子の「わたくし達の特急列車『うさぎ号』」（1932年）では，大きな汽車の完成後，保育者の整えた環境に触発されて，幼児の活動が具体的なイメージや目的を持って深められた様子が描かれた。村上は汽車を中心に戸外での遊びを発展させようと，事前に子どもに書いてもらった切符，粘土で作った土瓶と茶碗，信号の旗，物売りの箱や紐を準備して環境を構成した。子ども

たちは登園後に用意された色紙で財布を作る，銀行員になってボール紙でお金を作る，黒い模造紙・画用紙・葉で海苔巻弁当を作るなどし，戸外で乗客，改札係，弁当屋，車掌，信号手，踏切番になって遊んだ。村上は，「『交通信号には必ず従う』と云う精神が自然の中にこの遊びに依って養われて来た」ことを喜ばしく感じ，「子供の生活の中心は今はこの汽車にある」ことを実感している。

5　昭和期の保育所の実践

託児機能を超える保育実践

　保育所は幼稚園と共通する機能を持ちながらも，制度的には幼稚園から切り離され，都市化により増加した保護と託児の要求に応じて独自の歩みを進めていた。昭和期になると，幼稚園とは異なる保育所のあり方を主体的に追求する志向が高まった。

　昭和初期の保育所では，託児機能を満たすだけでなく，保育所特有の課題を強く意識した保育実践も展開されるようになった。もとより保育所で指導的役割を担った保育者には，かつて幼稚園に勤めていた者や幼稚園保姆の養成所を修了した者も多かった。このため，自由な遊びや戸外保育の重視など，保育の基本的な方法については，保育所も幼稚園と同じく実践していた。一方，関東大震災の被災地やスラムの生活機能の崩壊した地域では，セツルメントを中心に労働者の問題に応じて都市生活を再建する新しい社会的実践が試みられるようになった。その一つに保育所の設置があり，保育所は子育てを社会化し地域の社会的紐帯の核になると考えられた。こうした状況を背景に，保育所では基本的な生活習慣の自立等の生活技術の習得とともに，社会的な集団で自主的に生活をつくる力や人間関係の形成が一層重視されるようになった。

　たとえば東京帝国大学セツルメント託児部（1926年設立）では，1934年に「幼稚園式」ではなく「真の意味の託児所」を目指し，「勤労階級の育児の負担」の「軽減」とともに，「学齢前児童の正しい保育，保健，団体訓練」を新たな役割として掲げた（東京帝国大学セツルメント，1934）。「団体訓練」では，自己中心的な態度や行動を克服して，集団の規律の下で自主的，自治的に生活を生み出す力の形成が目指された。保育者の鈴木とくによれば，幼稚園の模倣

による年齢別保育は幼児の遊び集団の実態から乖離していると考えられ，同年より地区別グループによる保育が試みられた。地区別グループでは，居住地区別に子どもを三つの異年齢グループに分けて年長児を交替でリーダーとし，1グループにつき保育者1人を配置した。水野ユキは，地区別グループによる活動として行った給食の様子を次のように記している（水野，1934）。

　　大きい子は机を並べるのも，小さい子のお手あらいも，食器の分配もうまくやつてのける。象組（子供自身附けた名前）の責任者，弘と愛子は，私の分けたお皿を両手に持つて一心に配つて歩いている。『先生あの子まだよ』『おかず貰わない子手を上げて』なんて私達のよく言つた言葉を真似ている。真剣だ，五郎等は小さい子の食べ終る迄温順しく傍で待つてやつていた。

　異年齢による集団の編成は，これまでも小規模の保育所では単級の形態で見られた。これに対し託児部では，個人や集団への意識，役割に応じた態度と行動，子ども同士の世話や協力の関係を生み出す保育の方法として異年齢のグループ編成が選択されている。鈴木（1950）らの関心は，グループによる「秩序」や「規律」の訓練よりも，生活の仕事や異年齢のかかわりを通して，自由奔放な子どもにいかに「自主的」「協同的」な態度や振る舞いを身につけさせるかに向けられた。

　保育所の中でも保育と地域生活を連続的にとらえていたところでは，幼児の保育と親の教育は保育実践の両輪をなしていた。幼児の発育や衛生，栄養，生活習慣や性格の問題に対処するためには，子ども対象の保育のみならず，親の意識と家庭生活の向上が不可欠と見なされたからである。1931年同潤会アパートに子供の村保育園を設立した平田のぶは，都市型の新しい集合住宅で保育所を中心とする子育ての共同体「子供の村」を構想した。子供の村保育園では，集団生活の経験により段階化された「生活訓練」を特徴として，「個人としては自治，又，社会人としては協働の生活ができる子供」の育成を掲げた（平田，1936）。「母様学校」「父様学校」などでは育児衛生や社会事情の講義，料理や洋裁の講習会，石鹸や菓子の共同購入などが行われ，保育と一体となった「自治協働」の連帯の創出が試みられた。幼稚園の親の会が，園の後援組織として経営上の必要から作られていたのに対し（松本，2003），子育ての社会化を意識

した保育所の実践は、保育所の機能を家庭生活の支援、地域の共同体形成にまで広げていた。

城戸幡太郎の保育方法論――保育の二元化のはざま

幼稚園に対する保育所の独自性を追求する動きが生じる中で、保育所を幼稚園から自立させる志向を支える一方、幼稚園と保育所それぞれの保育を再度つなぎ直す方向性を模索したのが、城戸幡太郎であった。

前述の鈴木や平田の実践の背景には、保育所の関係者や保育者も参加した保育問題研究会（1936年設立）がある。保育問題研究会では、幼稚園と保育所に関する研究が研究者と保育者の共同で行われ、鈴木や平田も会員になっていた。

法政大学教授で児童心理学者の城戸幡太郎は、保育問題研究会の会長を務め、同会の理論的なリーダーであった。城戸の幼児教育論の特徴は、幼児の自然の生活における要求と保育者による生活の要求の接触と交渉を通して、幼児の生活の新たな発展を促す方法を論じた点にある。城戸（1939）は『幼児教育論』で、両要求の交渉から生じる「新しい生活の様式」ひいては「社会の発展」に望まれるのは「民生の慶福」であり、この増進のために「社会協力」が最も必要と考えた（p.73）。

これより城戸は、「社会協力」を指導原理とする保育方法を検討した。彼は、保育項目を「子供が社会生活を営むに必要な機能」と見なし、その内容に幼児の生活に即して「互いに力を協せ親切にすること」などの「生活訓練の教材」を盛り込むべきだと言う。そして遊びを基礎とし、個人的能力を高めるよりも「社会生活」の指導と「社会的習慣」の形成により、「自己中心主義の子供の生活」を「社会中心主義の生活」すなわち「社会的共同生活」に発展させようとした（城戸, 1939, pp. 157-171）。こうした「社会協力」を指導原理とする保育方法は、城戸において幼稚園と保育所の保育を統一させるものとして構想されていた。

6 学校教育における保育と学習としての遊び

遊び重視の保育の制度化と幼稚園・保育所の関係

戦時期には、保育者の指導を中心とする保育が行われたものの[9]、それは支

配的な潮流とはならなかった。戦後になると,「学校教育法」「幼稚園教育要領」の制定により,自発的な遊びを重視する保育方法が学校教育として制度化されるとともに,小学校的な教育を求める揺り戻しの動きを経て,再度保育の独自性が強調されるようになった。また幼稚園と保育所の関係では,二元制を自明視してきた保育の相違や保育要求のあり方に変化が起こり,二元制見直しの端緒が開かれるとともに,親に対する保育所の直接的な教育機能は縮小していった。

1948年の「保育要領――幼児教育の手引き」では,アメリカの幼稚園教育から示唆を得つつ,戦前の幼稚園を中心とする改革を引き継いで保育方法の基本原理が示された。文部省に設置された幼児教育内容調査委員会は,連合国軍最高司令部民間情報部教育部顧問ヘレン・ヘファナンの助言を受け,倉橋らを中心に現場の参考になる手引書の編集にあたった。「保育要領」では,「幼児期の特質に即した方法」が大まかに次の2点で記された。

第一に,教育の出発点を「子供の興味や要求」とし,その「通路」である「子供の現実の生活」を尊重すること,第二に,教師は「幼児の活動を誘い促し助け,その生長発達に適した環境をつくる」ことである。幼児の一日の生活では,自由な遊びが主とされ,教師は幼児一人ひとりに注意を向けて,個々に適切な指導をするよう求められた。「保育要領」は,幼稚園,保育所,家庭を対象にしていたが,厚生省は1950年に独自の「保育所運営指針」を作成し,保育所運営の指針を示した。そこでの保育方法は,「自由保育」を掲げて基本的に「保育要領」の考え方を踏襲するものだった(厚生省児童局,1950)。

1951年のサンフランシスコ講和条約を機に戦後の教育に対する見直しが始まり,1956年に「幼稚園教育要領」が刊行された。この時,幼児の自発的な活動を重視する保育を認めながらも,指導の系統性や計画性を必要とする観点から,保育内容に6領域が導入された。保育方法の基本に大きな変更はなかったものの,当時は小学校の指導主事による幼稚園の指導が多かったため,現場では教科のように領域を扱い,保育者の主導権の強い指導が見られた。

1964年に告示された「幼稚園教育要領」では,領域別指導への反省から幼稚園教育の方針として「総合的な指導」が加えられた。教育課程審議会答申「幼稚園教育課程の改善について」(1963年)は,幼稚園教育の特質として「そ

れ［幼児の成長発達：筆者注］にふさわしい環境を与え，その生活経験に即して総合的な指導を行い」，望ましい人格形成の基礎を培うようにしなければならないと述べた。答申を受けて，改正された「幼稚園教育要領」には，「幼児の生活経験に即し，その興味や欲求を生かして，総合的な指導をすること」の文言が入れられた。また，保育の独自性をより明確にするために，「幼稚園教育は，小学校教育とは異なるものがある」ことに留意し，その特質を生かした指導をする必要も明示された。

1963年に「幼稚園と保育所の関係について」（共同通知）が，文部省初等中等教育局長と厚生省児童家庭局長の連名で出されたことにより，幼稚園と保育所は設置の目的と機能は異なるが，保育所の機能のうち幼稚園該当年齢児の教育に関するものは「幼稚園教育要領」に準ずることが望ましいとされた。幼稚園と保育所の保育方法は，教育に関して幼稚園に即した形での制度上の共通化が図られたと言えよう。かつ，高度経済成長を経て，全体的な家庭の所得増加や生活水準の向上により，幼稚園と保育所の階級的・階層的な性格は次第に緩和されていった。保育所においては，親の高学歴化に伴って教育に対する要求は高まる一方，親の教育や相互扶助を目的とした親の会の結成は必要性を失っていった。

1960～70年代の保育実践

1960～70年代，遊び重視の保育とは別の志向を持つ保育が，二つの方向から模索された。

一つは，保育者が意図的に幼児に働きかけて話し合いをし，問題の解決や物事に対する認識を協同で生み出す保育実践である。保育問題研究会は生活綴方教育から学び，1959年に「話しあい保育」（後に「つたえあい保育」）を提唱した（宍戸，1989）。豊川保育園の高瀬慶子は，「集団における話しあいの指導」で次のような出来事を紹介している。

年少児と年長児の交流の後，年長児が話し合いで年少児に親切にやさしくする必要を確認した。その後，年長児のTとMが，年少児Dの出しっぱなしの靴をめぐって言い争う。TはDの靴を自分がしまうことが「ヤサシクスル」ことだと言い，Mは出しっぱなしの癖がつくから「オシエテアゲル」ほうが

よいと主張する。高瀬は、「どっちが、本当にやさしいのか」みんなで考えようと、話し合いの場をもった。子どもたちの意見は二つに分かれたが、自分で靴をしまえないDになってもよいのか、という高瀬の問いにより、「Mチャンミタイニオシエタ方ガイイ」という結論になった。高瀬は、「二回目の話し合いで二つの意見TとMから小さい子の世話を焼くだけでなく、教えてあげることが、本当の親切なのだと話しあいが発展した」と見ている（高瀬, 1959）。

　話しあいでは、生活における葛藤場面、自然や社会に関する疑問が意識的に取り上げられ、意見の相違点、原因と結果、事実と予想を明らかにしながら、子どもの合意の形成が目指された。同園の畑谷光代によれば、「言葉」と「行動」（出来事）を通した話し合いは、集団生活を自律的に進める力と科学的な認識の基礎を養い、集団の質を向上させるねらいがあった（畑谷, 1968）。以後、保育問題研究会では「集団づくり」を核とする実践研究が進められた。

　1960〜70年代に試みられた実践のもう一つの類型は、知育の重視である。アメリカの科学技術教育振興策の影響を受けて教育内容の現代化運動が盛んになり、保育でも幼児の科学的な体験を重視し、科学的認識を高めようとする実践が見られた。実際には、幼児期の特性から科学的な知識や概念を直接教えるよりも、遊びや生活の一環として科学的な変化や法則を試す活動、自然現象を観察する活動、飼育栽培活動などが行われた。しかし、幼児の科学的な気づきや思考の過程をとらえた指導よりも、活動を体験だけで終わらせたり、知識の内容を重視したりする実践も少なくなかった。また、ジャン・ピアジェによる認知発達の研究に基づいて、数や量、図形、集合などの概念や認識を形成する活動を数遊び、水道方式、ワークブックを用いて取り入れる園も出てきた。

　1971年の中央教育審議会答申「今後における学校教育の総合的な拡充整備のための基本的施策について」は、急進する技術革新と社会の複雑化、幼年期の早熟化に対応するために、就学年齢の引き下げ、早期の才能開発の可能性を示唆していた。現場では、幼児に対する読み書き指導への関心が一層高まったものの、何を、どの程度、どのような方法で教えればいいかわからず、安直な指導が見られることもあったという（村山, 1980）。読み書きや数にかかわる保育の方法としては、遊びや生活の機会をとらえて個別に指導する方法と、あらかじめ指導内容を決めて一斉に指導する方法が併存していた。

II　保育学のあゆみ

幼児の学習としての遊びと幼小接続

1990年代以降，保育固有の方法として「環境を通して行う」ことが制度化され，さらに遊びを積極的に幼児の学習と見なすことによって，幼児期の教育と児童期の教育をつなぐ方法論的な根拠が見出された。

1970年代には受験競争，校内暴力，不登校などへの対応が教育政策の大きな課題となり，1980年代には知識と試験を重視する画一的な教育から経験と学習過程を重視する多様な教育への転換が図られた。1989年の「幼稚園教育要領」改訂では，幼稚園教育は「環境を通して行うものである」と明記され，幼児の環境にかかわる直接的，具体的な体験と保育者による環境構成が一層重視されることになった。この点は，教科書を中心に教育する小学校に対する保育の独自性を正当づけたものと解されることがある。しかし，同時に「遊びを通しての指導を中心」とするという文言が加えられている点にも注目する必要がある。遊びが指導の中心に置かれたのは，この間の発達・理論・実践の研究成果を踏まえ，遊びが自発的な活動である以上に，幼児の「発達の基礎を培う重要な学習」と解釈され直したことによる（文部省，1989年「幼稚園教育要領」）。

「遊び＝学習」の定義は，平成期に入って幼児期の保育方法の固有性を維持しながら，幼児教育と小学校教育を接続する方向を導いた。1989年の小学校学習指導要領改訂で新設された生活科では，児童の遊びが学習活動に位置づけられ，低学年の教育方法と幼児期の保育方法の連続性が意識された。1990年代後半に小1プロブレムが問題化した後は，幼児期の遊び中心の保育方法と児童期の教科中心の教育方法の違いを前提としつつ，生活科を中心として幼児教育から小学校教育への円滑な移行を試みる実践が増えていった。

近年は，保育の改革が先進諸国における新たな関心の的になっている。1990年代以降，レッジョ・エミリア（イタリア）の幼児教育への国際的な関心が高まり，対話と表現を通して協同性と創造性を育むアプローチに注目が集まった。具体的には，プロジェクトの実践，アトリエを中心とする環境の構成，ドキュメンテーションなどの方法である。日本では，「幼児期の教育と小学校教育の円滑な接続の在り方について（報告）」（文部科学省，2010年）で，幼児期と児童期の教育活動をつながりでとらえて指導する方法が示された。幼児期終わりの時期については，人やものとのかかわりについて，幼児の興味・関心や生活な

どをふまえて教職員が方向づけた課題について，クラスやグループで経験できる活動を計画的に進めることが盛り込まれた。そこでは，言葉や多様な表現を通じて，周囲の人々とやりとりを行うことで気づきや思考を深めようとする活動が展開されるよう留意することが求められている。

*

　日本では，創設時の幼稚園は遊びを通した就学準備機関とされたが，戦前の遊びを重視する方法と実践の改革は，幼児教育と小学校教育をいったん分離して保育の固有性を確立させる方向に向かった。戦後，幼児教育と小学校教育の系統性はカリキュラムにおいて検討されてきたものの，保育方法のあり方も含めて接続が議論されるようになったのは，遊びが学習と見なされるようになった近年のことである。また，戦前の幼稚園と保育所は，急速な都市化を背景に普及した過程で，制度および方法・実践の面からも，それぞれの階級的・階層的性格を固定化させて定着した。戦後は高度経済成長期の生活水準の向上や高学歴化により，そのような両者の性格は緩和されてきたが，1991年のバブル経済崩壊後は新たな格差社会が生まれたと指摘されている。

　近年，先進諸国では，就学前教育における教育格差の解消と，国際競争力の向上のために，保育の機会と質を確保する研究と施策が進められている。知識基盤社会においては，知識の内容や量だけではない学ぶ意欲・態度・習慣をいつ，どのように形成するかという問題で，乳幼児期の遊びという学習形態への関心も高まっている。したがって，今後の日本の保育においても，格差への対応を見据えつつ，遊びを中心とする質の高い保育を実現し，幼児期の学びを児童期の学びにつなげていく方法と実践の開発が一層期待されている。

注
1)　「幼穉園開設之儀再応伺」1875年8月25日（『公文録』文部省之部，1875年）公文録・太政官「明治八年・第六十四巻・明治八年八月〜九月・文部省伺（布達）」国立国会図書館蔵。
2)　氏原鋹「女子高等師範学校附属幼稚園ニツキテ」芦屋大学附属図書館竹村文庫蔵。
3)　『東京女子師範学校規則』1881年，国立国会図書館蔵。
4)　『フレーベル会第三年報告』1899年，国立国会図書館蔵。
5)　当時はすでに，慈善事業や工場附設の保育所が各地に開設されていた。

6) 「二葉幼稚園」(『婦人と子ども』4 (10), 60-61)．
7) 明石女子師範学校附属幼稚園『幼稚園経営』(発行年不詳) 神戸大学教育学部附属幼稚園蔵．
8) 明石女子師範学校附属幼稚園『生活単位ノ保育カリキュラム』(発行年不詳) 神戸大学教育学部附属幼稚園蔵．
9) 戦時期には，教育界全体に総力戦体制への対応が要請され，一斉保育，合同保育，集団訓練の形態で幼児の自発性よりも保育者の指導を中心とする保育が増加した．保育の内容にも避難訓練，戦争を題材にした話や歌や遊戯，飛行機の敵味方を聞きわける耳の訓練（音感教育）など，戦時色が強く表れるようになった．国内で空襲が行われるようになると，園外での保育は少なくなり，室内での保育が多くなった．

引用文献

福元真由美（2011）．都市の保育に関する史的研究──アソシエーショニズムと郊外のユートピア　東京大学大学院教育学研究科博士論文

橋本美保（2013）．及川平治のプロジェクト理解と明石女子師範学校附属学校園におけるその実践　東京学芸大学紀要総合教育科学系Ⅰ, **64**.

畑谷光代（1968）．つたえあい保育の誕生　文化書房博文社

東基吉（1901）．幼児保育法につきて　婦人と子ども，**1**（1），70-71.

東基吉（1902a）．現今の幼稚園保育法につきて（説林）　婦人と子ども，**2**（9），55.

東基吉（1902b）．現今の幼稚園保育法につきて（説林）　婦人と子ども，**2**（10），53.

東基吉（1904）．幼稚園保育法　目黒書店　p. 122

平田のぶ（1936）．卒業生を送る　宍戸健夫氏蔵

巌谷小波（1900）．二葉幼稚園（参観記）　少年世界，**6**（4），9-16.

城戸幡太郎（1939）．幼児教育論　賢文館

厚生省児童局（1950）．保育所運営指針

倉橋惣三（1912）．幼児保育の新目標──京阪神三市連合保育会に於ける講演大要　婦人と子ども，**12**（10），459-478.

倉橋惣三（1934）．幼稚園保育法真諦（大正・昭和保育文献集第九巻　日本らいぶらり　東洋図書　1978 所収　pp. 27-56）．

倉橋惣三（1965）．倉橋惣三選集第三巻　就学前の教育　フレーベル館, pp. 427-437.

松本園子（2003）．昭和戦中期の保育問題研究会　保育者と研究者の共同の軌跡 1936-1943　新読書社

水野ユキ（1934）．給食日記　児童問題研究，**2**（4），30-31.

森上志朗（1984）．児童中心主義の保育　教育出版

村山貞雄（1980）．『幼児と文字』の問題　保育学年報 1980 年版，p. 12.
中村五六・和田実（1908）．幼児教育法　フレーベル会　pp. 40-51.
太田素子（2012）．幼稚園論争の回顧と展望　太田素子・浅井幸子（編）保育と家庭教育の誕生　1890-1930　藤原書店
佐藤ます（1914）．我園の郊外保育に就きて　婦人と子ども，**14**（2），69.
宍戸健夫（1989）．日本の幼児保育——昭和保育思想史（下）　青木書店
鈴木マサ（1911）．自由保育　婦人と子ども，**11**（4），42-45.
鈴木とく（1950）．街の片隅の幼児教育にも夢はある——若い保母さんに　幼児の教育，**49**，20.
高瀬慶子（1959）．集団における話しあいの指導　幼児と保育，**5**（7）．
徳永恕子（1917）．貧児保育の話（一）　婦人と子ども，**17**（6），225.
東京帝国大学セツルメント（1934）．東京帝国大学セツルメント年報，**10**，7-10.
豊田芙雄子（1929）．保育の栞（承前）　日本幼稚園協会　幼児の教育　2-3.
和田実（1910）．遊戯的手工指導法　婦人と子ども，**10**（4），27-31.
湯川嘉津美（1999）．倉橋惣三の人間学的教育学——誘導保育論の成立と展開　皇紀夫・矢野智司（編）日本の教育人間学　玉川大学出版部
湯川嘉津美（2001）．日本幼稚園成立史の研究　風間書房

第6章 保育内容とカリキュラムの変遷

柴崎正行

1 幼稚園教育の導入と保育内容の模索（1870年代）

就学前保育施設の導入の決定

日本の保育実践における保育内容や保育方法の歴史的研究のうち，導入期は主として恩物の導入と改善，遊戯から遊びへ，カリキュラムの変遷などの視点から検討されてきた（柴崎, 1997a）。

しかし，近世における日本の乳幼児の子育ては，欧米のような保育施設を頼る仕組みではなく，多くは家庭における年長者の女児の子守りによる育児方法に頼っていた。そのため，子守りを雇うことにより仕事と子育ての両立が成立している商家や豪農などの家庭も多かったという（柴崎, 1998）。また，江戸時代の末には，すでに西欧の子育ての情報が日本にも伝わっており，それをヒントにした保育施設の構想がなされるようになったことがわかっている。その代表的なものが，大原左金吾の「養育館」構想，佐藤信淵の「慈育観」構想，津山藩の「育幼院」計画などである。これらの日本に紹介された西欧の保育施設の情報については，ロシアの育児院の影響が強かったことが明らかにされている（湯川, 2001, pp. 33-38）。

明治政府が近代学校制度を公示したのは，1872年の学制においてであるが，その中で学齢未満児の幼児を保育する教育機関として「幼稚小学」が位置づけられた。その内容は，小学校以上のようにフランスの制度を吟味したものではなく，それを形式的に模倣したに過ぎなかった（日本保育学会, 1968）。それは，まだ日本が，西欧の保育施設に関しての知識も乏しく，どのような保育施設を導入すればよいのかわからないままに，学制によってその導入を決めてしまったために，急遽その中身について模索している段階であったとも言える。

学制頒布（1872年）で示された幼稚小学の規定は，その内容の編成の仕方に

Ⅱ　保育学のあゆみ

よりフランスの教育制度の育幼院を参考にしていることがわかっている（倉橋・新庄，1933, pp. 317-318）。しかし，まだ明確な方向性が決められないために，後に文部大輔となる田中不二麿は，この頃（1871～73年）に欧米視察に出かけており，欧米の保育施設を見学していた。田中はこの時の欧米各国の訪問記であるその著『理事行程』（1873年）の中で，フランスの育幼院，イギリスの幼稚学校（保育園），ドイツの幼児養育所（保育所）と幼稚園などを見学しており，保育所と幼稚園の両方を視察していたことを報告している。しかし，彼の幼児教育観は，小学就学の基礎として幼稚園を導入することが望ましいという認識であったことも明らかにされている（湯川，2001, pp. 62-77）。

ちょうど同じ1873年に，オーストリアのウィーン万国博覧会に事務官として派遣された近藤真琴は，自ら見聞してきた欧米の保育施設について，その著書『子育の巻』（1875年）において紹介し，日本にもオーストリアの育幼院（保育所）や，ドイツの童子園（幼稚園）のような保育施設を早急に設置する必要性を説いた（湯川，2001, pp. 62-77）。

幼児教育施設の導入と保育内容の模索

日本において，保育内容が整備されている保育施設として最初に創設されたのは，1875年，京都市の柳池小学校に附設された幼稚遊嬉場であった。そこでの保育内容としては，種々の玩具（立方体など），絵積み木，絵本を用意しており，婦人の保育者が，訪れる乳幼児の世話をしていたことが知られている（倉橋・新庄，1933, pp. 16-21）。

教育目的としては，幼稚遊嬉場の設立趣意書によれば2歳以上の幼児を小学校就学前まで街で放任しておくことの弊害が述べられ，その勉学態度を育成することが挙げられていた。またそこで用いられていた玩具は，ドイツから購入したことがわかっている（湯川，2001, p. 245）が，この幼稚遊嬉場は経済的な理由から1878年に閉鎖された。

ちょうど同じ1878年に，京都府では長田重遠から「農繁期に幼童が水死する不幸が多いので，幼稚院を設立し，五十音，数字，単語図等を導けばよい」と知事に建議書が出されている（岡田，1968, pp. 62-63）。その理由として，明治初年の頃から小学校の設立が始まったが，まだ就学前の幼児たちは居場所がな

く，街路で年長者と遊んで悪さを覚えたり，川や沼で遊んで水死したりすることもあったことが挙げられている。このことから，就学前対策として幼児を対象とした保育施設の必要性が広く自覚化されるようになったことが，柳池小学校附設幼稚遊嬉場の設立にもつながったと言えよう。

一方，小学校への通学が奨励されるようになると，新たに乳幼児の子守りという問題が顕在化した。就学年齢に該当する女児の多くが，家事の手伝いや弟や妹の子守りに従事していて，就学できなかったのである。この子守り問題に早くから注目し，その対策として子守り学校を創設することの必要性を説いたのが，文部大書記官（文部大臣の代理も務める）の九鬼隆一であった（宍戸，1968）。彼は，女児が子守りをしながら学校に通うことは困難であるとし，「幼稚園の原素」として子守り学校を設置することを1877年に要請した。しかし，九鬼のこうした提案は，幼稚園推進者である文部大輔の田中不二麿や東京女子師範学校校長であった中村正直らには受け入れられなかった（司，2003）。

2 保育内容の創設期（1880年代）

東京女子師範学校附属幼稚園の設立

日本で体系的な保育内容を有して開設した最初の幼稚園は，東京女子師範学校附属幼稚園である。この幼稚園では，フリードリヒ・フレーベルの恩物に基づいた体系的な保育を展開することになったが，この保育内容が取り入れられた背景には，中村正直と田中不二麿の2人の建議があった。しかしフレーベルの恩物の操作について，当時は訳された書物もなく，それを理解・実施し具現化する保姆がいなければ，2人の夢は夢のまま終わってしまう。この課題を中村らは，松野クララを主席保姆として抜擢することにより解決した。松野はドイツ人であり，日本に移住して結婚したばかりであった。彼女はフレーベル養成所の出身者であったので，恩物の操作については理解していたと思われる。しかし，日本語をほとんど話すことができなかったため，保姆であった豊田芙雄と近藤浜，保姆助手の2人に対する「保育法の伝習」は，監事（園長）であり東京女子師範学校の英語教師でもあった関信三の通訳によって伝えられた（前村ほか，2010）。関は，この時に通訳した内容を，「幼稚園創立法」としてまとめている。たまたまピアノの名手でもあった松野が，唱歌や遊戯の際にピア

ノの伴奏を行ったことは，見学者に幼稚園の保姆はピアノを弾けなくてはならないという誤解を生じさせ，それが現在でも多くの幼稚園でピアノが使用されているきっかけとなった。

東京女子師範学校附属幼稚園の保育内容とカリキュラム

開設当時の東京女子師範学校附属幼稚園の保育科目は，第一物品科，第二美麗科，第三知識科であり，その内容はすでに倉橋・新庄 (1933, pp. 68-71) によって詳細に紹介されている。この保育課程がどのように作成されたのかは，明確ではない。だが，1875 年に東京女子師範学校の第 2 代校長に就任した中村正直が創設にあたって中心となっていたことが示唆されている (岡田, 1968, p. 15)。

この附属幼稚園でフレーベルの 20 恩物がどのように受容されていったかについては，主席保姆・松野クララが指導し，監事の関信三がそれを英訳しながら，その内容を『幼稚園法二十遊嬉』としてまとめ，著書として発行した影響が大きいとされている (湯川, 2001, pp. 178-190)。この恩物を中心とした保育内容は，小学校と同じような時間割保育のカリキュラムであり，週 5 日間午前 10 時から午後 2 時頃まで行われた。各時限は 20 分から 30 分程度であった (倉橋・新庄, 1933, pp. 158-159)。それを次に示しておく。

  登園 会集
  遊戯室：唱歌
  開誘室：修身話，説話
  戸外遊び
  開誘室：恩物
  遊戯室：遊戯か体操
  昼食
  戸外遊び
  開誘室：恩物
  帰宅

東京女子師範学校附属幼稚園は 1881 年に保育課程を改正した。その内容は 20 の保育科目として保育課程表に示されているが，その科目の中に，「数え

方」,「読み方」,「書き方」が入った。

当時の附属幼稚園の主事であった小西信八は,保育内容として読み書き算を導入せざるをえなくなった理由として,保護者や小学校側からの強い求めがあったことを語っている。幼稚園では読み書きを教えてくれないので,小学校に進級しても幼稚園の効果が見られないという,保護者や小学校側の不満による申し出に応えざるをえなかったのである(倉橋・新庄,1933, p.206)。

簡易幼稚園奨励策と保育内容

当時は,保護者のわが子に対する年齢意識が低いこともあって,まだ子守りの対象になっていた5歳前後の幼児たちを小学校に入れることも多かった。そこで,1884年に文部省は,学齢未満幼児の小学校就学を禁止した。その結果,各府県では子守り学校の設立が必要になり,以後,東日本を中心にして多くの子守り学校が設立された。また,小学校の教室を改装して,小学校に附設した幼稚園の設立が推進されることにもつながった。

そのために1887年頃には,東京,京都,大阪などの都市を中心に,小学校に附設する公立幼稚園が急激に増えていった。そこでの保育科目をまとめてみると,東京女子師範学校附属幼稚園の20科目を基礎にして,各府県なりに規則を改編して保育科目を決定していた。修身の話,庶物の話,数え方,読み方,書き方,遊嬉の6科目はすべての府県で実施されていた。その反面,恩物に関する科目は山形県,山梨県,徳島県などでは,実施していなかった(湯川,2001, pp.298-321)。

このように,小学校に附設された幼稚園の保育内容は,基本として東京女子師範学校附属幼稚園を参考にしながらも,各地域の事情により様々な保育内容を含んでいたことがわかっている。1887年に設立された高崎幼稚園では「躾」が含まれていたし,またこの当時に設立された多くの附設幼稚園では「体操」が含まれていた。それは1881年に小学校の教則で,順次遊戯から体操へと移行していくという指導方針が示されたこととも関連している。しかし,1884年には幼稚園での小学校的な体操はふさわしくなく,学齢未満の幼児は幼稚園の方法によって保育すべしという文部省の方針が通達されたこともあって,幼稚園の保育内容からは次第に「体操」はなくなっていった(安斎・柴崎,1998)。

Ⅱ　保育学のあゆみ

このように，明治10 (1877) 年代後半から20年代は，各地に幼稚園が設立されていく過程で，その地区の幼児に適した保育内容を模索しながらカリキュラムを確立していった時期とも言える。

3　保育内容の精選期（1890年代）

恩物の精選と「読み方，書き方」「算」の廃止

1890年に東京女子師範学校が女子高等師範学校へと移行（1908年，東京女子高等師範に改称）されると，翌年に附属幼稚園の主事であった中村五六は規則の改訂を行った。その規則の第四条に保育内容が以下のように示された。

> 第四条　保育の課は修身，庶物，積み方，板排べ，箸排べ（環排べ），画き方，紙剪り，紙織り（紙組み），豆細工，繋ぎ方，唱歌，遊嬉とす。

中村は，読み書きは小学校に入ってからのほうが適切であり，幼児期に教える場合には多大な時間と負担を費やすことになるのでふさわしくないとして，この新たな女子高等師範学校附属幼稚園の規則から，「読み方」「書き方」「数え方」を廃止したのである。こうして読み書き算に偏することのない本来的な幼稚園教育の保育内容が明確にされた。

幼稚園の保育内容の基準がまだなかった当時としては，そのモデル的な位置を占めていた女子高等師範学校附属幼稚園が「読み書き算」という保育内容を廃止したことにより，全国の幼稚園の保育内容にも大きな影響を及ぼしていった。また，1892年には，女子高等師範学校附属幼稚園規則は全面的に改訂され，その保育内容は「説話（修身，書物，事実等），行儀（言語，動作，整頓，清潔等），手技（重積方，排置方，連結方，画方，豆細工，粘土細工，紙細工，麦藁細工等），唱歌，遊嬉とする」というように，説話，行儀，手技，唱歌，遊嬉の5科目に整理された（湯川，2001, pp. 336-339）。このことは，恩物の項目を取り上げていたこれまでの保育内容を選択的に整理し，幼稚園の保育内容として大事なものをわかりやすく示したということができる。

こうした女子高等師範学校附属幼稚園の保育内容の改訂が，全国の幼稚園に及ぼした影響を示すものとして，1893年に女子高等師範学校が行った全国50幼稚園の実態調査の結果がある。それによれば，3分の2以上の幼稚園では，「修身話」「庶物語」「唱歌」「戸内遊戯」「戸外遊戯」「積木」「排板」「排箸」

「画方」「剪紙」「織紙」「摺紙」「豆細工」「繋方」「計方」を保育内容に含んでおり，「読方」「書方」は半分程度で実施されていたという。こうして「読み書き算」が否定されていく一方で，まだ半数の園で教えていたのは，保護者の多くが，幼稚園は小学校の準備教育であるという，誤った認識による期待感を持っていたことの影響が，当時も大きかったためと言える（小山，2012, p. 21）。

そのために1895年6月には文部省普通学務局長から「保育課程中読方数方削除ノ件」という通知が，各地方長官と女子高等師範学校長宛に出された。また同12月には「幼稚園保育課程中書方削除ノ件」が普通学務局長から三重県令に出された。こうして1899年の「幼稚園保育及設備規程」の保育内容からは，「読ミ方，書キ方，数エ方」が幼稚園教育の趣旨に適合しないとして完全に削除されたのである（湯川，2001, p. 349）。

「幼稚園保育及設備規程」の制定

1896年に女子高等師範学校附属幼稚園保姆会を母体として結成された保育研究団体であるフレーベル会（会長は女子高等師範学校長の高嶺秀夫，監事は同附属幼稚園主事中村五六）は，1899年2月に，幼稚園に関する教育令の発布と，保姆の待遇改善を建議書により文部大臣に要求した（岡田，1969, pp. 174-175）。

その建議書の中で，幼稚園の保育内容は，「説話」「唱歌」「遊嬉」「手技」「模習」の5項目とし，1週間におけるそれぞれの保育時間を，説話（2～3時），唱歌（2～3時），遊嬉（10～18時），手技（3～4時），模習（1～2時）が適切であるとした（岡田，1969, pp. 175-176）。

こうした建議を受けて，1899年6月には「幼稚園保育及設備規程」が文部省令として制定され，保育内容としては「遊嬉」「唱歌」「談話」「手技」の4項目を中心に行うものとされ「模習」は採用されなかった。ここに日本で初めて保育内容の基準が示され，各園でカリキュラムを編成する時の時間数が示されたのである。

これまで保育内容や保育設備に関する国の基準はなかったので，女子高等師範学校附属幼稚園規則が一つのモデルとしての役割を果たしてきたが，この規程は幼稚園の規模，保育内容や施設・設備に関する初めての規程であり，その意義は大きいものがあった。

この規程は 1900 年には「小学校令施行規則」の中に発展的に吸収され，1926 年に幼稚園令が公布されるまで，日本の幼稚園のあり方を示すものとして大きな役割を果たしていく。またこの規程の中には，幼稚園の対象は満 3 歳から小学校就学までの幼児とすることや，保姆一人の保育する幼児数は 40 人以下とすることなど，現在まで大きな影響を与えてきた基準も含まれていた。

保育現場における保育内容の改善への取り組み

明治 20 (1887) 年代に幼稚園は各地で急増したが，その連携・親睦・研修や研究集会のために，組織的な研究会が組織されていった。全国に先駆けて結成されたのは，1889 年の京都市保育会であり，その後 1894 年には東京市保育法研究会（1896 年にフレーベル会と改称），1897 年に大阪市保育会，1900 年に神戸市保育会が結成された。また 1897 年には神戸・大阪・京都の京阪神連合保育会が結成され，のちに岡山市を加えて関西連合保育会へと発展した（水野, 1969a）。

このように，各地で幼稚園の支持者たちや保姆が中心となって研究会を組織し，自分たちの保育実践を見直す機運が高まってきた中で，保育内容の見直しも進められていった。その意味では，明治 30 (1897) 年代は，日本の幼児教育が翻訳された欧米流の保育理論を脱却して，日本の幼児に適した保育実践を追求し始めた時期でもあるとも言える。

1898 年に報告されている京都市の公立幼稚園の保育時間の配当表によれば，自由遊戯が週に 490 分，共同遊戯が 270 分で，両者で週の保育時間の半分以上を占めていた。このことから，手技や唱歌，談話などのように幼児に緊張を強いる活動の後には，必ず遊戯を入れることにより，その緊張感を解放することを大切にしていたことがわかる（柴崎, 1996a, p. 58）。

また，1900 年に神戸の頌栄幼稚園では藤棚などの下に砂や小石を置くとよいことを提言し，さらにこれを発展させた形で，1903 年の京阪神連合保育会の研究発表の中で，兵庫の保姆が粘土細工は材料が乏しくて実践しにくいので，その代わりに藤棚などの下に枠で囲って海砂を満たすことにより砂遊びの装置を作ることで代用できることを提案している。この提案は関西地区を中心に砂場遊びの実践として急速に広がっていった。こうして遊戯の時間の増大や戸外

遊びが充実して展開されるようになると，保育内容も大きく変化していくことになった（柴崎，1996a, p. 58）。

また大阪の愛殊幼稚園の保育記録を分析してみると，明治30 (1897) 年代の後半には「摺紙」と「貼紙」，「縫取」と「貼紙」，「貼紙」と「画方」というように，恩物同士を混用して使用する機会が増加したことや，積み木の時間に幼児が共同で遊ぶ姿がしばしば観察されるようになったことが報告されている（小山，2012, pp. 31-44）。

4 遊びや生活を重視する保育内容への転換（1900～30年代）

恩物主義からの脱却と自由遊戯の広がり

1890年代のアメリカでは，形式的な恩物中心のフレーベル主義への批判が強まっていた。そうした背景には，スタンレー・ホールやジョン・デューイなどの進歩主義的な科学的児童学運動の展開がある。彼らは社会や環境とのかかわりを通して発達していく子ども像を理想としていた。すなわち，学校や幼稚園の教室や保育室から子どもたちを解放し，戸外で遊ぶことや，遊びの中での自由な発想や展開を重視する保育実践に価値を置いていた。こうした子ども中心の児童観は，アニー・L・ハウなどのようにアメリカで学んできたキリスト教保育の関係者や，子どもの成長を総合的に研究するために1898年から発行された子どもの総合専門雑誌『児童研究』誌により紹介され，日本でも次第に広く理解されるようになっていった（柴崎・安斎，2003）。

また，キリスト教幼稚園の理論的指導者となったハウの勤めていた神戸の頌栄幼稚園では，こうしたアメリカの進歩主義的保育カリキュラムを取り入れて，幼児の生活に沿ったテーマでカリキュラムを編成するようになっていったし，広島女学校附属幼稚園では，アメリカ婦人宣教師たちによってこうした進歩的な試みが導入され，明治30 (1897) 年代には幼児本位の活動を重視する保育案を作成するようになっていった（橋川，2003, pp. 333-343）。

1900年に東京女子高等師範学校の助教兼附属幼稚園批評係に任命された東基吉は，こうしたアメリカの進歩主義的保育理論の模倣のみならず，実践をふまえながら幼児の自然な活動の実現をめざして，具体的な形で恩物の改善を提示していったが，保姆たちはなかなか理解を示さなかったという。しかし，講

演や執筆を通して改良に意欲的な保姆たちから支持されるようになり，幼児の自由な活動の理解は保育現場に次第に広まった（小山，2012, pp. 27-30）。

また，1906年に，女子高等師範学校附属幼稚園に東の後任として赴任した和田実は，恩物の操作や，共同遊戯などの活動が形式的に行われるようになり，子どもたちに圧迫感を与えていることを批判した。そして，自由遊戯における子どもたちの経験的な観察力や模倣力，さらには繰り返し練習することにより獲得する技術や知識が，自己の身体内に蓄積された時に小学校以上の学習の基礎になっていくと主張した（森上，1984, pp. 97-104）。この主張は現在の学び論と重なる考え方であるとも言える。

こうして明治30（1897）年代において恩物の形式的操作の見直しが積極的に行われるようになり，また遊戯は，みんなで踊る共同遊戯と，自由に遊ぶ自由遊戯に区分され，後者が次第に重視されるようになった。自由遊戯の広がりと，それを保障するための戸外遊びの重視は，次第に園庭の保育環境の改善を促すことになった。それまでは園庭は狭く，築山や走り回れる空間はわずかに存在していたが，長い時間を園庭で過ごせるようにと，次第に園庭を広くしてそこに固定遊具が置かれるようになっていった。

1907年頃には，固定遊具としての「砂場」「ブランコ」「滑り台」などが設置され，子どもたちも長い時間遊んで過ごせるようになった。こうした園庭の改善により，多くの幼稚園では特に自由遊戯という時間を設けることがなくなり，朝の会集までの時間や，昼食後の時間，帰りの会までの時間に，幼児を戸外で自由に遊ばせておけるようになった。その遊びの内容としては，「ブランコ」「シーソー」「砂遊び」「ままごと」など，現在でも見られるような戸外遊びが展開されるようになった。さらに1907年を過ぎる頃には，こうした自由遊戯が室内でも試みられるようになり，「人形遊び」「積み木遊び」「船」「木馬」「お店屋さん」などの遊びが次第に室内でも見られるようになった（柴崎，1996a）。

身体活動の重視

日本は1894～95年にかけて日清戦争，さらに1904～05年にかけては日露戦争を体験した。こうした戦争体験を通して国は，それまでの工業社会を目指し

た知識注入主義の学校教育を見直し，将来の日本の軍隊を担う子どもたちの体力の増進を重視する教育へと方向修正をした。その修正の一つが，戸外運動の重視であり，その中には運動会の重視が含まれていた。

1907年から，小学校はそれまでの4年制から6年制へと移行し，体操が重視されるようになった。そのために，学校の校庭が運動場として機能することが求められるようになり，それまでの地域中心の連合運動会ではなく，小学校では広くなった校庭で単独の運動会も開催されるようになった。こうした運動会では，現在でも行われているような綱引き，騎馬戦，玉入れ，リズムダンスだけでなく，縄跳びやデッドボール（ドッジボール），バスケットボールなども行われていた。そして運動会は，生徒にとっては楽しみな行事の一つになっていった（吉見ほか，1999）。

幼稚園の園児たちも，明治の終わり頃には，こうした地域の運動会や小学校の運動会に招待されて，遊戯を踊って披露することが行われるようになった。こうして大正時代（1912～26年）には，多くの幼稚園が地域や小学校の運動会に招待されて参加するようになったが，園として独自に運動会を開催することはほとんどなかった。すなわち大正から第二次世界大戦前において幼稚園が参加した運動会は，体力をつけることを目的とした体育的な活動というより，むしろ当時多くの幼稚園で行われるようになった体力の増強を目的とする遠足の延長であった。近くの小学校や女学校などに招待されてみんなで歩いて行き，そこで遊戯を披露してご褒美にお菓子などをもらって帰ってくることがその内容であった（柴崎・田代，1992）。

このように大正期には幼稚園教育も身体の育成に関心を抱くようになり，それが園外保育や遠足，さらには運動会などを促すことにつながった。こうした外遊びの重視によって，子どもたちは自然や生き物に対しても関心を抱くようになり，そのことが保育内容やカリキュラムに，大きな影響を与える結果となった。

身体活動を重視する新たな保育活動の隆盛

こうした身体活動の重視の流れの中で，大正時代の中期から新たな活動方法が提案され保育現場に広がった。その一つが，土川五郎の律動遊戯および表情

遊戯である。律動遊戯とは子どもにふさわしいリズミカルな歌曲に動作を振りつけたもので、表情遊戯とは童謡などに動作を振りつけたものであった。この活動は、当時の形式主義的な集団遊戯の型を打破し、幼児の心身に適した理想的な活動として全国に普及した。また1921年に創刊された月刊雑誌『コドモノクニ』では、北原白秋、野口雨情、西条八十、浜田広介らの著名な作家が童謡を担当し、土川は主な作品に童謡遊戯のための振りつけ解説を書いている。こうして律動遊戯や表情遊戯は、倉橋惣三の支持もあって全国に広がった（水野、1969b）。1923年、スイスの音楽家エミール・ジャック＝ダルクローズからリトミックを学んで帰国し、それを日本中に広めた成城幼稚園主事の小林宗作の活躍もこの時代である。

　もう一つがマリア・モンテッソーリの教育法である。この方法も身体感覚を重視した教育法であり、1912年に『萬朝報』が日本に初めて紹介した。それをきっかけとして、倉橋惣三や野上俊夫、河野清丸などがその具体的な内容を紹介し、保育現場に広く知られるようになり、モンテッソーリ教育に対する保育現場の関心は高まっていった。そして神戸幼稚園では望月くにを中心にして、その教育方法を取り入れる研究を行い、近畿地方を中心としてモンテッソーリ教育は広まっていった（森上、1984, pp. 97-104）。

総合的なカリキュラムの提唱

　アメリカで、幼稚園の保育と小学校低学年の学習をつなぐために、コロンビア大学のパティ・S・ヒルらにより提唱され話題になったのが、「コンダクト・カリキュラム」である。1910年代にこうしたカリキュラムが必要になった背景には、幼稚園と小学校低学年とを効率よく接続させるべきであるという、アメリカ的な学校教育の効率的科学化運動の流れが存在した（橋川、2003, pp. 358-359）。

　こうした動きは日本にも影響し、1911年7月に「小学校令施行規則」が改正され、保育規定のうち保育事項が削られると、大正期の保育内容は、「遊戯」「唱歌」「談話」「手技」という保育4項目の伝統を基礎にしながらも、かなり自由なカリキュラムが編成されるようになった。

　またこうした大正時代初期のカリキュラムの自由化運動は、それまで恩物や

時間によって規定されていた幼稚園の保育実践を見直し，子どもの関心を活かして総合的に展開する新たなカリキュラムを各地で構築する結果となった。

　その第一は，森川正雄のプロジェクト・メソッドである。1914年に奈良女子高等師範学校附属幼稚園の第2代目の主事に就任した森川は，子どもたちの積極的な学習を重視し，幼児が自らの興味と意志に基づいて取り組むことを基本とするプロジェクト法を保育に取り入れた。教師は子どもたちの取り組みをよく観て，そして，幼児がより適切な選択をし，それを自分たちで展開していけるように指導した（高月，2010, pp. 40-93）。

　第二に，明石女子師範学校附属幼稚園の主事であった及川平治は，1907年から生活を重んじる保育を実践し，子ども自身の生活経験を通して，知性・感情・身体を発達させていくことを大事にした。そして，こうした幼児の生きた経験に基づく発達を保障するために，外遊びを重視し，幼児が自然や社会に直接触れていく「分団式教育」を提唱した。これは，子どもたちの集団は，個人でもなくクラスでもない，いわゆる適度なグループ（分団）により活動に取り組む時に，生活経験をしやすいことを基礎にした教育論であった。

　また，大正から昭和にかけて，大阪の池田市において橋詰良一が始めた「家なき幼稚園」も，幼児を郊外の自然の中でのびのびと遊ばせようとした実践であり，各地に自然の中で遊ぶことを重視する保育実践を生み出した（橋川，2003, pp. 466-469）。

　第三に，倉橋惣三と東京女子師範高等学校附属幼稚園との実践がある。倉橋は，1917年に附属幼稚園の主事になったが，1920～22年にかけてアメリカに留学し，ジョン・デューイやヒルから影響を受けたと言われている。彼の子ども観は，幼児の自発的生活を尊重し，幼児は相互的生活をする中で発達していくというものであり，また幼児の生活を分割しないようにするというものであった（森上，1984, pp. 257-260）。

　彼のカリキュラム論は，1934年に『幼稚園保育法真諦』として著され，さらに53年に『幼稚園真諦』として出版された。その第三編では「保育過程の実際」という章を著し，幼児の自然な生活を大事にしながら，その中で保育者の大事にしたいテーマが個からクラスの幼児たちへと広がっていき，それが自由遊びとして幼児に共有されていくという誘導保育論を提唱している（倉橋，

2008)。こうした誘導保育案としては「人形の家」や「虫の家」などのテーマがよく知られている。

　こうして自由遊戯，誘導保育，課程保育というように生活が充実・発展し，再び自由遊戯へと戻っていく生活の仕組みを，倉橋は「系統的保育案」としてまとめた。そしてこの系統的保育案を実践したのが，当時の附属幼稚園の保姆たちであり，その数年間にわたる実践は『系統的保育案の実際』として刊行された（小山, 2012, pp. 192-205)。

幼稚園令の制定と保育5項目
　明治末からの仏教系の私立幼稚園の増加もあって，幼稚園の数は1925年には国公立が325園，私立が608園の計933園にもなっており，その園児数は8万人を超え，教員数も2913人であった（文部省, 1979, p. 131)。こうした中で盲学校や聾学校が，小学校令から独立した法律を公布されたことから，幼稚園関係者からも法令的に独立したいという意見が多く出されるようになっていった。そして1921年の第3回全国幼稚園大会において，幼稚園令の公布と幼稚園令施行規則の制定を宣言した。こうした関係者の努力もあって，1925年の第50回帝国議会において，「幼稚園令及同施行規則ニ関スル建議案」は採択され，1926年に公布された。

　公布された幼稚園令の特色は以下の点である（村山, 1969)。
① 対象は3歳から小学校就学までの者。必要な場合には3歳未満の幼児も可能。
　その場合には，相当の設備を備えること。
② 保育内容としては，「遊戯，唱歌，観察，談話，手技等」とした。
③ 幼児数は120人以下とし，特別の事情がある時は200人まで可能。
④ 保育時間は，地域の事情によっては夕方まで認めることにより，託児的機能を含めた。

　1925年に文部省が全幼稚園933園を対象に行った保育内容の調査によれば，全園で遊戯が実施されており，唱歌は2園，談話は3園，手技は13園を除いて，他のすべての園で実施されていた。また大正時代に入ると，園外保育が多くの園で盛んに取り上げられるようになり，幼稚園から外に出て自然にふれ，

直接経験を広めることが有効な保育方法であるとして認識されるようになっていた。そのため，園芸（草花の栽培と世話）や動物（兎や小鳥など）の飼育も行われるようになっており，その意味では観察が保育内容に入ったことも当然のことであった。また「等」の一字により，各園においてその他の保育内容を含めることも可能になり，保育内容の実態に対応できる法令でもあった。

生活を主題にした年間カリキュラム案の広がり

大正期から昭和初期にかけて，各園のカリキュラムの編成の仕方に大きな変化が見られるようになった。それまで幼稚園では，保育カリキュラムは，週単位で保育4項目の内容をどう時間的に配置するかという方法で考えられてきた。しかし，生活を主題にするような保育に変化してきたことで，月を単位としてカリキュラムを考えるようになってきた。さらには，月ごとに考えるよりも1年間を見越して，年間カリキュラムを編成するほうが全体の流れがわかるとして，年間カリキュラムを編成する園も出てきた。

その中心となったのが，東京女子高等師範学校附属幼稚園の系統的保育案や，奈良女子高等師範学校附属幼稚園のプロジェクト法，また明石女子師範学校付属幼稚園の分団式教育などの影響を受けた園であった。それらの園では，月ごとに子どもの関心を惹きそうな主題を設定しておき，さらに毎週の保育のテーマを決めておき，そのテーマに関係する保育内容を遊戯，唱歌，談話，観察，手技などの項目の中から選択して展開していった。

こうして昭和10（1935）年代には，月や週という単位で子どもたちの関心を惹く主題を設定し，それに沿って系統的に保育項目の具体的な内容を配置していくという計画の立て方が，全国的に広まっていった（柴崎，1993）。

5　託児所の保育内容とカリキュラム

日本の第二次世界大戦前の幼稚園における保育内容やカリキュラムの変遷については，以上のような研究がなされてきたが，保育所の歴史については，託児所の定義が曖昧なこともあって，残念ながらまだ明確になっていない部分も多い。そこで現在の時点で，保育所に関して検討され明確になっている保育内容やカリキュラムについて，次に記しておく。

Ⅱ　保育学のあゆみ

赤沢鍾美の「新潟静修学校」の保育内容

　日本で最初の託児施設は，赤沢鍾美(あつとみ)の「新潟静修学校」に付設のものとされているが，その保育内容は『私立守孤扶独幼稚児保護会創立以来四十八年間ノ沿革概要』に書かれている。それによれば，そのきょうだいが学校を終えるまで，別室において赤沢の妻・仲子が幼児を保護して家族のように待遇したという。そこでは無料で保育し，玩具や昼食を与え，手芸，唱歌などを教え，愛撫訓育したと書かれている（宍戸，1969, pp. 114-118）。

貧児幼稚園の保育内容

　明治時代の幼稚園は富裕な家庭の子弟が多く，労働者階級の親は子どもを幼稚園に入れることはできなかった。そこで保育料を安くし，労働者階級の子どもたちも含めて広く子どもたちが入れる幼稚園のモデル園として，1892年に女子高等師範学校附属幼稚園の分園が設立された。

　この分園は定員を50人とし，保育時間は週30時間以上40時間以下とし家庭の事情に応じて選べた。毎日の保育は朝8時から午後2時までとし，附属幼稚園本園よりも長かった。また保育料は無料とし，誰でも入れるようにした。実際に親の職業は，大工，車夫，鍛冶職，消防夫など多様であった。

　その保育内容は，説話（修身など，実事），行儀（言語，整頓，動作，清潔など），手細工（重積方，豆細工，排置方，粘土細工，連結方，紙細工，描き方，麦細工など），唱歌，遊戯の5項目とし，行儀が含まれていた。また当時の保姆であった下田たづ子が詳細な手記を残しており，実際には戸外遊戯が全体の70％という時間を占めていたという。その遊びとしては，かごめ，角力，砂かき，独楽回し，毬つき，鬼遊びなどであったという（宍戸，1969, pp. 126-132）。この附属幼稚園の分園は，その後「二部」と改称され，託児的幼稚園のモデル園としての性質を失い，その本来の役割を果たすことなく大正時代の初めに閉園した。

　1900年に野口幽香と森島峰は，東京の下町であった麹町に貧児のために二葉幼稚園を設立した。最初は小さな借家を改装した園であったが，賛同者の寄付などにより次第に発展していき，1906年には四谷に移転し，1913年には300人を超す園児が在籍した。そして1916年には，二葉保育園と改称して，託児機能を中心とした施設となった。

第6章　保育内容とカリキュラムの変遷

　この二葉幼稚園の保育内容は，遊戯，唱歌，談話，手技の4項目とし，保育時間は1日7時間から8時間とした。保育内容は1899年の「幼稚園保育及設備規程」と合致していたが，保育時間は大幅に長く設定されていた。また園の報告書には，恩物を揃えることができないので木片を積んで遊んだり，言葉や衛生の指導を保育の重点にしていたことや，園外保育を重視し，家庭との連携に苦心していたことが記されている（宍戸，1969, pp. 213-224）。

　このように貧児や一般家庭児を対象にした保育を展開する時には，富裕階層の子どもたちのみを対象にしているのとは違い，園だけでは対応できない問題と直面することが多く，そのことが家庭との連携を含んだ保育実践の必要性を示唆していた（中島ほか，1994）。このことは，その後に各地に託児所が設立していく時にも，家庭の協力がなかなか得られずにその対応に苦心していくことにもつながっていった。

各地に設立された託児所の保育内容

　明治時代後半に日本においても工業が発達し，数は少ないが，大きなマッチ工場，煉瓦工場，紡績工場などには，工場内に託児施設が設置されるようになった。記録に残っている施設としては，東京紡績（後の大日本紡績）深川工場内に設けられた託児所（1894年頃），東京の鐘ヶ淵紡績株式会社の附属幼児保育所（1900年），香川県高松市のマッチ工場に付設された幼児保育所（明治30年代頃），埼玉県大里郡の月本煉瓦製造株式会社大寄工場に附設された幼稚園（1906年），東京の富士瓦斯紡績株式会社小名木川工場に附設された保育所（1907年），などがある（宍戸，1969, pp. 213-224）。残念ながらこれらの託児所の保育内容に関する記述は発見されていない。

　保育内容がわかっているのは，1908年に岡山県倉敷において倉敷紡績株式会社20周年記念事業として工場内に設立され，一般の人たちも利用できた保育所である。さらにこの会社では，1925年には隣接地にその保育所を移転し，「若竹の園」と名称を付けた。「若竹の園」は現存しており，その保育内容も研究されている。それによれば，月組は満4歳以上で50人定員，星組は満2歳以上満4歳未満で30人定員であった。この2組を4人の保姆が保育し，保育時間は午前6時から午後6時までの間の10時間とし，月組は弁当を持参し，

星組は給食とした。また家庭での生活の改善と保育の完成のために随時，親の会や協議会を開催した（溝手，2010）。

当時の日誌によれば，1日の保育内容は，月組は「登園―自由遊び―会集―仕事―自由遊び（時間があれば）―昼食―自由遊び―間食（午後3時）―降園（居残りの子どもは自由遊びしてから降園）」，星組は「登園―自由遊び―会集―仕事―自由遊び（時間があれば）―昼食―自由遊び（星組希望者のみ昼寝）―間食（午後3時）―自由遊び―迎え・降園」となっている。またその保育内容は，お話し（お伽話，自然界や科学の話），手技（フレーベルの恩物を年齢に応じて実施），室内遊び（ヒル氏の積み木，お家，ままごと道具），歌・遊戯・リズム（蓄音機やオルガンによる伴奏），戸外遊具（スベリ台，ブランコ，シーソー，砂場など），園外保育（近くの山に行き，木の実や草花で遊ぶ）であり，当時の幼稚園の保育内容を参考にしていたと思われる（高月，2010, pp. 167-173）。

託児所の急増とその保育内容

1926年には全国で293園にすぎなかった託児所であるが，1936年には1495園というように，急速にその数を増やしていった。1919年に大阪市が米騒動をきっかけとして公立託児所を設立したのを契機として，東京，京都，神戸などの大都市でも，公立の乳児保育所や託児所を設置して牛乳の配布を行ったが，このことが公立保育所の設置につながった。この政策は，先進国として乳児死亡率を減らしたいという国の必要性によっても促進されていた。また地方では，地域の農繁期中の託児事業に保育現場が協力することで，たくさんの農繁期季節託児所が臨時に設置されていった。こうした託児所の多くは，戦後は公立保育所として整備されていくことになった。

6　新たな保育内容の模索期（1940～50年代）

青空保育の実践

第二次世界大戦中は，都市部においては多くの保育所や幼稚園が被災し，保姆の多くが軍需工場に動員されていったために閉鎖を余儀なくされた園も多い。また多くの子どもたちが戦災を逃れるために地方に疎開して，苦しい生活を余儀なくされた。

そして1945年，終戦を迎えた時には，かなりの園が焼失しており，園舎もない中での再出発となった。子どもたちが疎開先から戻り，また父親が復員兵として戻ってくると，子どもの数は急激に増え，仕事を探す両親のもとで保育所や幼稚園の必要性が急激に高まっていった。

そのために保育者たちは，焼け残った学校や公民館の一部を借りたり，屋根だけをつけた仮園舎を作ったりして保育を再開した。また公園を園舎代わりにして，晴れの日は開園し，雨の日は休むという青空保育を展開した園も多かった。

そこでの保育内容は，遊具が乏しかったので，戦前から行われてきたお遊戯や談話，自由遊戯などが中心であった。談話の内容としては，戦前によく話されていた国家主義的な話や戦意高揚的な話，鍛練的な活動などは，意図的に排除されていった（岡田ほか，1980, pp. 9-11）。

保育の二元行政と「保育要領」の刊行

戦前は幼稚園は文部省の管轄であったが，託児所は慈善事業とされていたので，その管轄が明確ではなく，すでに述べたように，保育内容については幼稚園を参考にしていた。1938年に社会事業法が成立すると，第1条の2において，育児院，託児所その他の児童保護をなす事業が対象であることが示され，託児所は社会事業の対象施設となった。

戦後に託児所と幼稚園をどのように位置づけるかという問題が生じた時にも，託児所は社会事業の対象であったことから，中央社会事業委員会が託児所の内容を検討し，保護者が労働などで子育てができない場合にその子どもたちを入所させる児童福祉施設として位置づけられた。このため保育所は児童福祉法（1947年）の対象とされ，厚生省の管轄となった。一方，幼稚園は学制以来，学校として位置づけられており，文部省の管轄とされていた（1947年）。

1947年3月に小学校，中学校について現場の教師の手引き書として「学習指導要領」が発行されたが，幼稚園でもこれを作成することになり，文部省に「幼稚園教育内容調査委員会」が発足し，連合国軍司令部の初等教育係のヘレン・ヘファナンがその担当官となった（岡田ほか，1980, pp. 30-43）。そのアドバイスを受けながら，倉橋惣三，坂元彦太郎，岡田正章，山下俊郎，小宮山栄一

といった学者や，副島ハマ，吉見静江といった厚生省関係者も参加して，1948年2月に「保育要領」が完成した。この保育要領における保育内容は，以下のようになっていた。

　　幼児の保育内容——楽しい幼児の経験
　　1　見学／2　リズム／3　休息／4　自由遊び／5　音楽／6　お話し／7　絵画／8　製作／9　自然観察／10　ごっこ遊び・劇遊び・人形芝居／11　健康保育／12　年中行事

　この保育要領は，それまで長く行われていた保育項目によって保育内容を示すことをやめて，楽しい幼児の経験により保育内容を示すことにした。この背景には，倉橋らの取り入れた，幼児の興味を重視するアメリカの新教育運動の影響があったと言える（東京都公立保育園研究会，1980）。

　この保育要領は幼稚園だけでなく，保育所や家庭の乳幼児も対象としており，全国各地で開催されたその説明会では，保育所関係者であった小山田幾子と植山つるも講師として参加した。

　だが，この保育要領とは別に，厚生省は児童福祉法に基づき1948年12月に「児童福祉施設の設備及び運営についての最低基準」を定めた。これにより国は，保育所も児童福祉施設の一つとして，その設置を認可制としたのである。その認可に際しての保育内容に関する基準は，保育所の1日の保育時間は8時間を原則とし，その地方における乳児または幼児の保護者の労働時間その他家庭の状況等を考慮して，所長がこれを定めるとされた（児童福祉施設最低基準第34号）。また保育内容は，健康状態の観察，服装等の異常の有無についての検査，自由遊び，昼寝，健康診断とされた（児童福祉施設最低基準第35号）。

「幼稚園教育要領」の刊行と保育内容の混乱

　戦後の保育所と幼稚園は，保育内容の基準を保育要領に依拠して，再出発することになった。しかし，学校教育法第1条に規定されたように，幼稚園は法律上は学校であることが明示されたので，小学校以上との整合性を図るために，教育課程を作成することになり，その基準となる「幼稚園教育要領」を作成することが決められた。1951年にそのための作成委員会が設置されて審議が始められ，1956年3月に「幼稚園教育要領」が刊行された。

この教育要領は，次のような五つの特質を有していた（文部省，1979, pp. 336-337）。

① 幼稚園の教育課程のための基準を示したものである。
② 学校教育法に掲げる幼稚園の五つの目標に従って，その内容を「健康」「社会」「自然」「言語」「音楽リズム」「絵画製作」の6領域に体系的に分類した。
③ 幼稚園の保育内容について，小学校との一貫性を持たせようとした。
④ 個々の具体的目標として「望ましい経験」を示し，領域によって指導を組織的に考え「指導計画」を立案するよりどころとした。
⑤ 幼稚園教育における指導上の留意点を明らかにした。

さらに文部省では，幼稚園現場での理解を図るために，幼稚園教育指導書を健康編，社会編，自然編，言葉編，絵画製作編，音楽リズム編というように，次々と作成して発行していった。

こうした文部省の一連の動きに対して，厚生省児童局では，1950年9月に「保育所運営要領」を刊行した。この運営要領は，最低基準に示されている保育内容の規定部分の解説書という性格を持っていた。そのために同書は，保育所を運営するための指針として，「保育所保育指針」が刊行されるまで，広く利用されることになった。

このように1955年前後は，「保育要領」，「幼稚園教育要領」，「保育所運営要領」などが次々と刊行され，保育現場でも保育計画をどのように作成すればよいのかという混乱が生じていた。実際に当時の保育案を分析した結果では，戦前から広く行われていた主題と単元により生活を見通した誘導保育案が多いが，その保育内容が保育要領の楽しい経験によって構成されているものや，幼稚園教育要領の6領域で構成されているものなど様々であり，まさに混乱していた（柴崎，1996b）。また当時，指導主事の立場にいた山村きよはその混乱ぶりを振り返って，「（小学校の）指導主事の多くは，（幼稚園教育要領の）6領域を小学校の教科と同じように受け取り……，1週間のカリキュラムに言語は何時間，社会は何時間配分すればいいのかとなってしまいました。……6領域を教科的なものと解釈した人が多かったために，先生中心の保育になってしまいました」と述べている（岡田ほか，1980, p. 145）。

保育雑誌の発行と保育内容の多様化

1956年に刊行された幼稚園教育要領では，指導計画を作成することの必要性が述べられたが，実際に保育現場では領域のとらえ方もまだ理解されておらず，指導計画をどう作成すればよいかわからずに混乱が生じていた。そこで，当時の幼稚園教育関係者や保育所関係者が，出版社と提携して研究会を作り，現場が参考にしやすいような指導計画の例を毎月掲載する保育雑誌を刊行するようになった。

1952年4月に発刊された『保育カリキュラム』は保育現場で中心的に活躍していた人々，1953年10月に発刊された『保育ノート』は愛育関係者，1955年4月に発刊された『幼児の指導』は全国各地の幼稚園関係者，同じく1955年4月に発刊された『幼児と保育』は教員養成大学やその附属幼稚園関係者，1956年4月に発刊された『保育の手帳』は学者や保育現場の中心的な人々，という具合に，保育現場の中心的な人たちや養成学校関係者，幼児教育関係の学者などにより，毎月の指導計画の例が作成されて掲載された（柴崎，1997b, pp. 66-69）。

保育所と幼稚園における保育内容の共有

このように，保育所と幼稚園の保育内容が，その基準性の複数化により混乱をきたし，小学校に進学した時に保育所の保育内容で大丈夫なのかという不安を保護者が抱くようになった状況を見て，当時の文部省初等中等教育局長の福田繁と厚生省児童局長の黒木利克は，1963年10月28日に「幼稚園と保育所の関係について」という共同通達を行った（池田・友松，1997）。この共同通達の趣旨は，地域により保育所や幼稚園のどちらか一方が多いという実情の中で，幼保の制度的一本化を図るのではなく，まず保育内容面での一元化を図ることで保育所の保護者の不安を解消しようとしたものである。具体的には，保育所の持つ機能のうち，教育に関するものは，幼稚園教育要領に準ずることが望ましいとした。また保育所保母が幼稚園教諭の資格を取りやすくするなどの方向性も示された。この共同通達が根拠となり，1965年以降は幼稚園教育要領と保育所保育指針における3歳以上の保育内容が共通化されるようになるなど，その影響は大きかった。

7 保育内容の拡大期 (1960〜80年代)

「幼稚園教育要領」の改訂

1964年に，文部省は「幼稚園教育要領」を改訂した。この改訂では，6領域によって保育内容を示すという方法は維持されたが，それまでの望ましい経験を示すというとらえ方から，望ましい経験や活動を示すというとらえ方に転換することにより，具体的な活動を展開していく中でどのような経験を大事にするのか，その望ましさの基準を示すことで経験の適切性を判断できるようにした。

またこの改訂により，幼稚園でも教育課程を編成することの必要性が明示され，それまでは指導計画の作成のみで示されていた計画の作成を，教育課程と指導計画という2本立てで実施していくことが示された。しかし，教育課程をどのように編成すればよいのかについての具体的な記述がなかったために，幼稚園の現場では，学年ごとの年間指導計画を1冊にまとめて教育課程と見なすなどの混乱が生じた（柴崎，1997b, pp. 288-289）。

こうした実態を踏まえて，文部省では改訂した幼稚園教育要領が幼稚園現場で正しく理解されるようにという意図で，幼稚園教育指導書として「幼稚園教育指導書一般編」を作成して発行し，その後各領域ごとに指導書を作成し発行していった。

「保育所保育指針」の通達

1964年に幼稚園教育要領が改訂されると，厚生省では翌65年に「保育所保育指針」を作成し，児童家庭局長名で都道府県に通知した。その内容は，保育所の保育内容を全般にわたって系統的に記述した。特に，保育所の保育内容の特徴として，養護と教育の一体性を取り上げ，家庭保育の代替という保育所の機能は養護という側面を欠かすことができないとし，その内容としては身体的，精神的な側面からとらえた養護的な活動が具体的に示された。また乳児から学齢前の幼児を七つの年齢に区分して，その年齢ごとに保育内容を示した（柴崎，1997b, p. 334）。これは，幼稚園教育要領の保育内容の示し方とは全く異なる示し方であった。また1963年の共同通達に従い，3歳以上の保育内容は幼稚園

教育要領と矛盾しないように示されていた。保育指針におけるこうした保育内容の示し方は，その後1990年，99年の改訂へと引き継がれていった。

保育所の保育内容の拡大

昭和30（1955）年代は日本にとって高度経済成長時代となり，地方から多くの若者が工業地帯や大都市へと就職し，多くの核家族家庭を築いていった。こうした核家族層では共働きをしようとしても子どもを預かってくれる家族がいないために，保育所の必要性は一気に高まっていった。そのために名古屋や東京といった大都市では，特に乳児保育や延長保育の必要性が高くなり，その当時はまだめずらしかった0歳児の保育も含めて，乳児保育や長時間保育の内容や方法に対する研究や実践が盛んになった（東京都公立保育園研究会，1997, pp. 65-121）。

また昭和40（1965）年代になると，それまでは保育の対象となっていなかった障がい児を受け入れる保育所や幼稚園が次第に増えていき，またその保育実践の内容や方法の検討も行われるようになった。それを日本保育学会の大会などで発表することや，その実践集を発行することも行われるようになった。こうした流れの中で厚生省は「障害児保育事業実施要項」を交付し，障がい児が入園すると，補助金を助成するというしくみを作った。また1978年には，補助金制度から保育士の加算方式制度に変更したことにより，障がい児を受け入れる保育所が大幅に増えた。こうした流れの中で文部省も1974年に「心身障害幼稚園助成事業補助金交付要綱」（公立幼稚園）および「私立幼稚園特殊教育費国庫補助金制度」（私立幼稚園）を作成した（柴崎，2014, pp. 178-179）。

この一連の取り組みが，障がい児保育に対する各園の取り組みを推進することになり，障がい児の入園者は増えていったが，一方，障がい児の保育方法については模索段階でもあり，保育現場では実際にどう保育すればよいのか悩むことも多かった。そのために文部省は，1983年には幼稚園に入園する障がい児のための事例集「幼稚園における心身に障害をもつ幼児の指導事例集」（文部省，1983）を，また指導書「幼稚園における心身に障害のある幼児の指導のために」（文部省，1987）を作成し保育現場の参考書として発行した。

放送教育の広がり

1964年に東京オリンピックが開催されたことをきっかけに，日本国中にテレビが普及した。テレビ番組の中には子どもたちを対象にした内容もあり，子どもたちの生活の中でテレビ番組の占める位置が急激に高くなっていった。幼児向けのテレビ番組は，1956年の「みんないっしょ」と「にんぎょうげき」の2番組から始まり，1960年の「できたできた」という造形番組は，次第に保育所や幼稚園といった保育現場でもファンを増やしていった。

そして1966年から始まった「なにしてあそぼう」では，司会のノッポさんと子熊のムウくんが毎回簡単な素材で面白い遊具を製作し，全国的に人気を博すようになり，放送教育が全国的に普及していった。この番組は4年間続いた後，さらに「できるかな」として引き継がれ，身近な素材を用いて遊具を作るという保育方法が全国的に行われるようになった（全国放送教育研究連盟・日本放送教育学会，1986, pp. 61-70）。また「みんなのうた」という番組では毎月子どもたちに親しまれる歌を映像入りで流し，「北風小僧の寒太郎」のように保育の中でも歌われる曲がたくさん出てきた。

テレビ番組のヒーローやヒロインの中には，「アンパンマン」のように，幼児の人気者となるものもあり，その真似をする遊びも広く行われるようになり，幼児の遊びの内容に大きな影響を与えるようになった。

8　保育内容の再検討期（1990年代以降）

外国籍の園児の急増

日本の高度経済成長は昭和50（1975）年代には次第に影をひそめていったが，日本の労働力不足と高賃金は海外からの労働者の急激な流入という現象を生じた。そのため1985年頃には，韓国や中国以外にも，中南米や中近東からの労働者がたくさん移住し，その子どもたちが保育所や幼稚園に入園してくるようになった。特に都内の飲食店街や，地方の自動車関係の工場の多い地域では，クラスの10～20％を占めるほどたくさんの外国籍の子どもたちが，保育所や幼稚園，そして小学校に入る。園や学校だけでなく区市町村も，その対応に追われることになり，その受け入れ体制を模索していくことになった。

こうして急激に外国籍の子どもたちが増えることにより，国際化の流れから

遅れていた日本の保育現場では，言葉の壁だけでなく価値観の違いなどから，保育内容や方法の困難だけでなく，保育者との信頼関係の形成や保護者同士の円滑な連携における様々な困難と直面することになった。

幼稚園教育要領および保育所保育指針の改訂

　幼稚園の保育内容の基準である幼稚園教育要領は1956年に発布された後，1964年に第1回の改訂が行われ，それ以降は改訂されないままであった。しかし，1980年代になると，少子化傾向も始まり，園児を獲得するため，親を喜ばせることを目的とした，幼児教育の本質とはかけ離れた，英語や漢字，水泳や鼓笛隊など，幼児にとってふさわしいとは思えない活動が，目玉保育として行われるようになった。また，小学校の学習を先取りするようなドリルを用いた文字・数の勉強も盛んに行われるようになり，幼稚園教育に混乱が見られるようになった。

　こうした混乱を整理するため，1989年3月に幼稚園教育要領の第2回改訂が行われ，翌年には保育所保育指針も改訂された。この改訂では，幼稚園教育は環境を通して行うものであることを基本とし，重視する事項として，①幼児期にふさわしい生活の展開，②遊びを通しての総合的指導，③幼児一人一人の特性に応じ発達の課題に即した指導，が挙げられた。また，それまで保育内容を，幼児の望ましい経験や活動により6領域によって編成していたが，それを幼児の発達の側面から5領域に再編成した。さらに，それまでは，保育内容をねらいによってのみ示していたが，それをねらいと内容によって示した（高橋ほか，1989）。

　幼児の遊びは主体的な活動として定義され，幼児期の保育方法にとって遊びは必要不可欠な活動として位置づけられた。同時に小学校低学年では「生活科」が新設され，幼児期から学童期への学習の連続性が図られた。また，遊びを通して保育を展開していくというしくみの共通理解を図るために，1991年から順次，指導資料が作成され「指導計画の作成と保育の展開」「家庭との連携を図るために」「幼児理解と評価」「一人一人に応じる指導」の4冊が刊行された。

少子化問題と幼保一元化政策の展開

1960 年には 2.00 であった合計特殊出生率が，1990 年に前年度の出生率が過去最低の 1.57 となったことが公表されると，少子化対策の必要性が叫ばれるようになり（1.57 ショック），これを契機にして政府は様々な少子化対策を打ち出していく。

1994 年には，子育てと育児の両立を支援することを目的にした，子育て支援策としての「エンゼルプラン」を 10 年計画で実施した。それにもかかわらず少子化は進み，2005 年には合計特殊出生率は 1.26 まで下がり，政府はさらなる対策として 2015 年までの時限立法として「次世代育成対策推進法」を制定して，少子化対策と待機児童対策を実施していった。

こうした政策は，保育内容にも大きな影響を及ぼすようになり，1998 年の幼稚園教育要領の改訂では，幼稚園での預かり保育（教育課程外の教育活動）の必要性が記載されるようになり，1999 年の保育所保育指針の改訂では，保育所の子育て支援を義務づけるなど，国として子育て支援を推進していくことと，その支援内容が明示されるようになった。

また，少子化の進んだ過疎地域においては，保育所と幼稚園の施設を一体化する幼保一体化施設が推進されるようになり，一方で都市部では保育所に入れない待機児童問題が深刻な問題となり，それを解消するために，国の基準に達していなくても都道府県の設定する基準を満たす認証保育所制度を実施するなど，保育施設の多様化が一気に進んでいくことになった。こうした混乱の中で，地域の保育の実情は様々であるために，国の一連の保育政策を実施する地域の保育現場では，その受け取り方や保育内容への反映の仕方に混乱も見られるようになっている（柴崎，2000）。

引用文献

安斎智子・柴崎正行（1998）．幼稚園設立期における保育内容の確立過程について　保育学研究, **36** (2), 82-84.

橋川喜代美（2003）．保育形態論の変遷　春風社

池田祥子・友松諦道（編著）（1997）．戦後保育 50 年史 4　保育制度改革構想　栄光教育文化研究所　pp. 158-160.

小山みずえ（2012）．近代日本幼稚園教育実践史の研究　学術出版会

倉橋惣三（柴崎正行解説）（2008）．幼稚園真諦　フレーベル館　p. 142.
倉橋惣三・新庄よし子（1933）．日本幼稚園史　塩川書店
前村晃・高橋清賀子・野里房代・清水陽子（2010）．豊田芙雄と草創期の京阪神三市聯合保育会の結成と活躍．幼稚園教育　建帛社　pp. 74-75.
水野浩志（1969a）．普及期の保育会の結成の動き　日本保育学会（編）日本幼児保育史第2巻　フレーベル館　pp. 159-172.
水野浩志（1969b）．土川五郎の律動および表情遊戯とその影響．日本保育学会（編）日本幼児保育史第3巻　フレーベル館　pp. 100-108.
溝手美津枝（編）（2010）．倉敷さつき会と若竹の園　財団法人若竹の園
文部省（1979）．幼稚園教育百年史　ひかりのくに
文部省（編）（1983）．幼稚園における心身に障害をもつ幼児の指導事例集　フレーベル館
文部省（編）（1987）．幼稚園における心身に障害のある幼児の指導のために　東山書房
森上史朗（1984）．児童中心主義の保育　教育出版
村山貞雄（1969）．幼稚園令の制定とその意義．日本保育学会（編）日本幼児保育史第3巻　フレーベル館　pp. 304-316.
中島寿子・田代和美・柴崎正行（1994）．わが国の戦前における家庭との連携について　保育学研究，**32**, 13-19.
日本保育学会（編）（1968）．日本幼児保育史第1巻　フレーベル館　pp. 52-54.
岡田正章（1968）．最初の公立幼稚園「幼穉院」．日本保育学会（編）日本幼児保育史第1巻　フレーベル館
岡田正章（1969）．「幼稚園保育及設備規程」と公布の事情．日本保育学会（編）日本幼児保育史第2巻　フレーベル館
岡田正章・久保いと・坂元彦太郎・宍戸健夫・鈴木政次郎・森上史朗（編）（1980）．戦後保育史第1巻　フレーベル館
柴崎正行（1993）．わが国の幼稚園教育における保育計画の変遷について1　保育研究，**13**（4), 37-43.
柴崎正行（1996a）．明治・大正期の幼稚園における「遊戯」の位置づけの変遷について　保育学研究，**34**（2), 58-59.
柴崎正行（1996b）．わが国の幼稚園教育における保育計画の変遷について2　保育研究，**16**（4), 54-56.
柴崎正行（1997a）．保育研究の最前線1　保育史研究は何をどこまで探してきたのか　保育の実践と研究，**2**（1), 51.
柴崎正行（編著）（1997b）．保育内容と方法の研究．戦後保育50年史2　栄光教育文化

研究所

柴崎正行（1998）．江戸時代における子どもの発達観と育児方法について　東京家政大学博物館紀要，3, 46-47.

柴崎正行（2000）．三重県における子育て家庭支援事業の実施状況について　社会福祉研究，20, 37-42.

柴崎正行（編著）（2014）．障がい児保育の基礎　わかば社　pp. 178-179.

柴崎正行・安斎智子（2003）．『児童研究』誌からみた近代における育児観の形成　東京家政大学研究紀要，43（1），63-65.

柴崎正行・田代和美（1992）．わが国の幼稚園における運動会の起源について　保育学研究　30, 117-127.

宍戸健夫（1968）．子守り学校設立の動き．日本保育学会（編）日本幼児保育史第1巻　フレーベル館　pp. 72-76.

宍戸健夫（1969）．赤沢鍾美の開いた新潟静修学校．日本保育学会（編）日本幼児保育史第2巻　フレーベル館

高橋一之・野角計宏・野村睦子・柴崎正行（編著）（1989）．新幼稚園教育要領の解説　第一法規

高月教恵（2010）．日本における保育実践史研究——大正デモクラシー期を中心として　御茶の水書房

東京都公立保育園研究会（編）（1980）．私たちの保育史（上）　p. 16.

東京都公立保育園研究会（編）（1997）．私たちの保育史（下）　pp. 65-121.

司亮一（2003）．男爵九鬼隆一　神戸新聞総合出版センター　pp. 48-55.

吉見俊哉・白幡洋三郎・平田宗史・木村吉次・入江克己（1999）．運動会と日本近代　青弓社

湯川嘉津美（2001）．日本幼稚園成立史の研究　風間書房

全国放送教育研究連盟・日本放送教育学会編（1986）．放送教育50年　日本放送教育協会　pp. 61-70.

第7章 保育環境と施設・設備の変遷

笠間浩幸

　本章では，保育における「環境」について，その概念と特に保育施設・設備の変遷および今後の保育環境整備の課題について考える。第1節では，「保育」と「環境」との関係を探り，施設・設備の定義を確認する。第2節では，明治期から今日までの保育施設・設備の歴史を概観する。第3節では，園庭遊具の一つ「砂場」に焦点を当て，一遊具の普及の経緯から子ども観・保育観の変遷を具体的に浮き彫りにする。最後に，これからの保育施設・設備整備の課題について論じたい。

1　保育における「環境」と施設・設備

保育における「環境」の位置づけ

　今日，日本の保育において，「環境」は日々の保育実践，そして基本的な保育方針の設定などにおいて，最も重要な要素として意識される。だが，そもそも「環境」とは，保育においてどのように理解され，位置づけられてきた概念であったのだろうか。

　保育における「環境」を，法令上，初めて示したものは，「学校教育法」であった。

> 第77条　幼稚園は，幼児を保育し，適当な環境を与えて，その心身の発達を助長することを目的とする

「学校教育法」は，1947年3月31日に公布された。だが，前年から始まった同法の審議過程において，当初の条文案には「適当な環境を与えて」の文言は入っておらず，最終局面を迎えた1947年2月18日案において突然，次のように登場した[1]。

> 第90条　幼稚園は，教育基本法の趣旨に則り，幼児を保育し，その心身の発達を助長するに適当な環境を与えることを目的とする

177

ここに初めて，保育と「環境」の関係が記される。なお，直前の1月15日の条文案は次のようなものだった。

> 第92条　幼稚園は，幼児を保育し，その心身を健全に発達させ，家庭教育を補い併せて普通教育の素地に培うことを目的とする

　これは1926年の「幼稚園令」とほぼ同じ内容である。それが，最終的に家庭教育の補完的役割と普通教育の素地の部分が削除され，「適当な環境を与え」という文言が挿入されたのだ。

　なぜ，ここに突如「環境」が現れたのか。また，このときの「環境」とはどのような概念としてとらえられていたのだろうか。当時，文部省の学校教育局青少年教育課長であり，学校教育法草案委員としてこの任務に携わった坂元彦太郎は，後年，次のように書いている。「すなわち，幼稚園の目的は『幼児の保育』であり，いいかえれば，『適当な環境を与えて心身の発達を助長する』ことである」(坂元，1964)。つまり，幼児の心身の発達を助長する環境を整えること，それこそが「保育」と同意であるという。

　この時期，連合国軍最高司令部民間情報部教育部顧問のヘレン・ヘファナンが，日本の幼児教育に重要な影響を果たしたと言われる。彼女は「幼稚園教育の現代に於ける発展情況」という文書を，「保育要領」を編集する目的で文部省に設置された幼児教育内容調査委員会の初会合において配布したが，そこには自由保育の考え方に基づき，幼稚園が整えるべき環境や幼児の望ましい経験とともに，次のようなまとめがなされている。

> The school is the environment which should be ideally suited to foster the balanced development of children. (幼稚園は幼児の均斉のとれた発達を助長するに理想的に適しているべき環境である (村山，1975)。)

　この委員会は，倉橋惣三を実質的な委員長とし，坂元彦太郎ほか，文部・厚生の両省関係者，幼稚園および託児所関係者が委員として名を連ねていた。初会合は1947年2月12日に開催されたが，その6日後にあたる2月18日，先に見たように「学校教育法」の幼稚園に関する規定に「環境」が盛り込まれたのである。

　もっとも，「環境」へのこだわりは，決してヘファナンとの関係だけによるものではないと考えられる。倉橋自身も，すでに1931年，『就学前の教育』の

中で，環境による幼児教育について次のように述べている。

　　就学前の教育法が環境の力にまち，経験と薫染とによって行なわるべきことは旧くより認められているところである。しかも，環境の価値はその実質的内容如何にあるのみならず，生活の形態を誘導する力において大なるものがあり，幼児教育法が特に環境を利用する時，この意味においてすることが多い。すなわち，幼児の環境は，幼児をして生活の自由感を生ぜしめ，新鮮味を感ぜしめ，おのずから自発の活動を誘発促進するものでなければならぬ（倉橋，1931）。

　教育的な意図を含みつつ，幼児の自発性を尊重するという環境の重要性，それは倉橋の保育観そのものであった。また，戦前における遺伝と環境，輻湊説などの学説の紹介や，同じく幼児教育内容調査委員でもあった山下俊郎の「児童を形づけ，これを動かして行くものは即ち環境に外ならない」という『教育的環境学』の出版（山下，1937）などにより，もはや幼児の発達や保育は，「環境」という概念を切り離して考えられるものではなかった。

　天城勲は，「学校教育法」の成立を振り返り，保護と教育を含む「保育」という概念は，「適当な環境を与えて，その心身の発達を助長する」という方法的意味を現すものであり，それこそが「幼児教育の本質に連る」と述べる（天城，1954）。また，小川正通も「新規定では，幼児の自発活動を基礎として，心身ともに伸びよう進もうとする成長発達に期待しつつ，教師はその媒介者として，そのための適当なよい環境をととのえて，そのうちで，幼児の心身が発達していくのを助成し助長しようというのである。ここに民主的な新教育としての幼児教育の意図が，端的に表現されていると思う」と評価する（小川，1955）。

　ただし，小川（1950）は「環境」のとらえ方に関して，「ややもすれば物的環境の整備即良環境であるかの如き一面観に陥る傾なきにしもあらずで警戒すべきである。従って精神的環境の中に物的環境が生かされるというか，あるいは両環境が統合・合体してはじめて，真の幼児のための幼稚園環境というべきではあるまいか」との警告も発している。

　その後，1956年，「保育要領」に代わっていわゆる6領域の「幼稚園教育要領」が制定され，保育実践の場面では，ともすれば教師主導型，教材・教具中心の保育が進行していく中で，倉橋のいう子どもと環境との関係性は薄れ，小

川が危惧した環境観が主流となった感が否めない。

そのような中で，大戸美也子は，それまでの「保育環境」という概念のとらえ方を，①物理的特性（子どもの外部空間に存在するあらゆる物的因子），②心理学的特性（子どもの内部にあって，意識や知覚をとおして構成される世界），③行動的特性（子ども同士や子どもと大人などの対人関係的作用）のそれぞれを強調する三つの立場に整理する。そして「子どもの変化をとらえ，変化をつくる『保育環境』とは，三つの環境の機能が生かされる複合的環境である」と規定する。つまり「環境」とは，物的，人的，さらにそれらとの相互作用を図る子ども自身との関係性を含めた全てのものとなるが，大戸は，このような望ましい「保育環境の建設」を，その後の保育実践の蓄積と子どもの行動を見極める研究法の確立に委ねている（大戸，1977）。

1989年版の「幼稚園教育要領」は，周知のように幼稚園教育の基本は「環境を通して行う」ことであると明示した。これは，幼児を取り巻くあらゆる物的，人的，空間的，心理的環境の整備を保育の名のもとに行い，その意義を日々の保育実践の中で意識的かつ具体的にとらえ，実現していくことを基本として示したものである。このような保育こそ，大戸のいう望ましい保育環境建設の試みであり，その実証的な行為ととらえたい。「学校教育法」が示した保育の基本が，ここに名実ともに具体化されたのである。

なお，本章ではここから，主に物的環境としての施設・設備に焦点を当ててその変遷をたどるが，それは言うまでもなく決して「物的環境の整備即良環境」という考えによるものではない。複合的環境を追究するうえでの，あくまで分析的なアプローチとして行うものである。

保育施設，設備などの定義

『幼児保育小辞典』によれば，「保育施設・設備」に関して次のように定義されている。

　施設とは，園庭や運動場などの屋外施設と，保育に直接関係をもつ保育室，遊戯室などの生活や遊び用の施設（保育部）などと，間接的関係を持つ職員室などの管理施設（管理部）を含む屋内施設とに大別できる。いずれも保育の目的に沿って設けられるものである。設備とは保育を営むうえに直

接的，間接的な必要性をもって備えられたもので，施設と密接な関連をもつ（塩原，1979）。

ここに施設と設備の一定の定義を見ることができる。また，『幼稚園教育百年史』は「設備」について，「広く園具，教具，あるいは遊具，用具を含む」（文部省，1979, p. 112）と規定しており，本章でもこれらの定義に基づいて施設・設備をとらえるものとする。

2 保育施設および設備の変遷

『幼稚園教育百年史』は，日本の幼児教育の発展を大きく五つの時期に区分し，それぞれの時期における施設・設備の特徴をとらえている。本節では，この時期区分を受け継ぎ，新たに「現代」を加えて，保育環境の歴史を概観する[2]。

第一期：幼稚園教育の創始期における施設・設備（1872年～）

第一期は，1872年の学制発布から，明治20（1887）年代までとする。1876年，日本初の本格的な幼稚園となる東京女子師範学校附属幼稚園（以下，附属幼稚園）が開設され（図7-1），その20年後，幼稚園数は223園を数える[3]。

この時期の特徴をまず建築面からとらえるならば，擬洋風と呼ばれる文明開化式の幼稚園舎と和風様式との併存があげられる。擬洋風のものは新たな一戸建て園舎として新築されたものに多く，和風様式のものは従来の民家や小学校の一部を間借りした改造建築であった。

初期の擬洋風の幼稚園舎は，建物の中央部に中廊下が設けられ，その廊下に面して保育室や遊戯室，職員控え室などの管理部の諸室が配置され，ベランダが設けられているのが特徴である。実際の保育においては，廊下の比率が大きくて意外に子どもの活動スペースが狭かったことや，屋内と屋外の移動がスムーズに行えないこと，また採光や換気の条件が保育室によって違っていたり，保育室と遊戯室が隣同士のために，恩物などの集中を必要とする活動が音楽活動などによって邪魔されるというような，いわゆる静動分離がうまくなされなかったなどの問題点があげられる。

一方，和風様式においては，諸室の仕切りが遮蔽性の低い障子や襖などであ

II 保育学のあゆみ

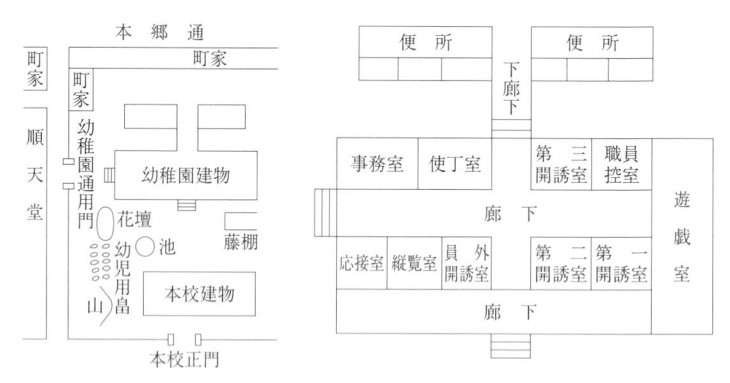

図7-1 東京女子師範学校附属幼稚園の配置図および略平面図（1876年建築）
（文部省，1979, p. 94）

ったため各々の活動の独立性が保ちにくいことや，低い天井による圧迫感，薄暗さや換気の問題，他の部屋を通らなければ園庭に出られないような動線など，和風建築ならではの問題が大きかった。

次に園庭の状況であるが，附属幼稚園には，築山や池，花壇，藤棚，幼児個人用に割り当てられた畑などが設置され，これが他の幼稚園の模範となっていく。1879年に設立された和風様式の大阪府立模範幼稚園には，日本列島を小山で表し，中国・四国の間に池をつくって金魚を放すなど，遊び心のある園庭も設けられていた。幼児たちは日本の地理的意味の理解は別として，小山を登ったり降りたりと，よく駆け回っていたという。ただし，この時期，園庭遊具の設置はまだ見られない。

室内の設備では，この時期の保育を象徴する恩物と，その恩物を正確に並べることができる通称「恩物机」と呼ばれる，机上面に碁盤のような罫線が画された1人または2人用机が用意された。他には，絵本や絵草紙，ままごとに用いる厨房の道具類，縄，糸製の鞠，羽子板，双六，輪投，独楽，お手玉，軽量の太鼓，和琴（六弦琴），笏拍子，ピアノ，バイオリンなど，和洋混合となっている。

この時代，まだ幼稚園とはどのようなところかがよく知られていなかった中で，関信三の『幼稚園創立法』（1878年）や中村五六による『幼稚園摘葉』（1893年）は，新たに幼稚園を設置する際の具体的な手引き書であり，また理

想的な幼稚園の姿を示すものであった。

たとえば,『幼稚園創立法』では,幼稚園の敷地選定として幼児の通園距離,乾燥した土地を選ぶべきといった配慮,園舎設置の方角について,また,必要な諸室として遊戯室,開誘室（保育室），縦覧室の3室をあげ,それぞれの配置の仕方や使用目的について述べている。縦覧室とは,博物館の陳列をイメージしたもので,幼児が見たり触れたりすることができる玩具や花,籠に入った鳥,絵本などが陳列された部屋である。

園庭については,基本的に可能な限りの広さと,幼児が自由に栽培に取り組める場所の確保を強調する。また,晴れた日には体操や遊戯ができるようなスペースを確保し,泉や池沼,可能ならば園外から河水や海潮を引くという大胆な発想も描かれているのが興味深い。

『幼稚園摘葉』も,敷地の選定法や,幼児1人につき2坪以上の広さの確保の必要性,建物は平屋とし,戸口の階段などいたずらに威厳を保つような建築はしないこと,30人の幼児を1組と想定した部屋の設計,採光,衛生,防寒の方法から,便所の便器数や便器の素材,さらに机や椅子,黒板については詳細な寸法まで示されるなど,中村自身の幼児を見つめるまなざしのありようが感じられる。

第二期：幼稚園教育の普及期における施設・設備（1896年～）

第二期は,全国的な保育研究団体フレーベル会の誕生年である1896年から,1926年の「幼稚園令」公示直前頃までとする。この時期は各地に保育に関する研究組織が誕生し,手探りだった幼稚園教育も徐々に自立的な歩みを開始する。特に,児童中心の自由保育,モンテッソーリ法の導入などがあったが,新しい教育思想とこれまでの経験とを結びつけながら,保育者の視線は着実に子どもへと向かい,日本独自の保育環境の創造が行われたことが窺える。1925年までには,全都道府県に933園の幼稚園が設置されている。また,1900年に誕生した託児所も,1925年には196か所となっている。

特筆すべきは,文部省による幼稚園教育の標準となる「幼稚園保育及設備規程」が1899年に制定されたことである。施設・設備については,第7条において次のように定められた。

II 保育学のあゆみ

一，建物ハ平屋造トシ保育室，遊嬉室，職員室其他須要ナル諸室ヲ備フヘシ保育室ノ大サハ幼児四人ニ就キ一坪ヨリ小ナルヘカラス

二，遊園ハ幼児一人ニ就キ一坪ヨリ小ナルヘカラス

三，恩物，絵画，遊嬉道具，楽器，黒板，机，腰掛，時計，寒暖計，煖房器其他須要ナル器品ヲ備フヘシ

四，敷地，飲料水及採光窓ニ関シテハ小学校ノ例ニ依ルヘシ

　備えるべき設備として最初に「恩物」が記されている。だが，この規程では保育内容を「遊嬉，唱歌，談話，手技」の4項目として，恩物による活動を第4番目の手技の中に位置づけた。このことにより，第一期において隆盛を見た恩物の評価は下がり，保育室の一隅に大きな箱を置き，その中に恩物を入れて普通の積み木のように使用する園もあったという。

　この時期，幼稚園舎は第一期の擬洋風と和風併存の状態から，徐々に互いの改良が施された和洋折衷が進み，南側に保育室をとり，北側片廊下とする配置が増えている。

　また，広い遊戯室が設けられるようになり，その配置も園舎の中心や，保育室から離れたところに配置して静動分離を図るなど，保育内容や幼児の活動を念頭においた建築計画が見られるようになった。

　大正時代に入ると屋外活動が活発となり，園庭も広くとられるようになる。従来の築山，池，花壇などに加えて，ブランコ，滑り台，シーソー，鉄棒，吊り輪などの運動遊具や砂場，禽舎や飼育小屋など，保育内容の変化に見合った環境変化が生まれている。また，「郊外遊戯」，「郊外保育」などと呼ばれる園外保育も行われ，自然観察や社会見学など，保育環境が園内だけにとどまらない広がりを見せ始める。中でも，園舎を持たない橋詰良一の「家なき幼稚園」という独特な実践は，今日にも伝わる興味深い保育であった。

　室内設備としては，明治30 (1897) 年代に四角形や円形の机，4人用・8人用の大型机も現れ，大正期には扇型を組み合わせて円形にしたり，半円形と長方形を組み合わせたりする工夫もなされる。籐製の椅子を使用したり，遊戯室に6人用の長椅子を備えたり，落書き用の黒板を設置するなど，幼児本位の保育環境が見られるようになっている。

第三期：保育制度の確立と戦時下における施設・設備（1926 年〜）

　第三期は，幼稚園に関する単独の勅令となる「幼稚園令」の制定から，終戦直後までとする。ようやく保育制度の本格的な確立を見ながらも，戦争の影響を多大に被る時期である。「幼稚園令」制定の 1926 年，幼稚園の数は 1066 園，1942 年にはこの時期最多の 2085 園を数える。しかし，第二次世界大戦による焼失，休園・廃園，戦時託児所への転換などにより，終戦後の 1946 年には 1303 園にまで落ち込む。一方，託児所は，1926 年に 312 か所だったものが，終戦前の 1944 年には 2184 か所にまで増えている。

　「幼稚園令」とともに制定された同「施行規則」第 19 条は，「幼稚園ノ設備ハ左ノ各号ノ規定ニ依ルヘシ」と次のように定めている。

一，敷地ハ道徳上及衛生上害ナキ所タルコト
二，建物ハナルヘク平屋造トシ組数ニ応スル保育室，遊戯室其ノ他必要ナル諸室ヲ備フルコト
三，保育室ノ大サハ幼児五人ニ付一坪ヨリ小ナラサルコト
四，遊園ハ幼児一人ニ付ナルヘク一坪以上ノ割合ヲ以テ設クルコト
五，保育用具，玩具，絵画，楽器，黒板，机，腰掛，砂場等ヲ備ヘ其ノ他衛生上ノ設備ヲ為スコト

　先の「幼稚園保育及設備規程」と比べると，建物および遊園に関する条項に「ナルヘク」の文言が入っている。都市部での土地取得の困難さが増したことに対する幼稚園設置を促進する緩和策と考えられる。ここで「恩物」は完全に姿を消し，園庭遊具として備えるべきものとして「砂場」のみが初めて記された。

　この時期の建築的特徴としては，これまでの木造建築一辺倒から，鉄筋コンクリート造が始まったことがあげられる。これは，1923 年の関東大震災，1934 年の室戸台風などの被害経験から，学校建築に対する防災意識が高まったことと耐震性・耐火性における優位さによる。また，2 階建ての園舎も漸次現れる。ただし，2 階は保育室ではなく遊戯室として利用し，安全への配慮から階段を 2 か所設けることが求められた。

　園舎は，効率的な土地活用が可能な L 字型とその変形としてのコ字型に配置がなされ，園庭遊園をまとめて広くとるという様式が一般化する（図 7-2）。

図7-2　熊本県八代市代陽幼稚園の園舎と園庭（**1940年建築当時**）（文部省, 1979, p. 280）

　1940～41年には，社会事業研究所と愛育研究所との協力により，幼稚園・託児所（全390施設）を対象とした『本邦保育施設に関する調査』がまとめられた。これは，当時の保育事業のあり方や保姆の労働実態なども含む保育に関する全般的な調査報告で，施設・設備についても具体的な状況を伝える。

　施設面では，幼稚園・託児所の近隣環境，建物の構造，各室や2階以上の諸室の使用方法，戸外遊戯場の構造，水飲み場や便所設備，廊下と窓の高さ，廊下の通路以外の使用方法などが詳細に読み取れる。また，保育設備としては，様々な設備・備品の一覧が，その設置頻度順に並び，さらに幼稚園・託児所の施設別，都市部・地方との比較分析なども加えられていて興味深い。一例をあげれば，花壇の設置は幼稚園で90.5％，託児所70.1％。屋外遊具のブランコ，すべり台は，六大都市では100％の設置がなされているが，地方の市部，町村となると設置率が低い。室内遊具として「教具」は蓄音機，時計，オルガン，黒板，「遊具」はすべり台，ブランコ，シーソーが，「玩具」は絵本，積み木，人形などが高い比率で設置されている。室内へのすべり台やブランコの設置というのは興味深いが，これは狭い敷地への対応策でもあった。

　この時期の特徴として，ラジオや蓄音機，幻灯機などの視聴覚教具が普及したこと，馴染みのある遊具にも改良が施され，たとえばすべり台でもらせん式のものやすべり台とジャングルジムを合わせた複合式のものなどの開発があげられる。また「ヒル氏積木」，「大恩物積木」と称される木製空洞型の大型積み木が，恩物とは対照的に全身を使って遊ぶことができる積み木として，屋内外を問わずに活用されている。

第四期：戦後の保育制度改革期における施設・設備（1947年〜）

　第四期は，「学校教育法」成立の1947年から1960年頃までの時期で，戦後からの復興と新制度のもとにおける新しい保育の確立が課題となる。幼稚園数は1948年に1529園だったものが，昭和20（1945）年代後半以降急激な増加を示し，1960年には7207園となっている。一方，託児所は，1947年の「児童福祉法」により「保育所」となり，同年末の1787か所から1960年12月末には9782か所まで増えている。

　この時期，1948年の「保育要領」，同年の「児童福祉施設最低基準」，1956年の「幼稚園設置基準」が，戦後の施設・設備整備の基本的な骨格を形成した。

　「保育要領」は，その位置づけをあくまで「てびき」としながら，子どもの自由と生活を中心とする保育環境の考え方を示したが，その中の「生活環境」という項目から，「運動場・建物・遊具」についての特徴的な部分を見ておきたい。まず「運動場」では，日当たりのよい場所や木陰などできるだけ多様な自然を取り入れ，幼児が自由に走り回る高低差のある場所，乗り物遊びや雨上がりでもすぐに使えるようなコンクリートの舗装路などが提案されている。「建物」では，遊戯の他に食事や午睡にも活用できる多目的な遊戯室，調理室や食堂，洗面所，保育室に直結する便所など，新しい発想の諸室・設備が図面とともに紹介されている。「遊具」については，ジャングルジム，平均台，木馬，すべり台，ブランコ，そして室内外1か所ずつの砂場など。室内設備品としては，ピアノやオルガン，蓄音機，ラジオ，太鼓，大工道具や絵画，プリズム，磁石，画架，ままごと道具，おもちゃだんすなど，多様な物品リストが並ぶ。また，予備の衣服，おむつ，薬品や医療器具，さらに動植物図鑑や児童百科事典など，新時代を窺わせるものも記されている。

　次に「児童福祉施設最低基準」であるが，ここでは，30人以上の乳児または幼児の入所を想定した保育所の「設備の基準」が示されている。主なものでは，満2歳未満の乳幼児のために「乳児室又はほふく室・医務室・調理室及び便所」を設置し，そこには「室内滑台，椅子ぶらんこ，歩行器及び手押し車」を備えること。満2歳以上の幼児を入所させる保育所には「保育室又は遊戯室，屋外遊戯場，調理室及び便所」を設け，そこには「楽器，黒板，机，椅子，積み木及び絵本」を備えること。そして屋外遊戯場には，「砂場，滑台及びぶら

Ⅱ　保育学のあゆみ

んこ」を設けることなどを掲げている。

　また「幼稚園設置基準」であるが，これは終戦から10年以上を経過し，戦後の混乱を脱する時機を待ってようやく制定されたものである。建物についてはこれまで通り平屋建てを原則としつつも，園舎が耐火構造かつ避難施設が整えられた2階建てであれば，保育室や遊戯室および便所の設置も可能とした。職員室，保育室，遊戯室，保健室，便所，飲料水用設備・手洗用設備・足洗用設備の設置を定め，保育室と遊戯室，職員室と保健室は兼用も可としている。

　第10条では，「備えなければならない園具及び教具」として，次のように定めている。

　一　机，腰掛，黒板
　二　すべり台，ぶらんこ，砂遊び場
　三　積木，玩具，紙しばい用具，絵本その他の図書
　四　ピアノ又はオルガン，簡易楽器，蓄音機及びレコード
　五　保健衛生用具，飼育栽培用具，絵画製作用具

　さらに，第11条では，「備えるよう努めなければならない施設及び設備」として，「放送聴取設備，映写設備，水遊び場，幼児清浄用設備，給食施設，図書室，会議室」をあげている。

　この時期の建築様式として，保育室の外側にテラスを設けて運動場に直結させるという新しいスタイルの普及が注目される。これは，テラスが昇降口や廊下に兼用できるという建築費の節約とともに，幼児の活動の幅を広げる空間的利点を備えたもので，その後も多くの施設で採用されることとなる。

第五期：保育制度の発展期における施設・設備（1961年～）

　第五期は1961年から，1989年の幼稚園教育要領改訂前までの時期とする。この時期の幼稚園数は，1968年に1万園を，81年には1万5千園を超える。保育所も1961年には1万18か所，1990年には2万2703か所と，保育制度の発展期を迎える。

　この時期は，高度経済成長，第2次ベビーブーム，生活水準の向上，保育要求の高まり，様々な建築技術や素材の開発，そして大量生産・販売を行う企業の進出などが，保育環境にも大きな影響を与える。

1967年，文部省が刊行した『幼稚園施設計画の手びき』は，施設・設備の基本的な考えとして，幼児が親しみを持ち，遊びや生活がのびのびと展開され，幼児にとって使用しやすくかつ教師にとって指導しやすいものとすることを示した。これまでの，小学校的な保育室の直線配置や片側廊下から，保育室と遊戯室，屋外とを一体化し，いろいろな活動が自在に展開できるような設計や，細かな植栽計画，保育室の色彩計画など，多面的な専門的観点からの提案が豊富な写真や図面とともに示され，多くの新築幼稚園の参考となった。

　昭和50 (1975) 年代にかけて，幼稚園の新設や増改築も盛んとなり，鉄骨造や鉄筋コンクリート造が多数となって，その技術も著しく向上する。様々な独創的な建築や設計が試みられ，「オープンシステム」と呼ばれる年齢別にこだわらない保育室やホールと屋外遊戯場との連動性を重視した設計，2階屋上部分の活用，園舎全体に回遊性があり子どもがどこででも遊んだり隠れたりできる巨大遊具のような構成，また本物の自然志向から木とレンガによる園舎や森と一体感を持たせた園舎など，様々な個性の開花が見られる。

　設備面では，遊具の多面化，本格化が見られる。土管のトンネルが掘られたコンクリート製の小山，すべり台は滑走面を長くしたものや一度に大勢で滑ることが可能なもの，アスレチック的な要素を含む様々な形状の鉄製遊具，複合的な大型の総合遊具，コンクリート製や簡易組み立て式のプールなど枚挙にいとまがない。広い遊戯室には舞台やロフトなども設けられる。

　机や椅子は，脚部が鉄パイプ性となり，幼児でも移動可能なキャスター付きや大型ながら半分に折りたたんで部屋の隅に収納できるもの，スタック式の椅子など，軽量化や利便性が進む。幼児各自が衣服や持ち物を整理保管できる棚やロッカーは，その配置の仕方によって保育室に新たな空間やコーナーを作ることもできる。他に，テレビ，ビデオ，OHP，スライド映写機など，視聴覚教具の活用が一般化した。

　また，保育者の休息や保育者同士のコミュニケーションを考えた職員室の設計，地域環境への配慮から四季折々の花や果実，香りや色を感じることのできる植栽計画，さらに園バスや保護者用の駐車・駐輪スペースなどが施設建設時の重要な要素となったのもこの時期の特徴である。

第六期：少子化時代と「環境」による保育（1989年〜現在）

　第六期は，『幼稚園教育百年史』にはなかった新しい時期設定である。高度経済成長は，日本の産業構造を大きく変化させ，その後の子育て環境にも多大な影響を与える。何よりも1989年の1.57ショック以降，少子化が社会的問題として強く意識され，様々な子育て支援策が次々に打ち出され，幼稚園，保育所にとっても大きな転換期を迎える時期である。幼稚園数は1985年の1万5220園をピークに減少傾向が続く。逆に保育所は，1985年に2万2899か所，2015年には2万5464か所にまで達し，幼稚園と保育所を融合させた幼保連携型施設の推進も始まる。

　この時期の子どもの育ちに見られる問題として，自然体験の減少，人間関係の希薄化，運動能力の低下があげられ，生活リズムや食育などの課題が指摘されるようになる。また，1980年代半ば以降のゲーム機の普及は，子どもの遊びを一変させた。

　このような中で，新たな時代の保育を築くものとして，1989年，「幼稚園教育要領」が25年ぶりに改訂され，「環境を通して行う」ことを基本とした。翌1990年には，「保育所保育指針」の改訂が続き，乳幼児の生活が豊かになるような，計画的な環境の構成や工夫の重要性が明記される。

　文部省は新要領の施行を受けて，1993年「幼稚園施設整備指針」を策定する。その中では，①自然や人との触れ合いの中で遊びを通した柔軟な指導が展開できる環境の整備，②健康で安全な施設環境の確保，③地域との連携や周辺環境との調和に配慮した施設の整備，の3点を基本方針として掲げている。

　具体的な提言としては，自発的・自主的な活動を促すような園舎内外の空間的連続性の確保，多様な活動に対応できる可動式の間仕切などを用いた弾力的な空間構成，作品や資料などの掲示・展示スペースの工夫，幼児と教師，幼児間の交流を促し，保護者の交流の場として活用できるホール・ラウンジなどの計画，豊かな食生活を身につける上で有効な空間の確保，前庭部や保育室前への芝の配植，冷暖房設備，そして防災設備や防犯監視システムの導入などが盛り込まれている。

　また，1995年には「幼稚園設置基準」が改正され，「大綱化」により，第四期で見た「備えなければならない園具及び教具」の具体名が外された。このこ

とにより各園が創意工夫をもって独自の環境設定を行うことが求められるようになる。これは，時代の進展とともに，あまりに多様かつ複合的な施設・設備の開発が進んだことと，園を取り巻く環境や保育・教育ニーズが多様化する中で，もはや一律の規定が困難となったことを背景とする。また，規定によって園独自の取り組みを制限したり，画一性に陥ることを避ける狙いもあった。園舎についても，これまで「平屋建を原則」としていたが，「二階建以下を原則とする」と改め，特別の事情がある場合には「耐火建築物」を前提として，3階建て以上の建物も可とされた。

翌1996年には「幼稚園における園具・教具の整備のために」というガイドラインが策定される。大綱化の一方で，ガイドラインの策定ということには疑問もあったが，環境を通して行う教育を実現するための，園具・教具の整備に関する基本的な留意点が，次のような分類のもとで示された。

① 主に体を動かして遊ぶことを目的とした園具・教具（園庭の大型遊具や運動遊具，各種乗り物など）

② 主に身近に自然に親しむことを目的とした園具・教具（栽培用具，飼育用具，砂遊び場，水遊び場など）

③ 主に様々な表現を楽しむことを目的とした遊具（描画・製作の用具類，木工用具類，粘土，積み木・ブロック類，ままごと用具，人形・ぬいぐるみ類，楽器，コンパクトディスクプレイヤーなど）

④ 主に身近な情報に触れることを目的とした園具・教具（絵本・図鑑など図書，視聴覚機器，掲示板，黒板，ホワイトボードなど）

⑤ 主に園生活をおくるために必要な園具・遊具（机，椅子，個人用物入れ，靴箱，かさたて，収納棚，時計，温度計，清掃用具，放送設備，避難用具，保健衛生用具など）

前述のように，大綱化とガイドラインの策定は，一見矛盾する関係にあるが，このガイドラインもその「はじめに」において，「設置者，園長等教員の創意工夫の下に，豊かな教育環境が生み出されていくことを期待する」と記している。基本的な視点を示しながら，あくまで各園の実情に合わせた「環境を通して行う」教育を，意識的かつ具体的に推進することが，保育全般の課題であることをここに示している。

以上，日本の保育環境の変遷，特に施設・設備の概観である。

3　砂場の歴史から見る保育環境

日本における砂場の歴史

　前節の保育環境の概括的な歴史とは対照的に，本節では「砂場」という一つの遊具から，どのような子ども観，保育観の変化をとらえることができるかについて考えたい[4]。佐藤秀雄が言うように，物的素材の存在や質が教育の「意図」や「思想」と並ぶ重要な要素であることを（佐藤，1988），ここでは「砂場」というきわめて自明と思われる遊具から明らかにする。

　まず，日本において，砂場の設置が義務化されるまで，大きく次のような経緯があったことに着目したい。

　経緯1：1876年設立の附属幼稚園に砂場は設置されていなかった。当時，幼稚園設置の参考とされた『幼稚園創立法』や『幼稚園摘葉』にも砂場の記述はない。

　経緯2：『幼稚園教育百年史』は，「砂場が岡山県新祇幼稚園に明治二十年代に整えられた」（文部省，1979，p. 103）と伝える。

　経緯3：1898年，文部省による大阪府への回答文書「幼稚園庭園設計方」（大阪府が，新しい幼稚園の園庭を作るために，文部省に出した質問への回答書）の中に，次のように「砂場」が登場する。

　「花壇ヲ設ケ<u>砂場（若干ノ地積ヲ画シテ砂ヲ盛リ以テ幼児ノ砂遊ビニ充ツ）</u>ヲ造リ又小山ヲ築ク等ノ場所ニ充ツルヲ可トス」［下線筆者］（文部省，1979，p. 703）。

　「砂場」には，括弧つきで説明が加えられている。ここから，砂場がまだ一般的な遊具ではなかったことが推測されるが，その一方で，子どもの砂遊びについてのイメージはあったと思われる。

　なお，文部省はこの回答文書で「砂場」を紹介したにもかかわらず，翌1899年の「幼稚園保育及設備規程」では設置すべき設備として「砂場」の記述はなされていない。

　経緯4：明治30（1897）年代半ば頃から『京阪神連合保育会雑誌』や『幼児の教育』などの保育関係雑誌に，砂遊びに関する記述がよく登場するよ

うになる。

経緯5：1926年，「幼稚園令施行規則」は，「砂場」を設置すべき設備として定める。

以上の経緯を端的にまとめるならば，日本における砂場は，幼稚園教育開始当初には存在しなかったが，明治30 (1897) 年代半ば頃から徐々に普及が始まり，大正期の「幼稚園令」をもって必須の遊具として位置づけられて，今日に至っているのである。さらに詳しく見ていきたい。

日本で最初の砂場とは

附属幼稚園には，なぜ砂場がなかったのか。その理由は，そもそも日本が模範としたアメリカの幼稚園，さらにその起源となるフレーベルの幼稚園にも砂場がなかったことによるものと考えられる。

フレーベル自身，砂という可塑性のある素材の教育的価値を高く評価していたにもかかわらず，1840年に創設された彼の幼稚園に砂場は設置されていなかったのだ。ただし，1847年には，弟子の1人の提案により砂場がつくられている (Wiggin & Smith, 1900)。

その後，なぜアメリカに幼稚園とともに砂場が伝わらなかったのかは謎であるが，おそらく恩物を用いる遊びの指導法に重点が置かれ，それ以外の子どもの姿にはあまり注意が払われなかったものと思われる。実際，アメリカの恩物主義教育を重視する幼稚園においては，幼児の「本能的な遊び」は「教育上の退行」につながる (阿部, 1988) として，子どもたちが自由に遊ぶことを奨励せず，屋外の遊び場を全く持っていなかったところもあったのだ (津守ほか, 1959)。

では，日本で最初の砂場は，いつ頃，どのように登場したものだったのか。このことについて，『幼稚園教育百年史』は，先の「経緯2」のように，明治20 (1887) 年代に岡山県の新柢幼稚園に砂場が設置されたと記している。

だが，残念ながらこの記述は，その真偽が不明である。『幼稚園教育百年史』が根拠とした『新柢幼稚園八十年史』(1968年) という資料には，たしかにかつて幼稚園の砂場で遊んだという子ども時代の記録がいくつか掲載されている。しかし，そのいずれもが明治30 (1897) 年代半ばの回想記録であり，明治20年

代の様子を伝えるものではないのだ。新枳幼稚園は第二次世界大戦末期，空襲によって園舎が全焼し，当時の歴史を伝える資料は残っていないという。結局，現時点では，明治20年代の新枳幼稚園における砂場は「幻の砂場」として，その追究は保留せざるを得ない。

砂場の発祥に迫る仮説

砂場がまだ一般的な遊具ではなかった時代，なぜ文部省は大阪府への回答文書（「経緯3」）の中に，「砂場」を提案することができたのか。この点について文部省は，回答作成にあたり，東京女子高等師範学校に意見を求めたということを文書の中に記している。照会の相手は，当時附属幼稚園の監事であり，前節で見た『幼稚園摘葉』の著者，中村五六と推測される。では，砂場は彼による発案だったのだろうか。

たしかに中村は，著書の中で，当時の形式的な恩物主義教育に疑問を感じ，幼児を外で「嬉々快々縦遊放楽」（中村，1893）させることの大切さと，そのための遊園整備の必要を説いている。しかし，そこにはまだ「砂場」という遊具の概念はないのだ。一体，「砂場」という案はどこから出てきたのだろうか。

この点に関して，のちに附属幼稚園批評係を務めた東基吉が興味深い回想を残している。彼は「私はこの恩物の取り扱い方に付いて，意見を出して見たことも時々あったが，どうも旧慣墨守の力の強い保姆さん達は一向顧みようとはしませんでした」（宍戸，1977）と，当時のかたくなな現場の様子を伝えながら，さらに次のように述べる。

「雑誌はこれも米国出版の Kindergarten Review と Kindergarten magazine の二種が毎月来ました。夫で毎日そんな書物や雑誌を読破して，幼稚園に関する知識を習得することに努めました」（宍戸，1977）。

つまり，当時，附属幼稚園の中村五六たちは，毎月アメリカから届く教育雑誌を「読破」していたというのだ。では，果たしてそれらの雑誌に「砂場」に関する情報はあったのだろうか。

この疑問に，"Kindergarten magazine" の1897年11月号が答える。この号は，「ソーシャル・セツルメント・プレイグラウンド」を特集したもので，アメリカで1880年代半ばから始まった遊び場づくり運動についての記事と写真

第7章 保育環境と施設・設備の変遷

図7-3 IN THE SAND PILE (*Kindergarten Magazine* 1897 November, **10**(3), 149)

(図7-3) を掲載していた。アメリカでは，1885年にボストンのスラム街に誕生した砂場を契機とし，さらにブランコやすべり台，シーソーなども備えたプレイグラウンド・ムーブメント，つまり遊び場づくり運動が広がった。それまで，貧困の中で不健康な生活を送っていた子どもたちが，砂場での遊びで笑顔を取り戻し，遊びの持つ力によって大きく変化する。その経験が全米のプレイグラウンド・ムーブメントへと発展したのである。

同時にアメリカでは，幼児教育の分野でも硬直化したフレーベル主義と一線を画す進歩的な幼稚園が，砂場の設置を行っており，このような動きが，教育や社会学関連の雑誌を通して日本に伝わっていた。ここに文部省による回答文書との関連が推測される。

ただ，先に見たように，文部省は翌年の「幼稚園保育及設備規程」に，設置すべき設備として砂場を盛り込んではいない。未だ砂場に対する理解は十分ではなかったのである。

砂場から見る保育観

砂場というささやかな遊具は，アメリカにおけるプレイグラウンド・ムーブ

II 保育学のあゆみ

図 7-4　1916（大正 5）年／砂場での遊び（お茶の水女子大学文教育学部附属幼稚園，1976, p. 40）

メントという大きな社会変化の引き金となった。では，砂場は外国発祥の遊具かと言えば，ここに興味深い事実がある。

　1900 年の『京阪神連合保育会雑誌』第 5 号には，日本における砂場の自然発生的な様子をみることができる。神戸頌栄幼稚園長の和久山会長が，一定の広さで園庭に砂や小石を敷いてはどうかという提案を行い，それに対して葺合幼稚園の竹中教諭が，「砂を敷くことは誠に宜しきことと思ひます幼児は遊の時間にはいつも其所に走り来りて山などをこしらへて楽しく遊んで居ります」と述べているのだ（京阪神連合保育会，1983）。彼らは，未だそれを「砂場」と称してはおらず，またそこから砂場が日本に広まったという形跡はない。しかし，日々生きた子どもたちと対峙する保育現場において，まさに「砂場」発生のきざしがあったことは興味深い。そして，そのような素地があったからこそ，明治 30（1897）年代半ば以降，砂場は急速に日本の中で普及したものと考える。

　1913 年には，倉橋惣三が「幼稚園に砂場の必要なことは言ふまでもない。従って，どこの幼稚園でも大抵砂場の無いところはない」と述べ，「或る人は砂場なんかで，そんな費用をかけてといふ人があるかも知れない。そんな人はご相談にならない」と厳しく言い放つ（倉橋，1913）。理想的な砂場づくりの方法は，その後もしばしば保育雑誌に取り上げられており，結果として「経緯 5」のように，「幼稚園令施行規則」に備えるべき園庭遊具としての位置を得たのであった（図 7-4）。

　砂場という遊具は，世界的な広がりの中で，いわば伝播と発生の両側面を有しながら保育の世界に登場していた。しかも，いずれもそれは保守的な保育からの脱却と新しい保育の推進を図る象徴的な役割を果たしていたことは興味深い。

　ここで砂場の歴史からの学びを次の 3 点にまとめる。

第一は，生きた子どもの姿に目を向けることの重要性である。人々はフレーベルの教えを「教義」にしてしまった時，子どもの姿そのものへの注意を失った。思想や学説の学びは大切であるが，それは決して子どもの存在を無視したものであってはならない。

　第二は，子どもは，自ら変化し成長する力とエネルギーを有しており，その力は子ども自身の自由で自発的な活動としての「遊び」を通してこそ引き出されるということである。これは子どもの可能性への信頼であり，新たな遊びへの視点でもあった。

　第三は，その上で，大人（保育者）や社会の役割は何かと言えば，禁止や規則，罰則によって子どもを縛ることでも，大人の思い通りに子どもを動かすことでもなく，前述のような子どもの力が自然に引き出されるような環境を整備するということである。

　砂場というのは単に多量の砂を盛っただけの，遊具の完成度としてはきわめて低い空間である。しかし，だからこそ，子どもたちの自由な遊びは最大限に引き出される。そのような環境のもつ力を先人たちは見逃さなかったのだ。

　翻って，今日の砂場，そして子育ての状況を考えた時，これら砂場の歴史からの学びはどうなっているだろうか。百年前に逆戻りしていないことを願うものである。

4　現代における保育環境整備の課題

現代の保育課題と施設・設備のあり方

　第2節で触れた1993年版「幼稚園施設整備指針」は，「幼稚園教育要領」の改訂や社会状況の変化を受けて，2002年に全面改訂され，その後も5度にわたって部分改訂が重ねられている。そこで，ここでは，子育て環境や保育・幼児教育の制度が大きな変更点を迎え，また2011年の東日本大震災からの教訓などもふまえて改訂された最新2014（平成26）年版の第一章第二節「幼稚園施設整備の課題への対応」から，以下要点をまとめる（「施設整備」の項目はそのままの引用とし，括弧内は筆者によるまとめである）。

　第1　幼児の主体的な活動を確保する施設整備
　1．自発的で創造的な活動を促す計画（幼児期にふさわしい発達を促す施設とし

て，多目的な空間計画や様々なコーナーの設定，変化のある空間の計画）
2. 多様な自然体験や生活体験が可能となる環境（動線に配慮した園庭・遊具の配置，屋内外の空間的連続性や回遊性への配慮，バルコニーなど，半屋外空間の充実）
3. 人とのかかわりを促す工夫（交流を配慮した空間設計，廊下やホールなどに面した小スペース・穴ぐら的小空間の設置）
4. 多様な保育ニーズへの対応（チーム保育や3歳児保育に対応できる空間配置）
5. 情報環境の充実（幼児への影響に配慮した情報機器の導入計画）
6. 特別支援教育の推進のための施設（一人ひとりの幼児の教育的ニーズや障がいのある幼児の状態や特性などを踏まえた，適切な指導や必要な支援を可能とする施設環境）

第2 安全でゆとりと潤いのある施設整備
1. 生活の場としての施設（ゆとりと潤いのある施設，幼児の行動範囲・人体寸法・心理面を含めた施設計画，机・椅子・収納棚などの家具と一体的な施設計画）
2. 健康に配慮した施設（快適性，保健衛生に配慮した施設計画，化学物質の発生に考慮した建材などの採用，化学物質濃度が基準値以下を確認した後の建物などの供用開始）
3. 地震，津波等の災害に対する安全性の確保（施設・設備の十分な耐震性の確保，地震，津波などへの緊急対応を想定した避難経路の確保，災害発生時における地域での応急的な避難場所となる機能の計画，施設自体が防災教育の教材となる環境）
4. 安全・防犯への対応（全施設・設備の危険除去と安全確保，幼児の万が一の事故の被害が最小限にとどまる配慮，不審者の侵入抑止や犯罪防止のための設備と通報システム，家庭・地域の関係機関・団体などとの連携による防犯・事故防止対策）
5. 施設のバリアフリー対応（障がいのある幼児や園庭開放時の高齢者など多様な利用者に対応できるスロープ・手すり便所・出入り口，必要に応じてエレベーターなどの設置の計画）
6. 環境との共生（自然環境に配慮した施設，施設自体が環境教育の教材となるような活動計画，環境負荷の低減や自然との共生を考慮した施設，太陽光・太陽熱・

風力・バイオマスなど再生可能エネルギーの導入，緑化，木材の利用など）
7. 特色を生かした計画（モニュメントやシンボルツリー，地域の文化的特性や伝統・風土・景観などの特色を生かした施設計画）

第3　家庭や地域と連携した施設整備
1. 幼稚園・家庭・地域の連携（教職員・保護者・地域住民などの参画による施設計画，地域の活力の導入・活用を促す諸室の計画，他の文教施設との連携を視野に入れた情報ネットワーク）
2. 「預かり保育」への対応（幼児の長時間滞在に配慮した家庭的な雰囲気のある空間の設置）
3. 子育て支援活動への対応（情報交換や相談のための専用の子育て支援室，インターネットを活用した子育て支援ネットワークの構築）
4. 幼稚園開放のための施設・環境（地域住民が有効に活用できる施設計画，快適・健康・安全で利用しやすく維持管理が容易な施設の計画）
5. 保育所と連携した施設計画（幼児の教育・保育の場として施設の共用化，有機的な連携を計画，教員と保育士の交流促進や子育て相談などにおける連携・協力の計画）
6. 複合化への対応（教育環境の高機能化及び多機能化に寄与するような幼稚園と保育所・小学校・社会教育施設・高齢者福祉施設などとの複合化計画，安全面やバリアフリーに考慮した計画，他施設との合築計画における慎重な判断）

以上，現代の保育課題と保育環境のあり方を示す基本的な視点である。ここから，今日，保育が実に多様な社会の変化や問題を背景として，さらなる環境整備の努力と工夫が求められていることがわかる。だが，その基本的な考えは，子どもの主体的，創造的な活動を通して幼児期にふさわしい心身の発達を保障することに変わりはない。園とともに家庭や地域とが一体となって，安心・安全を基盤とし，多様かつ豊かな自然・人・もの・情報との出会いやかかわりを豊かにしていくことが，まさに保育の原点である。

*

本章では，保育環境の中でも特に施設・設備という物的環境の変遷をたどった。その歴史から，乳幼児の周囲に構築される物的環境は，決して単なる「もの」としての存在ではなく，保育者や園の持つ保育観・遊び観のみならず，時

代や社会の子ども観を反映したものであることを明らかにした。さらに,「もの」それ自体も,生きた子どもとのかかわりを通して意味や価値を変化させ,進化していくものであることを見てきた。

改めて,保育とは,眼前の乳幼児の姿をていねいに見つめ,子どもにとって最も「適当な環境」とは何かを模索し続け,また子どもたちとともに創り続けていく行為であることをここに確認して章を閉じたい。

注
1) 以下「学校教育法」草稿の改訂過程は,名古屋大学教育学部教育行政及び制度研究室・技術教育学研究室 (1983) を参考とする。
2) 施設・設備に関しては主に,川添,1970;永井,2005;森上,1981を参考とする。
3) 幼稚園数,託児所数,保育所数については,文部省,1979;文部科学省「学校基本調査」(2015年);厚生労働省「保育所関連状況とりまとめ」(2015年) による。
4) 砂場の歴史については,笠間,2001;橋川,2006に詳しい。

引用文献
阿部真美子 (1988). アメリカの幼稚園運動 明治図書出版 p. 158.
天城勲 (1954). 学校教育法逐条解説 学陽書房 p. 250.
橋川喜美代 (2006). アメリカ進歩主義幼稚園の改革運動と〈砂場〉——砂場と大型積み木開発からの示唆を中心に 鳴門教育大学研究紀要 (人文・社会科学編), 21, 83-94.
笠間浩幸 (2001). 〈砂場〉と子ども 東洋館出版社
川添登 (1970). 学校・体育施設 建築学大系編集委員会 (編) 建築学大系32:改訂増補 彰国社
京阪神連合保育会 (編) (1983). 京阪神連合保育会雑誌1 (第5号) 臨川書店 p. 23.
倉橋惣三 (1913). 砂場の屋根に就て 幼児の教育復刻刊行会 (編) (1979). 復刻幼児の教育, 13 (7), 245-248.
倉橋惣三 (1931). 就学前の教育 坂元彦太郎・及川ふみ・津守真 (編) (1965) 倉橋惣三選集第3巻 フレーベル館 pp. 431-432.
文部省 (編) (1979). 幼稚園教育百年史 ひかりのくに
森上史郎 (1981). 子どもを生かす環境構成シリーズ1 園舎・園庭・保育室 内田洋行教育機器事業部
村山貞夫 (1975). 保育要領の刊行 日本保育学会 (編) 日本幼児保育史第6巻 フレ

ーベル館　pp. 242-249.
永井理恵子（2005）．近代日本幼稚園建築史研究　学文社
名古屋大学教育学部教育行政及び制度研究室・技術教育学研究室（編）（1983）．学校教育法成立史関係資料
中村五六（1893）．幼稚園摘葉　岡田正章（監修）（1977）．明治保育文献集第8巻　日本らいぶらり　p. 99.
お茶の水女子大学文教学部附属幼稚園（1976）．年表・幼稚園百年史
小川正通（1950）．幼稚園教育論　東京教育大学内教育学研究室（編）　幼稚園教育　金子書房　p. 54.
小川正通（1955）．保育原理　金子書房　p. 121.
大戸美也子（1977）．保育環境学　日本保育学会（編）　保育学の進歩　フレーベル館　pp. 205-207.
坂元彦太郎（1964）．幼児教育の構造　フレーベル館　p. 7.
佐藤秀雄（1988）．ノートや鉛筆が学校を変えた　平凡社　p. 15.
塩原三男（1979）．保育施設・設備　岡田正章（編）　幼児保育小辞典　日本らいぶらり　p. 83.
宍戸健夫（1977）．「幼稚園保育法」解説　岡田正章（監修），明治保育文献集別巻　日本らいぶらり　p. 205.
津守真・久保いと・本田和子（1959）．幼稚園の歴史　恒星社厚生閣　p. 181.
Wiggin, K. D., & Smith, N. A. (1900). *Froebel's Occupations,* Gay & Bird, pp. 293-294.
山下俊郎（1937）．教育的環境学　岩波書店　p. 1.

第8章 専門家としての保育者の歴史

浜口順子

　「保育者」という概念は，幼稚園教諭と保育所保育士などの職名を担って保育を実践する人のことを対象範囲とする場合が多い。これはいわば，「誰が保育者か」という外延的規定であり，具体的かつリアルな保育者像が対応する。一方で，「保育の専門家としての使命を持つ人」というような措定は「保育者とは何か」をさす抽象的，内包的定義であって，「そうあるべきだ」というバーチャルな理念型を見据えている。こうした二重性はいかなる概念にも付随するものである。しかし，「保育者」概念には，「医師」「法律家」「教師」などの概念に比べ，あえてその斉一性を主張し社会的コンセンサスを誘致しようとする啓発性が色濃く内包されている。「保育者」概念の啓発性は，海外に目を転じてみても見受けられる。多くの先進諸国においても0～6歳頃の就学前の社会的な保育を担当する保育者は，二つ以上の職名をその外延としており，内包すなわち保育者としてのアイデンティティの探究が，特に1990年代の後半から国家的経済政策の一環としてめざましい速度で進められ（OECD, 2012, pp. 162-166)[1]，異なる職名を持つ「保育者」の統合や再編が進められている。

　本章では，戦前から現代に至る保育者の専門性について，1人の保育者の専門性探究の軌跡をたどることによって考察する。その保育者とは，堀合文子（1921～2011年，旧姓は上遠）である。彼女は60年間という長い年月を現役の幼稚園教諭として生きた。戦前から戦後の激動の時代を駆け抜けた一保育者の専門性の形成プロセスを追いながら，その専門性の内実について明らかにしたい。

1　資格養成の時代（1940年前後）

　堀合文子は1921年，東京赤坂に生まれた。生家は2代続いた建築業であり，学校建築などを広く手がけていた祖父が家族において絶対の権威を持っていたという。堀合は青山学院高等女学部に進学したが，その後の高等教育への進学

には祖父の反対を受けた。しかし，進学の夢を諦められない堀合の様子を母親が察して担任に相談して薦めたのが，東京女子高等師範学校（以下，女高師と略）の保育実習科[2]だった。修業1年と短かったため，祖父には内緒で進学させてもらえたという。入学は1938年4月。女高師附属幼稚園が主な学習の場であり，時間の許す限り保育に携わった。保育，教育，心理学，音楽，図画，保健衛生などの講義を受け，倉橋惣三には「保育学」の講義を受けた。「実習科時代は余り子どもが好きではなかったので，保育実習も，やらなければならないからやるといった義務的なものだったという」（立川，1993c, pp. 39-41）。

保姆になる動機（1938年）

堀合は実は理科への進学を望んでいたようだが，厳しい祖父の目をすりぬけて進学できるところとして，女高師保育実習科を選んだ。堀合の入学より7年前（1931年）の「生徒募集」資料によると，入学資格は16歳以上，「身体健全品行方正にして保姆たるに該当する者たるべし」とされている。これが堀合の受験時も変わらなかったとすると，堀合は「師範学校又は高等女学校の卒業者」の資格相当であった。入試は，選抜試験・身体検査・口頭試問と分かれ，試験科目は，国語（解釈・作文），理科（物理），図画（自在画）の3科目（官報，1931）。学費は年額55円（1931年当時の幼稚園保姆の月俸平均は42.90円）（文部省，1979, p. 271）。

当時の女性たちは，保姆という職業をどのような理由で選択していたのだろうか。1940年から2か年かけて行われた全国的な保育施設に関する調査があり，そこに「保姆になった動機」に関する調査結果がある。幼稚園と託児所とそれぞれの統計があるが，合計（％）の多い順に主な項目を挙げる（括弧内は，幼稚園，託児所，合計の順）と，①自分の性格に適するから（29.0, 24.0, 26.0），②国家的社会的使命感から（9.0, 19.5, 15.0），③婦人の職業として適当（17.0, 13.0, 14.5），④家計のために（9.0, 12.0, 11.0），⑤消極的理由（4.0, 7.0, 6.0），⑥勧告，依頼，命令により（6.0, 4.0, 4.0），⑦便宜があったために（3.0, 5.0, 4.0）となっている（社会事業研究所・愛育研究所，1942, pp. 378-379）。

堀合が保育実習科に入った理由は，上記理由の中では「勧告，依頼，命令により」に相当するだろう。「余り子どもが好きではなかった」という堀合が，

祖父の意見によって進学を許されない状況の中で,いわば消去法で見つけた選択肢であった可能性がある。しかし,調査は幼稚園・託児所の現職保姆を対象としており,安易な比較はできない。堀合のその後の足跡を見れば,養成課程入学の動機はどうあれ,現職者の道を歩み始めた時点では職業的使命を自ら見出し得ていたと考えられる。

保姆養成課程における学び(1938～39年)

堀合は女高師の保育実習科(修業年限は1か年)に1938年4月に入学,翌年3月卒業した。1940年調査では,保姆養成機関は道府県を通じて33施設あった。東京と奈良の女高師附属のものが官立で,公立は千葉,ほかはすべて私立だった(文部省,1979,pp. 262-272)。定員20人,学科目は修身,教育,体操,保育,図画,音楽,手工,理科の8教科[3],保育実習は附属幼稚園で週8～20時間だった(多くは10～15時間)。堀合は,上記の科目以外に心理学と保健衛生の授業もあったと回想している。堀合よりも4歳年上の川上須賀子(後に宮内庁に抜擢され,保姆として勤務した)の保育実習科における受講ノートが,槇(2012)によって検討されているが,時期的に堀合が受けた授業と近い内容であると推察される。川上が受けた授業は3学期制で,「修身」は下田次郎担当で「生命」「誠」「良心」について語られている。「教育Ⅰ」「教育Ⅱ」は古川竹二担当,血液型気質相関説という自身の研究についても部分的に講義されている。堀合の回想で,倉橋惣三から「保育学」の講義を受けた,とあるが,川上も「保育・児童心理」というノートを残している。「保育」の内容は,現在も刊行されている『倉橋惣三「保育法」講義録』(土屋,1990)とほぼ同じ内容であるというから,誘導保育についての講義もそこで受けたことになる。「児童心理」は児童研究,精神発達,遊戯の心理,幼児の非現実性,社会性,児童心理学の結論など,当時の最新の学術成果が講義されていた。「遊戯」は附属幼稚園の保姆(村上露子,女高師本科卒)による講義であった。川上のノートには,土川五郎の遊戯「靴が鳴る」が絵入りで書かれ,手工の材料についての説明,立体の展開図などが記され,(授業中に作成したらしい紙人形の実物が現存していることから)実技を伴う授業であったようだ。川上の同級生,鈴木貞子の回想によると,実習の方法は,「朝,子どもを受け入れる時から保姆と一緒に保育を

行い，講義があるときは本校へ行くという生活であった。そのため，1日の中に子どもと一緒の時間と本校で勉強する時間があったが，生活の中心は幼稚園であった」という[4]。

2 初任者の時代（1941～45年）

　堀合は，保育実習科を卒業後，「女高師の附属幼稚園では先生が一人産休に入ったため［筆者注：DVD（堀合・内田，2007）では「御病気で」と回想］，恩師から……『是非来てくれないか』という誘いがあり，早速1月から臨時の形で附属幼稚園に勤務することになった」と回想している（立川，1993c, pp. 41-42）。1940年1月幼稚園勤務嘱託，41年1月から保姆，4月から担任を持った。ここから堀合の60年間の担任保育者としてのキャリアがスタートする。しかし，まもなく日本は第二次世界大戦に参戦。「私の学生時代，そして奉職したころはまだまだ平和だったと思います，奉職して少しして戦争の中にまき込まれましたね。それまでは，子どもを集めるということは幼稚園ではしておりませんでしたが，意識して集めるように，そして区切りをつけるような形態をとってください，と言われました」と堀合は回想している（山村ほか，1969, p. 29）。緊急避難の必要性から，保育運営形態への制限が余儀なくされていたと考えられる。

　昭和初期前後から附属幼稚園の保育形態の基本は誘導保育であった。誘導保育とは，倉橋惣三の（アメリカの新教育，コンダクト・カリキュラムなどに刺激された）保育理念に基づいて，附属幼稚園の保姆たちが大正末から（倉橋が言うところの）「あてがいぶち保育」でも「こまぎれ保育」でもない，子どもの生活に根差した主題性のある遊びへと誘導する実際の方法を開発したもので，1935年「系統的保育案の実際」として発表された[5]。しかし戦時体制の中，誘導保育形態はとりにくくなっていたようである。当時の保姆・清水光子は「新体制をしないといけないというので，『兵隊さんありがとう』とビラみたいなのを子どもに書かせて『私たちはよい子になります』と誓いの言葉を云わせたりしました」と，特殊な戦時保育をしなければならなかった幼稚園状況を証言する（山村ほか，1969, p. 29）。

　堀合より19歳年上で，系統的保育実践を中心的に担った保育者の1人，菊

池ふじのは，その時期の緊張感を次のように回想する。「かねがね防空訓練をやったり，防毒マスクの付け方とか怪我の手当てなどの訓練や講習が行われていたので，こういうことのあることは予期していたはずではあったが，いざ空襲警報が発せられたとなると，急に身がひきしまる思いがした」（菊池，1993，p. 104）。園児たちは登園しても，警戒警報のサイレンが鳴るとすぐ降園させられる日が多くなった。子どもの帰宅後は幼稚園職員と保育実習科の学生とで，早速シャベルを持って自分たちの手で防空壕を作った。本土空襲になると，子どもを帰宅させる余裕もなくなり，子どもと一緒に先生たちの手作りの防空壕に体を寄せ合って入る日が多くなったという。菊池はその時のことを「ひとりひとりの子どもの顔を見ながら，いとおしくてならなかったものだった」「空襲避難訓練。これは爆風をよける，という意味で，外でも内でも伏すことを練習した。笛の合図で，各組毎にできるだけ早く，床に伏したり，廊下に伏したりの稽古。こんなことをして，あの強大な爆弾や火災の被害から逃れようとしたのを，いま思うと，私たちおとなが近隣総出で一列にならび，バケツリレーをして消火しようとしたあの愚に似ている」（菊池，1993，p. 105）と回想する。

　この時代の保育者は，まさに戦火の中で子どもの命を守る仕事をし，国の命令一下，不合理（かどうかの判断も許されない）な訓練をさせられてもいた。1944年（5月に幼稚園休止命令が東京都で出された），子どもを持つ戦争未亡人対象の就職支援再教育を目的として作られた玉成舎という特設女子教員養成所が女高師内に設けられたが，その2〜7歳ぐらいの子女を幼稚園で預かることになった。保育室の半分に畳を敷き，昼食後は昼寝をさせる託児所的機能を兼ねることとなる。

　幼稚園は「来る子どもが少なくなったので一組にまとめて」堀合が担任した（山村ほか，1969，p. 30）。その頃の堀合が，『幼児の教育』誌に日常保育の様子や保育内容の指導法などについて寄稿したものがあるが，その中に「手技」（幼稚園令における保育5項目の一）に関する記述がある。「幼児の手技は，材料は立派でなくとも，紙片でも，庭にある草木でも好い，それを幼児自身の手で何かの形に下手でも作り上げるその事が幼児にとっての遊びであり，訓練でもある。即ち結果を批評するのでなく，その過程を重んずると云う事は幼児の手技にとってよく知っておかねばならぬ」（上遠，1944，p. 15）。製作が結果（できばえ）で

評価されやすかった傾向に対して，作るプロセスを大切にすることを強調している。また「画きたいがどうしてよいかわからぬ幼児には，画きたい心を満足させる上からもまたその方法に暗示を与えるよう手を持ち画いてあげたい」（上遠，1944, p.16）ともある。1990年代に堀合の保育を観察研究した内田伸子は，製作場面の子どもと堀合の言葉のやりとりを記録している。子どもがユニコーンを描いてほしいと堀合にせがむと，その子が自分ではまだ描きたくないのを確かめながら「キリンみたいなの？　知らない，教えて」と，その子のイメージに即して描いていく。子どもは一生懸命に堀合の手元を見つめる。そして，その1，2か月後にはその子どもが自分のイメージで形にしていったことを見，内田は，堀合の指導は発達の最近接領域に働きかけるものだと考察する（内田，1998, pp.127-137）。堀合のこうした製作場面におけるかかわり方の原点が，戦前の手技指導にすでに見られると言えよう。

3　「新保育」への過渡期（1946〜65年）

　1945年には幼稚園に来る子どもがほとんどいなくなり，3月16日休園。「卒業式をすませてから，などと考える余裕もないほどに世情は緊迫していた」（菊池，1993, p.110）。堀合は，そのため本校の学生の勤労動員先に行く準備を始めたが，1945年8月終戦を迎えた。

　その後2か月して附属幼稚園は再開された。それは「隣保幼稚園として，近所の子を集めての再開」であり，ご近所幼稚園[6]としての発足だった。後に，ある座談会の中で次のように語る（山村ほか，1969, p.35）。

　　堀合：「護国寺のむこうまで誘って歩きました。いろいろな子どもが来て，以前の幼稚園のおもむきとは大分違うんですの。しらみがうつったのを覚えています。D.D.Tをまいたりしました。」
　　津守真：「そのころも誘導保育？」
　　堀合：「ずっと同じですね。」

　翌1946年4月の新学期には，疎開幼児もほとんど帰ってきて，45人を数えた組もあった。臨戦体制の中，一時的に統制的な保育形態を強いられていたが，基本的には「ずっと同じ」誘導保育が行われていた，と堀合は認識している。

　戦後の占領政策下の混乱期に，教育界は新しい日本社会の構築を求めて「新

教育」を求める改革運動のうねりに突入していくが，就学前教育ではそれが「新保育」を模索する動きとなる。堀合は占領時代の保育を振り返り，「アメリカの影響で」一斉的な保育を5年ぐらいやっていたと語る。しかしそれは机に向かってみんなが一斉に同じことをするような一斉保育では決してなく，たとえば「お店屋さん」という一つの目標があって，それに向かって子どもがそれぞれいろいろなことをする，というものだった（堀合・内田，2007）。堀合はその中で，「売る・買う」以外の興味を子どもが持たないことに疑問を持ち，ある時何の目標の提示もせずに，「遊ぶだけをやらせて」みる。そうすると子どもの「生き生きさ」が変わること，子どものほうから「〇〇がほしい」と（「〇〇を作りたい」ではなく）自発的な要求を教師に言ってくることに気づいたという（堀合・内田，2007）。誘導保育を継承しつつも，子どもの様子をまっすぐに観察し「生き生き」していないと何かおかしいと感じ，試行錯誤する態度があった。

　1948年4月，新入園児を迎えた際の発見を記した「導いてくれた子供達」という文章がある。みんな集って歌を歌う時に，「かならず椅子の上に立ち上って口では歌を歌いつつ腰をかがめてリズムに合わせて嬉しそうに，実に嬉しそうに」歌っている男児A。ある日「汽車」の歌を促すと，Aは車を回して廊下へ出てしまい，ほかの子どもたちも数人を残してついていってしまった。堀合は「ちょっといらいらして」きたが，意外にも皆すぐに戻ってきた。それを見た堀合は，「子供たちに音楽と自由とを与えればそこには子供の創作が生れるのではないか」と気づき，Aに対して「私の唱歌指導の中に一つのヒントを与えてくれた恩人」だと言う。同様の事例が続き最後に，「昔からこんな子供達はその計画で一杯な私共がわすれていたのではないでしょうか。私も勿論その一人だったのです」と語る。1940年に保育者となった堀合が，「新保育を工夫し研究」する時に，子どもたちこそが「指導者」であったと語る（上遠，1948）。

　1947年に幼保二元化体制が確立し，従来の教員免許状は「仮免許状」となった。正規の教員となるために必要な講習会が，文部省，都道府県，教員養成官立学校などによって開かれ，同47年10月に女高師主催の「幼稚園教員新保育講習」が5日間の日程で開催された。倉橋の司会のもと，第1〜3日目は刊

行直前の「保育要領」に関する説明のほか,発達と指導に関する講義,4日目には連合国軍総司令部 CIE(民間情報教育局)教育部のヘレン・ヘファナンによる特別講演があった。「新しい講習形式として」4～5日目に「附属幼稚園実地保育参観」とその討論の時間が設けられ,「活発な発言相ついで,時間のうつるを忘れ」るような意義深い講習となったと報告されている[7]。堀合(当時,上遠)も,この時の実地保育担当者であったはずであり,モデル的な保育を公開し質疑応答に対応する経験をしていたと考えられる。

この時代は,CIE の指導の下,PTA を学校に組織したり,現職者教育 IFEL[8]講習に日本中の有望な教育者が選ばれて研究を進めたりしていた。1950年度 IFEL の第6回幼稚園教育班には,附属幼稚園[9]から菊池ふじのが17人のメンバー(教育委員会関係者,教員養成大学教師,指導主事,公私立幼稚園の園長や教員など)の1人に選ばれ,ガートルード・M・ルイス,周郷博,功刀嘉子らの指導を受けている。菊池はこの研究班における「勉強の仕方」が,「グループ・スタディ(研究集会),またはワークショップの標本」であり,「はじめに各自の研究したいと思う課題を提出して,これを幼稚園教育の全体的な見地から4つに分類し」グループごとに必要な調査,資料蒐集,経過報告を行い,必要な時は講師から「サゼッションを仰ぐことができた」と記録している。また,「この方法が従来の一斉に講義を聴くという勉強の仕方よりも,はるかに効果的であるのを知った」と,主体的な問題意識を生かした参加型研修の意義を論じている(菊池,1952,p.17)。堀合が附属幼稚園において,このような先進的な現職研修のあり方に啓発された先輩保育者の影響を受けたと考えることは自然であろう[10]。

4 子どもの自発性を尊重する保育の模索

昭和30(1955)～40年代,堀合は附属幼稚園における中堅的保育者になる(1972年に教頭,1980年に副園長になるが,クラス担任は持ち続けた)。戦前に倉橋惣三の直接的な影響力のもとで「系統的保育案の実際」を手掛け誘導保育を精力的に推進した保育者たち(及川ふみ,菊池ふじのは戦後も保育現場に残った)を誘導保育第一世代というなら,堀合は第二世代と言ってよかろう。及川ふみ(1893～1969年)は倉橋の後任で,1949年から主事(52年から呼称が園長に変更)

となる（59年から坂元彦太郎，69年から周郷博が園長となった）。

　この時代の堀合は，倉橋の保育理論をいかに戦後の新保育に生かすかを模索し，具体的な子どもの姿から学び自己省察する方法をとり，そして津守真らお茶の水女子大学に赴任した研究者の研究に保育実践面で協力し，相互に啓発しあいながら自覚的に研究を進めていく。1970年の日本保育学会大会における「自発性を尊重した幼児教育方法を一考する」という研究発表（副題「倉橋惣三先生の保育原理を土台として」）において，「もっと自由な中での方法が外にあるのではないか」という問題意識に基づき，従来の保育方法を継承しながら時代に即した形の「適切な指導法」を新たに探究することを目的としていた（堀合, 1970, p. 175）。

　　昭和15［筆者注：1940］年以来，夢中で幼児とすごした時代から，戦後といわれる時をすごし現在までの，自分が指導してきた方法を思出しながら反省してみた。（一例）朝幼児が登園してくると，"すきなもので遊びましょう" というが早いか，ここから幼児の生活，活動がはじまる。或一定の時間がくると仕事をはじめたり，お話を聞いたり，歌をうたったりする幼児の "あそび" の状態をみて，声をかけるが，結果的には教師の計画に誘導していた。もっと幼児側からの見方を考えたり，周囲をみては，やはり教師が何かをやらせることにおいての満足感を持ち，やらせないとおくれるような気持をなくさないといけない［強調筆者］。

　ここで反省されている「教師が何かをやらせる」こととは，言葉で「次はこれをやりましょう」と仕向ける種類のことではなく，誘導保育の中の「やらせる」である。つまり，系統的保育案の中の「自由遊戯」および「生活訓練」という子どもの基本的生活を活かしつつ，保育項目を目安としながら，期待効果や作業期間の見通しを持って行う指導が「やらせる」ことになっていないかという省察となっている。

　堀合らによる当時の附属幼稚園の保育を，外部の保育者が見学した記録がある。1935年生まれの公立幼稚園保育者は，1955年の，最初は，机に座って折り紙をしたり外に遊びに行ったりするのが1日の流れだったのですか，という問いに対して，「そうですね。みんなで運動場に行って体操をしたりとか。でも，お茶の水［筆者注：附属幼稚園のこと］はその当時からほんとうに自由でし

たよ。わりに。観にいったら。来た子どもから好きな遊びをしてたわね。砂場とかなんとか，ほんとは，あれがいいんでしょうけどね」(田甫，2004, p. 82) と答えている。この若い保育者が見た保育が，堀合自身のものであったかは不明だが，当時の附属幼稚園の保育が，登園してすぐに自由あそびをする形で，「やらせる」とか「遊ばせる」ように見えるものではなく，同時代の保育者にとって新鮮に映ったこと，しかし，すぐにまねできるものではないとも感じられていたことがわかる。

　堀合（1970）では，運動会の練習の仕方を思い切り変えた実践が報告されている。「運動会のシーズンになると，運動会の種目のために練習がはじまる。はじめは各自組毎に，そして後合同練習にはいる。これをくりかえしやっていた頃，父兄より一つの問題を持ち出された。『最近，めづらしく夜中にとびおきて，何かわからないことを口ばしるのですが何か幼稚園であったのでしょうか。お友達とけんかするとか』という母親と，日をちがえて『帰り道に大へんつかれた様子で，気げんもわるくて困るのですが，何かつかれるようなあそびをしているのでしょうか』という二人の母親からの質問を受けた」。その後，堀合は，運動会の練習をするというと，子どもから「またー」とか「またあそべないの」という言葉が返ってくることに問題性を見出す。この結果，堀合は「運動会のための練習はしないで，合同練習3回だけ」にした。そして，環境の整備，環境からの誘導を心がけ，期間を長くかけた。3歳児，4歳児の2年間は，一度も集めてする経験はさせなかった（ただし，食事と帰園の時は別）（堀合，1970, p. 176）。

　堀合のこのドラスティックな実践の変化には，大学研究者との共同研究も一つの契機になっていた。「附属幼稚園の中に津守先生の研究会がありました。私は毎日保育をし，津守先生は観察にいらっしゃるという日々でした。運動会，私はずっとそういうものだと思ってきましたのですが，第2学期が始まるとすぐ種目が決まります。その中で，『おゆうぎ』だけはある程度練習しないとできない。それで，10時ぐらいに音楽が流れて，子どもたちは園庭に集っておけいこが始まるのです。うちの場合は，その時代ではゆるやかな方だったんですが，それでも時間を区切って順番に練習をしていました。ある日，津守先生が『先生，運動会ってなきゃいけないんでしょうか？』，私は『ハッ？』，実は

びっくりして，いうことばもなかったんだと思います」「あの頃（昭和30年代）は遊ぶことを，みんなそんなに大切にしていなかったように思います」（友定，1995, pp. 7-8）。堀合のそれ以前の論考を見ると，遊ぶことの大切さを彼女が認識してこなかったとは言い難いが，自身としては遊ぶことの大切さを本当にはわかっていなかったと思えた瞬間であったのだろう。子どもの自発性を真に生かす行事のあり方を妥協せず追求し，それを実践の中で検証しようとする実践者的な科学性と良心に着目したい。

5 保育「技術」としての音楽リズム研修と研究（1965〜80年）

堀合自身の教育研究活動においては，音楽リズムに関するものが多い。それは当時の保育領域「音楽リズム」という枠にはおさまらず，むしろ，自らの保育観の変化に沿って，自分自身の専門性を高めるために見出していた視点であり，次世代保育者を育てる際のキーコンセプトにもなっていく。先に，堀合の音楽リズムへの関心の端緒を示すものとして，クラスで「汽車」を弾いたら汽車になって保育室を出て行った子どもの話を引用した。「音楽があれば動作があるという事が幼児期の場合は第一に考慮しておくべきである事が確証され，私の疑にまよっていた気持にしっかり道をつけてくれました」という気づきへ，子どもによって導かれたとも記し，その後の堀合の保育研究の方向性を暗示している（上遠，1948, pp. 16-17）。

堀合に重要な影響を与えた1人，学校ダンスで著名な戸倉ハル（1896〜1968年）は1933年女高師に助教授として赴任する前の1925（大正14）年から毎夏，女高師における幼児教育講習会で「うた遊び」の実技指導をしていた（及川，1969, p. 34）。戸倉は倉橋と共同研究をし，いくつかの遊戯作品の唱歌の作詞を倉橋が受け持つようになった。戸倉は，倉橋の「遊戯はもっと素朴で簡単で，一刀彫の様でありたい。もっと子供の自由表現の余地をあらしめたい」という言葉に強い刺激を受け，よき保姆とは「子供等に教えるという事よりも，子供等にらくらくと自由に表現させる志向を起させる」人であるという考えに達する（戸倉，1933, p. 91）。戸倉は1967年まで幼児教育講習会を毎年続け，途中から堀合が協力するようになった。後年堀合は，「戸倉ハル先生と一緒に，よく幼稚園の先生の講習会でおゆうぎを教えていたが，その折，戸倉先生が学生た

ちと楽しそうにダンスを踊るのを見て，すっかりあこがれてしまい，自分も何らかの形で大人の踊りが踊れるようになりたいと考え」たと語り，自らも日本舞踊を本格的に習い始めた（立川，1993c, p. 45）。戸倉の幼児ダンスの理論や学生・保育者たちへの音楽指導実践に，堀合は深い影響を受けたと考えられる。

先に言及した「自発性を尊重した幼児教育方法」は，日本保育学会において8回続けて発表された（1970～77年）。全8回の発表の中に，その具体的な試行錯誤と専門性模索のプロセスを見取ることができる。子どもの変化を受けて従来の指導方法を変えたプロセスについて次のように語る（堀合，1971, p. 141: 第2回発表）。

> 教師の経験や幼児の生活状態・発達状態を考慮した指導計画には誘導されず，友だち同志の"あそび"の方がより興味深く，又誘導されたとしても，一つの事を工夫したり，考えたりという態度ではなく，事務的なやればよいという考えでたのしそうでもなく，その中に何の効果もない。その反面，友だち同志で自発的に行動している"あそび"には，たのしさもあれば工夫力考察力もみられ，創造性も豊かに働いているのがはっきりわかった。

具体的には，手先の「小さな筋肉の活動」よりも「もっと大きな活動の制作に向けたり」，個人の自発活動をより尊重できるよう「個人的な指導計画の方向に向け」，環境整備に「特に配慮し」「教師は常に幼児の友だち的位置にいて行動を共にし，その行動が指導の意図を自然に示すように努め」るなどの試みをしている。子どもの活動を微細に観察し，子どもの行動を「心の中でダンスをしている」という解釈をして認めるようにした，ともある。「幼児のリズムを大切にする」という表現で，狭義の音楽活動ではなく，子どもをよく見てその生きるリズムを感じる必要性を論じている。そして，そのために「教師は自分の体についての勉強が大切で……動けない教師ではだめ」だと言う（堀合，1971, p. 142）。

その後の研究では，自由と指導とのジレンマをテーマとして，放任とならぬように，幼児の活動と指導の関係を摘出して，幼児の「自由感」が大事であること，表面に現れた部分だけの指導では幼児の「人間的要素」を育てられないことを明らかにする（堀合，1972）。第5回発表では，「一室に集めて動く事をやったり，歌ったり，楽器遊びをやったりする事を全部やめて」「幼児の活動

の中，日常の生活の中にリズムがどの位，どの場面にあるかを観察してみた」とあり，積み木を運ぶ足取りや，砂場で山をつくるなどの日常の動きを拍（リズム）でとらえて表現している。この研究には，動きとリズムを一体芸術としてとらえる舞踊家の邦正美の研究や，ルートヴィヒ・クラーゲス著『リズムの本質』が参照されている。その結果，子どもの生活を汎リズム的視点でとらえ，保育者も一緒に遊ぶ時には，「特に意識的に教師自身のリズム，リズミカルな行動をするように」注意し，日常の会話においてもリズムを意識したと報告されている（堀合，1974）。

　第7回の発表では，「見えない」指導，「見えない」子どもの成長であるからこそ，教師の言葉かけや働きかけのタイミングやリズムが重要で，測定しがたいものであるがゆえに研究対象にはしにくいことが強調される（堀合，1976）。

　第8回の発表では，その年に受け持った3歳児がこれまでと違うことを問題視して，「外面のみ考慮すると，成長が速いとか，知識が発達している如くみえるが，人間発達に対して一番大切な，幼児期にこそ考えておかなければならない人間形成の面の欠如は，幼児の本来持てるものを充分出しあってから次の段階へ伸張させる必要がある」と言う（堀合，1977, p. 167）。子どもの発達が「アンバランス」になっているので，外見的な様子にとらわれず，「レントゲン的な目」で内面を注意深く見よという，堀合が後年繰り返し強調する考え方である。

　1980年から堀合は月1回，「基礎動作（歩く，走る，様々なステップ，バランスなど）」「表現の基礎（ちょうちょ，小鳥，人形など）」「自由表現や既成作品の表現」の研究と研修の場を持ち，翌81年から音楽リズム・オンステージという現職者の発表の場を設けた。その第1回は戸倉ハルへの追悼会としての位置づけであった（小崎，1995, p. 34）。この活動の目的について，堀合は「今までは，音楽リズムの指導のために，教師は音楽にあわせて体を動かす事を学んでいましたが，……リズミカルな教師の体を作る事は，日常の保育，人間性の教育にいかに大切」であり「幼児の教育に影響しているか」を考えようとするものだと述べている（堀合，1984, p. 644）。この研修には，幼稚園・保育所の保育者が100人以上参加し，夏のステージ発表の前には2週間ほど集中的な動作や表現の練習がなされた。保育者の動きがリズミカルになり疲労感が減少し，子ども

を見る目や表現力に変化があったなどの成果が報告されている。このオンステージは毎年夏に，メンバーの新旧交代を経ながら，堀合の晩年まで続いた[11]。堀合は，子どもの変化をとらえつつ，倉橋の考えをいつも基点として「幼児の生活である"あそび"を充分にさせ，それをくずす事なくその生活の中で幼児教育を確立する」原則は常に堅持する。そして，現代の子どもの心の「空白」を充実させるために，「保育者の中の頭，神経，心，そして肉体，すべてを動かして対応しなければならない」と言う（堀合，1994, p. 172）。保育者の姿勢（脊椎の頂点に神経を入れることで，幼児と共にいる時の視野が広がるなど）や立ち方（足の裏全部を床につけて立たず，かかとを床より浮かし，つま先に力を入れて立つと，幼児に応答する時間がかからず，教師の意図が遅れずに幼児の中に入るなど）に関する基本的研修事項は，可視的，実用主義的な技能演習に誤解されるきらいがあるが，実は不可視的な身体性を獲得するための技術研修であって，保育者の専門性の根幹となる子ども理解と応答性に必要な心身の構えの形成を目指している。

　今，保育「技術」というタームは，目的実現のための安直なマニュアルのようにとらえられ，軽視される傾向がある。これは，高度経済成長期に客観的知識や技術を詰め込む学校教育が批判の的となったことと無関係ではない。「指導」というタームも，幼児教育においては殊に，教師による一方的な働きかけとしてイメージされる傾向がある。「環境を通して行う教育」を重視する現代の幼稚園教育要領への改訂が，その傾向を後押しした面も否定できない。しかし本来「技術」は，1940年代後半～60年代前半の保育者養成において，理論と実践をつなぐものとしてごく一般的に使用されていた言葉で，堀合を理解する上でこの点はメタ理論として認識しておく必要がある。当時の代表的な保育専門書は「基礎」編と「技術」編から構成されているものが多く[12]，「保育技術」として，具体的活動の指導に必要な目標，指導方法，教材研究，カリキュラムの作り方，領域ごとの指導法，生活指導などに分けて，理論・知識が保育の中で実際にどう応用されうるかが説かれている。1989年改訂の幼稚園教育要領で，ねらい・内容・環境が強調され，指導計画や指導案に具体的な活動名があまり記入されなくなったことに対し，原口（1996）は，それなしには「幼児を理解することは不可能であり」遊びについての「知識と技」が「欠落して

いる」と問題提起する（p. 48, 51）。理論と実際をリンクさせていた「技術」部分が空洞化し，子どもを大人の意図に向けて操作する手立てへと「技術」が形骸化している傾向があるとすれば，保育者の専門性向上にとって深刻な問題であるという意味の警鐘であろう。

6 時代の変化の中で子どもの自立を支える

　堀合は 1985 年に職場を私立十文字幼稚園へと移し，2001 年まで担任を務めた。1990 年代に立川と上垣内が堀合の日常保育を継続観察した際，堀合は，「久しぶりの 3 歳の担任で，以前の 3 歳とはだいぶ違う。どう関わればいいのかとドキドキです。初日の日から，どうもこの人達は，逆に関わりすぎると余りよくない，集団生活の中で決まりもだんだん判っていくんだけど，言葉でうんじゃなくて，自分を出していくと，その中で知らないうちに判っていくんじゃないかなと。……これまでは，もう少し 3 歳にはかかわっていたんですけれど，今年はそれをしないようにしました」（上垣内, 1993a, p. 32）と語った。経験年数 50 年に達する保育者が新任者のように「ドキドキ」し，気を抜かず，一瞬一瞬において子どもを見，それに応じていつも自分のかかわり方を変える用意がある。

　生活習慣の形成や，信頼関係の形成期において，堀合は（必要な子どもには）徹底的に手をかける保育をする。堀合の保育ビデオ製作にかかわった関口が，「身の回りの世話は何歳までやってあげますか」と問うと，「自分でやった人にはさせますが，やらない人には無理にさせません。やりなさいと言えばやるけどそれは受け身でしょう。やって上げることはそれを見ていますから」（関口, 2003, p. 39）と答えた。堀合は，子どもが「受け身」になるような指導に対して厳しい。やってあげることは一見依存させているようだが，保育者がやるのを「見る」という能動性が大切だというのである。身辺自立のような目に見えることは，やらない人にはやってあげれば，やがて自分でやるようになるという。

　また堀合は，子どもに手をかけることが，担任保育者にとって特別の意味を持つと考えていた。立川（1993b）は，「堀合先生は子どもとの信頼関係が確立するまでは，担任が自分の手でしっかりと子どもの世話をすることが必要であると強調する。そういえば，先生は私が手伝おうとしたとき，とても遠慮した。

それは遠慮というより『今は手を出されては困る』ということだったのだろう」(pp. 33-34) と記している。「子どもとの信頼関係が育つまでは，どんなに子どもの世話が大変でも，他の人に手伝って貰わないことにしているようだ」(立川, 1993a, p. 23)。

保育者がじっくりと手をかけ，一見依存的な状況の中で子どもが幼稚園を居場所と感じること，そして大人が自分の世話をしてくれる様子を「見る」という自発的行為の中で，身辺自立を自ら欲するようになる時期を待つ。その基盤の上で子どもは，自由感を持って遊ぶのである。「最近の子どもは，大人と同様に，生活が貧弱になってきているし，大人に言われて，やらされていることも多いように思います。『先生に甘えるんじゃないわよ』と言って送り出す親もいます。家庭でも自立を促す面が強くなりすぎているのかも知れませんから，幼稚園ではその子なりの生活を受けとめてあげたいと思っています。出来る，出来ないにとらわれすぎ，甘えるということは，出来ないからやってもらうということで，よくないことだと思われているのかもしれません」(上垣内, 1993b, p. 47)。

保育者としてとるべき行為やスタンスを，状況に即して刻々と決断していく姿は，堀合が半世紀を越えて見出した専門性である。その一例を示そう。

H（晴ちゃん）は入園当初から高い声で理解しにくい言葉を話し，表情も硬く緊張感が高かった。他の子どもが傍に来てHの遊ぶミニカーに触れると「キーキー」と大声を出した。園内には障がいを疑う人もあったという。年少組半ばの時期に，立川（観察者）が堀合に「晴ちゃん安定して遊ぶようになりましたね」と言うと，「そういえば，最近はあまり『キーキー』言わなくなったわね」とHを「特別視していない」ように見受けられた（立川, 1994, pp. 57-58)。

その後のHをめぐるクラスの変化を次のように立川は記す。「クラスの子どもたちは登園すると自由に遊んでいるが，お弁当の時間になると，自然にどの子も保育室に戻ってくる。そんな時，先生は『晴ちゃん，まだかしら』と呟く。そして園庭を見回し，下靴に履き替えると，砂場の方に走り出す。砂場では晴彦が一人だけ残って遊んでいることもある。先生は『晴ちゃんお弁当よ』と声をかけるが，傍で遊具をかたづけながら晴彦が遊びを止めるまで気長に待っている。決して無理に手を引っ張って連れ戻すことはない」。年中組になると

「やがて子どもたちの中に『先生，わたしが晴ちゃんを探してくる』という子が出てきた。一番先に言い出したのはみちるである。彼女は先生の助手役が好きな子どもである。先生は『ありがとう』と言ってみちるに晴彦のお迎えを頼んだ。しかし折角みちるが迎えに行っても，晴彦は『今日はお帰りなし』と叫ぶことが多い。面白いことにロッカーの中に自分の世界を作って先生のやることや，友達のやることを見ていたあかりが，先生の『晴ちゃん戻って来た？』という言葉を合図のようにして，晴彦を迎えに行く役割をとるようになる。このことについては7月号でも触れているが，先生は『私がみちるをほめすぎたから，あかりが迎えに行くようになったのではないか』と気にしていた。先生は『ほめられるからやる』といったことが好きでない。子どもの主体性を阻害することを嫌い，子どもが自分で判断して行動に移せるようにと考えている」（立川，1994, pp. 57-59）。

　年中組に進級してしばらくして，Hは弁当やお帰りの時間に遊びをやめて保育室に戻るようになった。「晴彦が保育室に戻ってくると，靴下を取り替えたり，上履きを履かせたり，いたれりつくせりである。側で見ている私はもう年中組なんだから，自分でやらしたらどうかと，批判的になったこともあった。しかし先生は焦らず，押し付けず晴彦の世話を黙々と続けた。過保護に見えるこうした世話が先生に対する晴彦の信頼感を徐々に育てたといえる」（立川，1994, pp. 60-61）。この頃の「世話」について，堀合は次のように述べている（上垣内，1993b, pp. 46-47）。

　　はるちゃんだけは，上履きを部屋で脱ぐと靴箱の中に入れておくようにしているんです。他の子には，自分で持って行きなさいと言うのに，はるちゃんだけには，言えない雰囲気があるのです。『あ，戻って来た』と思うと，さっと私が上履きを取って，並べて待っているようにしています。あの人の持っているよい面を十分出すようにするためには，靴とは関係ないけれども，そういう，靴を並べるとか，待っていてあげるというような，精神的なことを大事にしようと考えています。この頃，靴下がぬれているのを，私が言う前に『ぬれてる』とおしえてくれるようになりました。そのことがとてもうれしいのです。あの人の，初め困ったことのように思えた，『ギャー』と声をあげるというような態度の中にある自我の強さを，

いい方向に出せるようにしていくには，ある程度，こちらが，ことばでは言わなくても，行動でしっかり気持ちを受けとめてあげることだと思います。

一見困った行動の原因をその場と関係ない事象と結びつけることで，保育者としての責任を軽減させたり延期したりはしない。保育の場で子どもとかかわって初めて知りうる刻々の事柄を手掛かりとして，かかわり方を決める。大きな声をあげて抵抗する様子を「自我の強さ」と受け取り，その子どもに今必要なかかわり方をする。他の子にはやらなくても，その子に必要であればする。この保育態度は，クラスの他の子どもたちにとってはかえって平等に感じられるのであろう，一人ひとりを大切にする先生として信頼し，堀合の片腕になって手伝い（Hを呼びに行く）をすることが自然に表れる。その後，「その日は砂場の隅に深い池が掘られていた。その中に子どもたちが入ってビチャビチャしながら楽しんでいた。晴彦が突然『ねえ，僕も入れて』と言った。子どもたちの一人が『一人ずつだよ』と応える。晴彦は即座に『じゃあ，次やらせてね』と頼む」（立川，1994, pp. 60-61）ほどに，成長する姿を見せる。堀内は次のように言う（上垣内，1993b, p. 49）。

因果関係など，はっきりしないのが子どもの世界，何もしないで変わっていくのが本当。初めは何とかしてくっつけようとしていたけれど，いくらそういう援助をしても，自分はこうだというと頑として動かない。だから直接的な関わりじゃなく，環境に対して配慮をするよう考えています。環境構成というのは，一人ひとりの子どもの自分らしさが出てきやすいような環境を考えるということで，遊具をここへ置くというような，目に見える物的環境とは違います。そこが保育で一番大事なところだと思っています。『あら，いつの間に』というのは，きっときっかけはあったのでしょうが，それは言葉にならないささやかな出来事の積み重ねだと思うのです。

保育者が意識して及ぼすことのできる影響は相対的なものであって，子ども同士，園全体が作る集団の持つ力が環境を作る。堀合はその点についてこう語る。（上垣内，1993b, p. 50）

自分のクラスだけを見ているのでは保育者として不十分だと思うのです。子どもたちは，大きい組を見ているし，その影響はうんと大きいですから。

大人の私たちどころじゃないですから。だから，保育者が同じ願いを持って動くことで，幼稚園全体が落ち着いてくるのだと思います。園の方針というのは，何か大きな方針があるというより，一人ひとりの保育者が，園全体のことを考えて動いていることから生み出されているのではないでしょうか。

7　客観的な実践評価と「無」になること

　堀合は，「無になる」という言葉を晩年までよく使った[13]。知識を吸収し，身体性を養い，実践経験を積んできても，保育に入り子どもと出会う際には「無」になる。東洋的な身体観とも言える。60年間という時代の流れの中で，子どもおよび家庭の変化を目の当たりにしながら，時代のせいにしたり，過去の方法に固執したりせず，いつもそこにいる子ども本位に自分のほうを自在に変える準備（理論や知識の吸収，身体性の修練など）をしておき，保育の場面では「無」になろうとする。知識や経験を一度脇に置いて，人為を越え，操作や予想不能な環境の力に一度身を委ねて様子を見るのだ。一方で，よりよい保育方法を見出すために，保育の中で起こっている事象について客観的なデータを集めたり，実験的な場面構成をして事実を検証したりする試みも重ねていた。客観的に子どもを見る研究的なまなざしで，日常的な子どもの「見え」に流されないようにしていたのではないか。

　戦火の中，命がけで子どもを守り，戦後の社会的価値観の転換を見，科学主義・発達教育の時代にその恩恵部分を保育研究に生かし，その上で自らの保育を厳しく省察し，変化する子どもに追いつき，自分の身体性修練によってその変化に対応し，保育者の道を歩み続けた堀合。保育者としての自己鍛錬だけでなく，後輩の保育者を育てる方法においても豊かなアイディアと実際の活動を試行錯誤し続けたことも特筆すべき功績である。一貫して幼稚園教諭というリアルな保育者の立場にとどまりつつ，いつもあるべき保育者像の追究に真摯であり，「変わる」努力を惜しまず，その方法と意味を問い続けた姿に，現代の保育者が学ぶべきことは多いだろう。

付記　本文中の引用は，現代仮名遣いに書き改めた。

注

1) OECD（2012）による保育白書 *Starting StrongIII* では，加盟国の保育施設専門員（保育者）の職名および資格レベルの比較がなされている。職名の系統は5種類，つまり，child care worker（保育士），kindergarten teacher（幼稚園教諭），family and day care worker（家庭支援やデイケアセンターの職員），pedagogue（教員），auxiliary staff（補助員）が挙げられている。本稿では，保育士と幼稚園教諭を保育者と定義したが，広義には日本でもこの5種類に相当する仕事に従事する人を「保育者」と呼ぶことは不自然ではない。
2) 1906年設置され，1948年3月まで入学者を募集した。女高師には，1878年に保姆練習科が設置されたが，80年に保育実習科として再配置された。
3) これらの科目は，1893年7月の「頌栄幼稚園保姆伝習所規則」にすでに入っており先駆的な内容だったことがわかる。
4) 川上が学んでいた頃，附属幼稚園の主事は倉橋惣三であった（1949年まで）。なるべく実習時間を多く確保する保育者養成方法は倉橋が進めていた方法である。戦後，女高師はお茶の水女子大学となり，倉橋はそこに「児童学部」を作る構想を掲げていた（実際は，家政学部児童学科として発足し，倉橋自身はそこで教鞭をとることはなかった）。平井（1974）はその経緯について，「倉橋先生の児童学科の構想は，少なくとも最初の1年間は講義なしで，学生は子どもと直接にぶつかる体験をして，自分の目で子どもを確かめるという構想であったのであります」（p. 16）と，当時愛育研究所の小児保健部長・斉藤文雄から聞いた話として紹介している。
5) 「人形遊び」などの誘導保育実践で知られる菊池ふじのは，後年「誘導保育」という名称についてきかれ，次のように答えている。「倉橋先生は私たちの保育に興味を持ってよく部屋に入っていらして，『これはどこからアイディアを得たのか』などとおっしゃったりしました。そしてこれはとてもいいことだからと，先生が『誘導保育』という名前を付けてくださいました。そして誘導保育の理論をお立てになって，本もお書きになったのね」（菊池，1993, p. 10）。山村きよは，自分が保育実習科を卒業した1925年に始まったと話し，清水光子は「昭和9［筆者注：1934］年から終戦頃までが，誘導保育の全盛時代だったのではないかしら」という（山村ほか，1969, p. 27）。昭和初めの和田実による「保育案不要論」や模倣的な表情遊戯などを同時代の対照的な動きとして感じながら，「大きな自動車」や「汽車」，「ヒル氏の積み木」など大きな動きのあるダイナミックな遊びを，それぞれの担任がクラス単位で誘導し，他の組の子どもたちと楽しむことをしていた。それを当の保育者たちは，「誘導保育」という外づけの方法でやらされているのではなく，自分たちが繰り広げていた保育を倉橋惣三が理論化した，というイメージで感じていた。このような誘導保育をめぐる

倉橋と女高師附属幼稚園保育者の連携的関係は時代に先駆けていたし，その空気を堀合は初任者の頃から職場の雰囲気として吸収していたと考えられる。

　堀合は，1998年の内田伸子との対談の中で，系統的保育案について次のように述べている。「あれは（倉橋）先生も不本意でいらしたのではと私は思います。実際にお作りになったんですが，時代がそうでしたからしかたなく形にしたということでね。私が教えを受けたり，雰囲気や環境や，いろんな先生方のお話をうかがったり，ご本を拝見したりして感じるのは，倉橋先生のお考えは今の保育と同じだということです。あるとき，みんなを連れて野原へ行って，ひっくりかえって青空をごらんなさいと倉橋先生がおっしゃったんです。当時はどうしてそんなことをするのかわからなかったのですが，それが倉橋先生の本当の保育だと思います。していることは芝生の上でただ仰向けになっているだけなんですが，それは先生とお子さんが一体となってはじめてそこに何かが生まれると解釈していいんだと思います」（内田，1998, pp. 206-207）。

6) ご近所幼稚園については，倉橋惣三『子供讃歌』（津森・森上，2008）参照。
7) 「新保育講習会」1947年（『幼児の教育』**46**（**9**），22-23）。
8) IFEL（Institute For Education Leadership）CIE の指導の下に行われた教育関係者の現職教育で，1948～52年に8期にわたって開催された。
9) 女高師附属幼稚園は，1949年お茶の水女子大学東京女子高等師範学校附属幼稚園に，52年にお茶の水女子大学文教育学部附属幼稚園に改称された（55年からは大学附属）。本稿では「附属幼稚園」と略する。
10) IFEL 講習で附属幼稚園における保育観察が6か月間行われた。また昭和25年度教育指導者講習会（1951）pp. 67-68には，「お店ごっこ」が実践されている幼稚園のプログラムが紹介されている。

　この時代はまた，発達や児童心理にかかわる「科学的研究」の客観的データに基づく研究が積極的に行われ，堀合は，お茶の水女子大学に1951年に着任した津守真と，附属幼稚園をフィールドとした保育の質にかかわるテーマ（動物玩具を媒介とした協力遊びの発展と誘導について，3歳児保育の効果，誘導保育の分析など）の数量的研究を共同して行っている。1965年前後になると，堀合も津守も研究の方向性を変え，子どもに近づき身体性による理解を重視する研究へと重心をシフトする。

11) 国内にとどまらず，1983年からは，中華民国台湾から幼児教育・音楽リズムの講習会講師として招聘を受け指導を行った。
12) 平井信義・松村康平・水原泰介『幼児保育の実際』（金子書房，1953年）。高橋さやか『保育――基礎理論と技術実際』（博文社，1964年）。牛島義友ほか（編）『現代保育講座』（金子書房，1956年）は全5巻のうち，2巻が「保育の技術」と題されている。

13)「堀合：無とは哲学のようで難しいことばですが，ただ空っぽになれというのではなく，私には難しくうまく説明できないのですが，『保育者の心とお子さんの心とのぶつかり合いの教育』のような気がいたします」（内田，1998, p.203）。2009年6月，堀合はお茶の水女子大学児童学科・発達臨床学講座同窓会講演会において，「無」を「夢（む）」として説明し，保育者も子どもと共に「夢」になって保育をしなくてはならないと語った。

引用文献

原口純子（1996）．保育の技術（1）遊び　幼児の教育，**95**（4），47-55.
平井信義（1974）．倉橋先生を語る（講演）幼児の教育，**73**（1），16.
堀合文子（1970）．自発性を尊重した幼児教育方法を一考する――倉橋惣三先生の保育原理を土台として　日本保育学会大会論文抄録，**23**, 175-176.
堀合文子（1971）．自発性を尊重した幼児教育方法を一考する（その2）――倉橋惣三先生の保育原理を土台として　日本保育学会大会論文抄録，**24**, 141-142.
堀合文子（1972）．自発性を尊重した幼児教育方法を一考する（その3）――倉橋惣三先生の保育原理を土台として　日本保育学会大会論文抄録，**25**, 157-158.
堀合文子（1974）．自発性を尊重した幼児教育方法を一考する（その5）――倉橋惣三先生の保育原理を土台として　日本保育学会大会論文抄録，**27**, 143-144.
堀合文子（1976）．自発性を尊重した幼児教育方法を一考する（その7）――倉橋惣三先生の保育原理を土台として　日本保育学会大会論文抄録，**29**, 102.
堀合文子（1977）．自発性を尊重した幼児教育方法を一考する（その8）――倉橋惣三先生の保育原理を土台として　日本保育学会大会論文抄録，**30**, 167.
堀合文子（1984）．保育者の音楽リズム研修と現代幼児教育との関連　日本保育学会大会論文集，**37**, 644-645.
堀合文子（1994）．現代幼児を教育するに必要な保育者養成の一端――自発性を尊重した倉橋惣三先生の保育原理をふまえて　日本保育学会大会論文集，**42**, 172-173.
堀合文子・内田伸子（2007）．DVD「保育」を語る――堀合文子の保育論　Noproblem.
上垣内伸子（1993a）．堀合先生に学ぶ2　頭も体も使って自分からいろいろと考えて，自分の能力を十分に使うことを願う　幼児の教育，**92**（5），28-35.
上垣内伸子（1993b）．堀合先生に学ぶ6　信頼関係を基盤にして，一人ひとりへの対応が始まる――9月の保育観察から　幼児の教育，**92**（9），42-50.
上遠文子（1944）．手技の導き方（保育實習の指導）幼児の教育，**44**（7），15-17.
上遠文子（1948）．導いてくれた子供達　幼児の教育，**47**（7），15-17.
官報（1931）．東京女子高等師範學校保育實習科生徒募集（1月20日）幼児の教育，**31**

(2), 73-76.
菊池ふじの (1952). アイフェル六回生が到達した結論 幼年教育, 2, 17-25.
菊池ふじの (1993). 生活に根ざした保育を――誘導保育実践の歩みをふりかえる フレーベル館
小崎祥子 (1995). 音楽リズム・オンステージに参加して――保育者の自己変革を目指して 幼児の教育, 94 (1), 34-40.
槇英子 (2012). 東京女子高等師範学校保育実習科における昭和初期の幼稚園保姆養成――川上須賀子が残した資料から 淑徳大学研究紀要 (総合福祉学部・コミュニティ政策学部), 46, 135-149.
文部省 (1979). 幼稚園教育百年史 ひかりのくに
OECD (2012). *Starting strong III: A quality toolbox for early childhood education and care*. OECD Publishing.
及川ふみ (1969). 戸倉ハル先生を悼む 幼児の教育, 68 (1), 34-35.
関口はつ江 (2003). 保育を積み重ねること――堀合文子先生4歳児の保育ビデオから 幼児の教育, 102 (12), 38-45.
社会事業研究所・愛育研究所 (1942). 本邦保育施設に関する調査 (大正・昭和保育文献集13 日本らいぶらり 1978年, pp. 378-385に収録)
昭和25年度教育指導者講習会 (編) (1951). 第6回教育指導者講習研究集録 幼児教育 教育指導者講習会
立川多恵子 (1993a). 堀合先生に学ぶ1 幼児の教育, 92 (4), 20-25.
立川多恵子 (1993b). 堀合先生に学ぶ4 保育者の関わり 幼児の教育, 92 (7), 30-37.
立川多恵子 (1993c). 堀合先生に学ぶ5 家庭人として,保育者として 幼児の教育, 92 (8), 39-46.
立川多恵子 (1994). 堀合先生に学ぶ11 幼児の教育, 93 (2), 57-63.
田甫綾野 (2004). 昭和31年版幼稚園教育要領に対する保育者の受け止め方――ライフストーリーにみられる保育者の日常的「構え」を通して 保育学研究, 42 (2), 80-91.
戸倉ハル (1933). 幼児の心にかへりて 幼児の教育, 33 (9), 91.
友定啓子 (1995). 対談「今,人間を育てる」(講師・津守真/堀合文子 司会・秋山和夫)(第48回日本保育学会講演から) 幼児の教育, 94 (11), 4-15.
津守真・森上史朗 (編) (2008). 倉橋惣三文庫2 子供讃歌 フレーベル館
土屋とく (編) (1990). 倉橋惣三「保育法」講義録――保育の原点を探る フレーベル館
内田伸子 (1998). まごころの保育 堀合文子のことばと実践にまなぶ 小学館
山村きよ・徳久孝・清水光子・堀合文子・高木良一・沼舘正尾・津守真・木原溥子 (1969). 昭和の幼稚園の歩み――及川ふみ記念座談会 幼児の教育, 68 (1), 21-35.

第9章　世界に一人しかいない「この子」の保育

堀　智晴

　筆者は1974年に大学に就職し、障がい児の保育・教育の領域を担当することになった。できるだけ保育・教育現場で実践に触れるようにして学んできた。そこで学んだことは筆者の実践研究体験になり、そこを基点とするのを自覚しながら研究を進めてきた。

　本章では、40年近くのこの実践研究を通して考えた点を一つの視点に絞りまとめてみた。それは、「障がい児をどのように見るか」という視点である。現時点での筆者なりの結論は、障がいがあっても〈世界に一人しかいない「この子」〉という視点で目の前の子どもの理解を深めることが、保育実践にも実践研究にも重要だということである。

1　障がい児保育の始まりと発展

　障がい児保育が始まったのは、1970年代の中頃からである。この契機の一つに、大阪の八尾市で障がい児の保護者が保育所入所を強く要求したことがある。八尾市（2001）によれば、市長が児童福祉審議会に「障がい児対策」について諮問し、同審議会は、障がい児保育に関する中間答申を1975年3月、市長に行った。そこでは、「心身に障害をもつ児童こそ適切な環境が必要であり、もっとも保育に欠ける状況にあることを認識し、積極的に措置すべきことは明らかである」とした。これを受けて八尾市は、同年4月、保育所における障がい児保育の第一歩をふみ出すことになった。同時に審議会は、障がい児の保育所への受け入れとともに、「今、必要なことは何か」について、保育現場への助言、指導を行うとともに、保護者の相談に応じるため障害児保育専門委員会の設置をするように市長に答申した。

　当時の障がい児保育の実践の状況が記録に残っている。次の報告は、八尾市障害児保育専門委員会（後に障害児保育審議会）の1975（昭和50）年度の報告で

II 保育学のあゆみ

ある。

　昭和50年4月,本市では障害児の父母が,保育所への障害児の入所を強硬に要求し,その強い思いが障害児保育がはじまるきっかけとなった。それ以前にも,いわゆる親側の条件から保育に欠ける児童として入所した障害児の保育は行ってきたが,それは軽度の発達遅滞児,軽度の身体障害児等で,まわりとの意思疎通が十分できる子どもがほとんどであった。

　しかし,この年入所した子ども達は,言葉がまだ出ない,全盲,意思疎通が困難,同じ事ばかりしている,動きまわる等々,保育者にとってまったくはじめての経験であった。そして,予期しない場面に直面し,障害児受け入れの保育現場の姿勢が育たないまま受け身での障害児保育の出発であった。

　保母は担当した子どもの障害がわからない,行動の意味が全くわからない,とにかく,その子が何をするかを知ることが精一杯で,何をすべきなのか見通しなど持てる状態ではなかった。

　従来の保育経験からして,どうすれば集団に入れるだろうか,早く身辺の自立をさせなくてはといったことのみに目が奪われ発達がみえにくいことからくる焦り,そして,保育への自信喪失が顕著にあらわれたのである。

　さらに,はじめての経験からして,障害児保育が全職員の課題となりにくい,まわりの適切な援助や理解が得られないこと,そして,障害児を理解することや,障害児の保育がまだわからないことからくる父母との意見のくいちがいや対応のむつかしさ,こうした問題をかかえて,まさに,試行錯誤と葛藤の1年間であった。

　しかし,こういった中でも専門委員会の助言,指導,保育の交流,研究会,研修会等を通して,子ども一人一人の状態をよく見つめきめ細かな保育をすること,ゆっくりではあるが確実に発達していること,保母はあせらずに保育することを,この1年間の実践の中から学んだのである。

そして,次の1976(昭和51)年度の報告には次のような一文が書かれている。

　障害児保育初年度の教訓をふまえた上での2年目の保育実践は,自分たちが保育全般がこれでよいのだろうかと考える機会を与えられたこと,障害児保育の効果があがってきていることを通して,障害児保育は必要であ

るという前向きの意識に変わってきたのである。

　このような記録を読むと保育者が戸惑いながらも試行錯誤しながら実践に取り組んでいる様子が伝わってくる。実践の反省を行い，それが次への取り組みへとつながっているのがよくわかる。

　これと同じようなことが，筆者が実践研究に参加した大阪の堺市においても見られた。親からの強い要求を受けて，堺市でも障がい児保育に取り組むことになった。堺市では研究指定園制度を作り，現場での実践研究を行うことになった。

　このような取り組みは，大阪では，大阪市，箕面市，豊中市，高槻市など，そして全国各地で始まった[1]。

　ところで，各地での障がい児保育の発展の経過を見ると，次のようにまとめることができる。

① 障がいのある子どもを受け入れる。
② 障がいのある子どもの保育に追われる。
③ これまでの保育の問い直しをすることになる。
④ 子ども同士の「育ち合いを育てる」保育の大切さに気づく。
⑤ 個の育ち，仲間関係の育ち，クラス集団の形成，保育環境の整備の四つが保育実践の課題となり，この取り組みを組織的に行う必要が出てくる。
⑥ 保育から教育へ，そして地域で生きることにつながる長い取り組みが必要になる。

2　障がい児教育の歴史的枠組み

　障がい児保育・教育の実践を見ながら考える中で，筆者（堀，2004c）は障がい児教育の歴史的変遷について，次のようにその枠組みを整理している（表9-1）。

　社会的自立とは，次の二つのことができるようになることである。
・自分にできることは自分でする。
・自分にできないことは助けてもらう。

　そして，社会的自立とは，経験を重ねながら，子どもが上の二つの兼ね合いを自分なりに身につけていく過程と言える。

　表9-1 ①の教育以前では，障がい児は教育の対象ではなく排除されていた。

表 9-1　障がい児教育の歴史的変遷 (筆者作成)

教育の呼称	特色ある学習形態	子どもの呼称	主たる目的
分離教育（segregation）①教育以前 ↓	排除（exclusion）	？	隔離・放置・抹殺
②特殊教育 ↓	別学	ダウン症の子	治療，訓練が中心
③発達教育 ↓	交流	5歳の発達段階の子	発達の促進が中心
④特別支援教育 ↓	通級	特別なニーズの子	個的自立支援が中心
⑤統合教育（integration）↓	統合	一人の子ども	権利の保障が中心
⑥インクルーシブ教育（inclusion）	共生	○○さん	社会的自立支援が中心

時代と地域によっては教育機関とは別のところで排除されずに生活していた例は見られた。

②の特殊教育では，障がい児は医学的診断に基づいて障がい別に分類され，同じ種類の障がい児を集めて健常児から分離し，主として治療や訓練が行われていた。特殊教育は子どもの居住地から離れた特殊学校（盲・ろう・養護学校）において行われてきた。この段階ではたとえば盲児，ろう児，知的障がい児情緒障がい児，ダウン症児，てんかん児，脳性マヒ児などと障がい名で分類される。障がいによってラベリングされていた。

③の発達教育の段階では，発達心理学の研究成果が適用され，子どもの発達段階が細かく診断され，それに基づいてどのクラスや学校が適切かが決められた。生活年齢と発達年齢から発達指数が割り出され，それに見合った発達促進という指導が行われてきた。子どもは「1歳半の発達の節を越えていない子」というように呼ばれた。ここでは発達（段階）から子どもを理解するのである。

④の特別支援教育では，子どもの一人ひとりの教育的ニーズを把握して，その持てる力を高め，生活や学習上の困難を改善または克服するために，適切な教育や指導を通じて必要な支援を行うとされている。将来の自立と社会参加をめざしているが，個人としての自立が先に求められている。また関係者の専門性が強調される。

第9章　世界に一人しかいない「この子」の保育

　⑤の統合教育では，障がい児と健常児という二分法を前提とした上で，人権を尊重するために統合が行われる。障がい児も一人の子どもとして健常児たちと共に学ぶ権利があると認められる。しかし，条件が整備されない中で不十分な実践にとどまる場合もあった。

　⑥のインクルーシブ教育では，子どもを子ども一般としてとらえるのではなく，一人ひとり独立した人格を持つ個人として見なす。子どもは「○○さん」と固有名詞で呼ばれる。ここではこの○○さんの生き方が尊重され，その生き方を支援するための教育が行われる。子どもは世界に一人しかいない「この子」として理解されるのである。ここでは，どの子どももその子どもなりの個性を発揮しながら切磋琢磨し合えるような関係作りが教育として重視される。筆者はこの段階の教育を子ども同士の「育ち合いを育てる」教育と表現している。これが共生共学である。

　以上の歴史的枠組みは教育についてのものだが，就学前の子どもの保育においても，「子どもの呼称」と「主たる目的」とが相互に関連していると思われる。つまり，子どもをどうとらえているかによって保育の目的と方法も決まってくるのである。

　なお，インクルーシブ教育という概念が用いられるまでは，統合教育が「共に学ぶ教育」と考えられていたが，今では両者のちがいを明確にするために，統合教育は〈健常者に合わせて統合する教育〉と見なし，インクルーシブ教育は〈一人ひとりのちがいを尊重し多様性を認め合う教育〉をその特色とすると考えられるようになっている。

　この歴史的枠組みは，大きな流れと言ってよい。実際の教育現場では，このような各種の教育が混在していると言える。つまり，ある学校に行けば，現時点では特別支援教育になっているはずだが，実際はまだ特殊教育と変わらない実践が行われていることもある。また，インクルーシブ教育の実践が取り組まれている現場もある。もちろん，学校単位ではなく先生の取り組み次第で，学校は特別支援教育であるが，ある先生はインクルーシブ教育に取り組んでいるということもある。このように現在の現場の実践は，地域や学校の状況により，図9-1のように容易に別の教育へと変動しているのである。

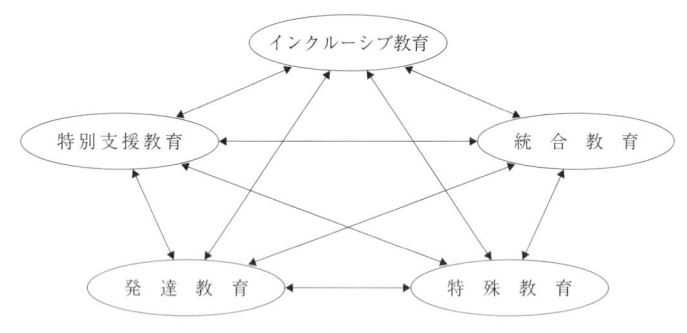

図 9-1　実践現場での障がい児教育のあり方（筆者作成）

3　障がい観，障がい児観，自立観の転回

　筆者は現場での実践研究を続けてきて，自分の考え方が大きく変えられてきた。それは変化というよりも転回（conversion）といったほうがよいと思う。筆者はこの三つの転回について次のように整理したい。

障がい観の転回（一つめ：「障がい」についての考え方の転回）
① 　障がい＝不幸
　　　　↓
② 　障がい≠不幸，障がい者差別⇒不幸
　　障がい≒その子の個性的な特性

　筆者にとって大きな意識変革の一つは，障がいに対する考え方の転換であった。それは「障がいイコール不幸ではない」ということに気づかされたことである。「障がいがあることは不幸だ」という考え方は誤りであった。この考え方はなかなか健常者には受け入れがたいものだろう。障がい者問題の講義の中で，障がいについて話し合いをしたが，「どうしても障がいはないほうがいい，障がいがあればそれだけ不自由になり自分の幸せを妨げるものだ」という意見が出る。この意見はまだまだ現実には説得力を持っている。「障がいはないほうがいいんだ」という考え方は，障がいのある人は困っているだろう，不便だろう，障がい者はかわいそうだ，障がい者に生まれないほうがよい，障がい者にならないほうがよい，障がい者はいないほうがよい，という考え方につなが

232

っていく。

　しかし，そう考えなくてもよいのではないだろうか。障がいがあること自体は決して不幸ではない。私たちが障がいがあると不幸だと考えてきたのは，障がいを理由に障がい者が差別される現実があるからである。筆者はこういうことが少しずつわかってきた。特に障がいのある人に接する中で気づかされてきたのである。障がいを理由に仲間に入れてもらえなかったり，障がいを理由に見下されたりするから障がい者が不幸に見えるのである。

　障がいのある子を持つ父親が，次のようなことを書いている。

　　障害をもっているから「かわいそう」でも「不幸」でもないんだと思うね。障害をもっているということだけで，好奇な目で見られたり，特別扱いされたり，仲間にいれてもらえなかったりした場合に不幸なんであって，障害それ自体が不幸の始まりではないよ。

　障がいがあること自体が不幸なのではない，とわが子との生活を通して気づいたと明確に述べている。障がいはあってもよい。障がいがあっても堂々と生きていけるような世の中であればよいのである。障がいを理由に差別されるから障がい者は不幸になるのである。

　また，障がい児の父親である，筆者の友人の徳田茂さんは次のように書いている（徳田，1994）。

　　私には，七年近い知行との暮らしの中で，確信できるようになっていることがあります。それは，知行がダウン症だということによって不幸なのではない。「障害児は不幸だ」といった感じ方しかできない人間たちの大勢いる社会で生きていかなければならないから不幸なのだ，ということです。

　つまり，障がい者の問題は，実は障がい者個人の問題ではなく，むしろ障がい者を取りまく健常者の問題だと考えたほうがよいのである。健常者が多数を占めている今の社会のあり方の問題だと考えられる。「障害（Disabilitiy）を理由に差別してはいけない」，このことは，1994年に日本が批准した「子どもの権利条約」の第2条でも明記されている。また，2006年に国連で採択され，2014年に日本が批准した障害者権利条約においても，医療モデルから社会モデルへの転換を謳い，社会にある障壁をこそなくすことを求めている。なお，イタリアでは，障がいを「もう一つの能力」と見なす考え方もあるという[2]。

障がい児観の転回（二つめ：「障がい児」についての考え方の転回）

たとえば，知的障がい児の場合，次のように障がい児観が変化してきたと考えられる（堀，2004b）。

① 精神薄弱児（feeble minded），精神的欠陥児（mental deficiency）
　　　↓
② 知的障がい児（intellectually disabled child）
　　　↓
③ 子ども，知的障がいはあるが（child with intellectual disabilities）
　　　↓
④ 子ども，特別な教育的ニーズを持つ（child with special educational needs）
　　　↓
⑤ 子ども，自分なりのニーズを持つ（child with individual needs）
　　　↓
⑥ Aさん，Aさんなりのニーズを持つ（A with A's needs）
　　Bさん，Bさんなりのニーズを持つ（B with B's needs）

精神薄弱児という言葉は，1950年代から使われていたが，1998年に法改正があり，「知的障害児」に変わった。①と②の見方は，障がいから子どもを見る見方である。それに対して，③は障がいがあってもまず一人の子どもと見る見方である。障がいの種類によって異なるが，障がいがその子どものあり方を決定づけているわけではないと考えるのである。それに対して，④と⑤は，障がい＝できないことと見るのではなく，こちらに要求をしている子どもと見る見方である。このようなニーズを持っている子どもにどう応えるかが実践者に問われることになる。今の特別支援教育は，この考え方に立っているのだが，保育者や教師が子どものニーズに真に応えられているか疑問である。

以上のような見方に対して，⑥は障がい児観を脱して，一人の「この子」としてとらえる見方になる。筆者はこの考え方をとる。世界に一人しかいない「この子」というとらえ方をして，その唯一性を強調して目の前の子どもを理解しようとするのである。

第 9 章　世界に一人しかいない「この子」の保育

自立観の転回（三つめ：自立についての考え方の転回）
　保育・教育の目的として，子どもの自立が考えられてきた。この自立観の見直しが行われるようになった。次のような三つの自立観が考えられる。
　①　身辺自立＝日常生活習慣の自立
　②　自活＝経済的自立
　③　自己決定＝自分の人生を自分で決める
　現在では，③の自立観が最も重要だと考えられている。自分の身のまわりのことが自分でできなくても，自分の人生を自分で選択し，自分で決定して生きていけばよいのだという考え方である。仮に 24 時間介護が必要であっても，その人が自分のことを自分で決めて生きていくことを尊重しようとし，その人は自立して生きていると考えるのである。
　また必ずしも経済的に自立できなくても，自己決定をしていることを尊重して自立していると考える。現在のように重度の障がい者には就労する機会がないような状況では，働いて経済的に自立して自活できる場がない。それゆえ各種の年金などにより生活することで自立を図ればよいと考えるのである。
　歴史的には長い間，①の身辺自立の自立観が強調されてきた。筆者が大阪で就職した 1970 年代はまだ保育も教育も，そのめざすところはこの身辺自立であった。その中で比較的軽度の障がい者は可能な限り働いて自活できるように職業訓練がなされていた。また，長い間，障がい者は③の自己決定は無理だと考えられ，本人の意思はほとんど考慮されることがなかった。そして，障がい者は自己主張する機会が与えられない中で，自分でも自己決定ができないと思い込まされてきたのである。
　長い間，そして日本では今日においてもなお，親や専門家が障がい者の生活の場と生活のありようを決めていると言ってもよいのではないだろうか。親の老齢化や親亡き後のことを考えて，本人の意思を確認することなく，施設生活が早くから準備されているという現実もある。
　1981 年の国際障害者年を契機として，ようやく障がい者も一人の市民として，他の市民と同様に地域社会の中で生活することが当然だと考えられるようになった。そして今日に至るまでノーマライゼーションとインクルージョンの運動が展開されてきた。しかし，依然として現実は厳しい。

もちろん，③の自立観が重視されるようになっているとはいえ，けっして①と②の自立が必要でないというわけではない。自分のできる範囲で身のまわりのことは自分ですればよいし，障がい者も働く場があれば働きたいと考えている。忘れてはならないことは，①と②が前提となって障がい者の生活を他者が決めてしまい，障がい児・者本人の自己決定を奪わないようにしなければならない，ということである。

治療や訓練や発達促進が必要でない，というのではない。治療や訓練，発達促進もあくまでも本人が幸せになるために生かされなければならないということである。

ところで，自己決定を自立と考えるこのような自立観は，なにも障がい者にだけ当てはまる問題ではない。障がい者であれ，健常者であれ自分の人生は自分で決めたいと誰もが考えている。むしろ日本の場合は，伝統と文化の中で，一人ひとりが自分の意見を表明せず，自分の考えを持つことよりも，まわりに同調する姿勢を優先してきた結果として，日本人は先のような意味での自己決定を軽視してきたのではないだろうか。その結果，ともすると私たちは自立するのが遅れることになっている。筆者の経験では，これまであからさまに自己決定の機会が奪われてきた障がい者のほうが，かえって自覚的に自己主張，自己決定をしつつ生きようとしていると感じる。

このような現状を考えれば，子ども一人ひとりが自分の考えを持ち，自分の生き方を確立していくことを，保育・教育の目的とすることが必要であろう。

4 保育実践研究

実践研究の方法

現場での実践研究を重ねてきて，筆者は，実践研究の方法の枠組みを考えるようになった（堀，2004a）。まず，事例研究を行う場合，少なくとも次の四つが検討の対象になる（図9-2）。

①「子ども理解」とは，保育者が子どもをどう理解しているか，ということである。保育実践では保育者が働きかける相手の子どもをどう理解しているかによって，保育実践（手だて）も大きく変わってくる。また子ども理解に基づいて子どもにどのような願いを託するのかも異なってくる。

②「子どもへの願い」とは，保育実践が「子どもへの願い」をもって取り組まれるということである。まず子ども自身が「このように生きていきたい」という，本人の願いが第一に考えられる。また，親の願いも考えられる。さらに，担当している保育者個人の願いも，保育所としての願いもある。また，保育所のある地域の願いも，今の時代だからこそ将来の社会を担うという意味で「現代の子どもたちへの願い」も考えられる。

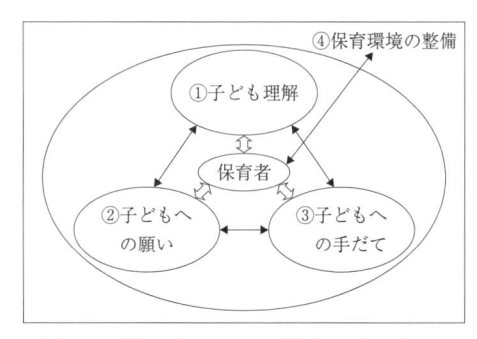

図9-2　事例研究における検討対象（筆者作成）

③「子どもへの手だて」とは，保育実践として行われる具体的なかかわり，働きかけである。また，保育実践を行うに当たって用意される④「保育環境の整備」もこれに含めて考える。手だては先に述べた「子ども理解」「子どもへの願い」に基づいて行われる。そして手だてを講じてみて，「子ども理解」が妥当であったのか，また「子どもへの願い」が適切であったのかを再検討することになる。

以上の四つの視点は，実践を見直す上で最低限の四つの欠かせない視点である。このことは特に障がい児保育の事例研究を中心とした実践研究を重ねる中で，筆者の中で明確になってきたものである。「障がい児理解」「障がい児への願い」「障がい児への手だて」「保育環境の整備」のそれぞれについて，障がい児保育実践を研究する上で丁寧に検討することが必要である。そして，ここが本稿において最も言いたいことだが，「障がい児」ではなく「この子」に書き換えたいと考えるのである。

本稿は子どもをどう見るかという点に絞って書いているので，この四つの中でも特に「子ども理解」，つまり，「この子理解」が重要である。この点についてもう少し書いておきたい。

自分の目を見直す

保育実践を見直す四つの視点の中で，筆者は「子ども理解」を最も重要な視

点だと考えている。子どもをどう理解するかが，子どもへの願いや手だてに大きく影響するからである。

「保育は子ども理解に始まり子ども理解に終わる」と言っても過言ではない。障がい児に対してはいろいろなレッテルがはられる。「自閉的」「多動」「ことばがない」「他の子どもと遊ばない」などなど，否定的に見られることがほとんどである。「自閉的」といっても，その子なりにまわりの世界に強い関心を持っている。その子はまわりをよく見，よく聞いている。まわりの人を強く意識している。「多動」と言われるが，ゆったりとしている時もある。落ち着いている時もある。「ことばがない」といっても，私の経験では，「いやっ！」という拒否を表すことばは，ほとんどの子どもが使っていた。仮に話しことばとして話していなくても，自分の気持ちを全身で表現しているのは間違いない。

子どもを見る大人の側が「そう見ているから，そのように見える」のである。子どものすがたを見るためには，一度，保育者は子どもを見る自分の目を見直してみる必要がある。障がい児は「ないないづくし」で見られる，とよく言われる。これはおかしいことだと多くの人が指摘しているが，保育・教育現場では依然として，このようにマイナスイメージで障がい児を見るという状況は続いているように思われる。

仮の「子ども理解」

このような「子ども理解」は，保育者自身の人間観（つまり「人間」についての見方，考え方）に基づいてなされる。もちろん，完全な子ども理解というものはない。自分の子ども理解が自分の一人よがりになっていないか，常に反省する必要がある。また，自分一人で子ども理解を深めるのは困難である。そこで，「子ども理解」には，他の保育者を初めとする他者との，遠慮のない子ども研究が必要になる。

そして，「子ども理解」を深める上で忘れてはならないことは，「子ども理解」はいつも「仮の子ども理解」であるという点である。そもそも「正しい他者（子ども）理解」ができると考えてよいのだろうか。いつも「誤った子ども理解」になってしまうと考えるほうがよいとさえ筆者は思う。しかし，だからこそ「子ども理解」を深める必要があるのである。「子ども理解」は，「子ども

第9章 世界に一人しかいない「この子」の保育

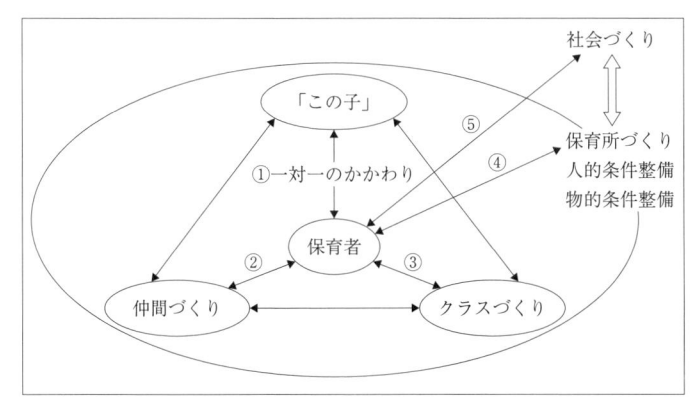

図9-3 子どもへの手だて（筆者作成）

への願い」と「子どもへの手だて」と連動して初めて深化させられる実践的なものであり，そのようなものとして「子ども理解」を位置づける必要がある。

手だてについて

手だてには図9-3のような五つが考えられる。いずれも大切で，この五つを連動させて実践に取り組む必要がある。また，保育はその時代，その地域で行われるわけだから，この時代状況についても保育者が無関心であるわけにはいかない。それを⑤とした。

筆者は保育実践に学ぶ中で，長い間，この①②③の手だては段階的に進むと考えてきた。しかし，今は，保育としては①も②も③も④も⑤も同時並行的に取り組む必要があると考えている。

たとえば，対人関係を持つのが困難な子どもの場合，無理に集団の中に入れるのはよくないと言われる。たしかに「無理」はよくない。しかし，保育所や幼稚園などの集団保育の場でよく見ていると，対人関係が難しい子でも，無理をしなくてもクラスの中で過ごせている。過ごすことができている。また，無理にならないように配慮しながら，他児から障がいのある子どもにかかわることもできる。障がいのある子もまわりの様子やまわりの子どもを見たり感じたりしているのである。

5　子どもから「この子」へ

「ダウン症児一般」でなく「知行は知行」

　筆者が障がい児保育・教育の実践研究をする中で，何よりも痛切に感じてきたことは，「子どもは一人ひとりちがう」ということであった。そして「障がい児」と言われる子どもは一人ひとりが実にユニークであった。

　「障がい児」と一くくりにしてしまうと，次の手だて，つまり，「この子」への働きかけが型にはまったものになってしまう。そして，今自分の目の前にいる「この子」に即した働きかけができなくなってしまう。このような実践がほとんどであるから，筆者は「この子」に即した保育を追究してほしいといつも願ってきた。なぜ，目の前の子どもを見ようとしないのか，感じようとしないのか。それは子どもを一人ひとり異なる存在，世界に一人しかいない「この子」と見ていないからだと考えるようになった。

　たとえば，子どもを「ダウン症の子ども」と見なしてそれでわかったつもりになると，目の前にいる「この子」自身の生きた姿が見えなくなる。徳田さんは，息子の知行さんがダウン症だが，次のように書いている（徳田，1979）。

　　知行には知行のペースがあります。私に私のペースがあるように。知行には知行の感じ方があります。私に私の感じ方があるように。そして，知行のペースとか感じ方とかは，「障害児だから」ということでまとめたからといって，わかるようなものでは，決してありません。ダウン症児の特徴を述べた本を何十回読んでもわかるものでもありません。「ダウン症児一般」についての知識は確かに増すでしょうが，知行は「ダウン症児一般」ではありません。知行は，知行なのです。

　筆者は何度この文章を読み味わったことだろう。

　「知行は，知行なのです」という言葉には，徳田さんの体験に基づいた子ども観が表明されている。就学前障がい児の通園施設「ひまわり教室」の中で，徳田さんが子どもたちの一人ひとりにどのようにかかわってきたのかも想像される。「この子」のペースと感じ方に応じたかかわりをとことんされているのを，今でも金沢での実践に見ることができる。

　たしかに，ダウン症について一般的な理解をする必要が全くないというわけ

ではない。しかし，保育や教育の実践にとってさらに重要なことは，そのように一般的にはとらえられない「『この子』なりのもの」を感じとり，「世界に一人しかいない『この子』」を理解することだと筆者は考えるのである。

　もちろん人間が人間を理解しようとするのだから，完全に理解しきれるということはない。一般的な理解ですませてしまったり，理解できたと思い込んだりするような落とし穴に落ちないよう，いつも心する必要がある。人間が人間を理解しきることはできないからこそ，あくまでも「この子」の真のすがたに少しでも近づくという努力が欠かせない。この努力をしないということは，実在の生きた「この子」を「障がい児・ダウン症児一般」の枠から見ることになり，「この子」独自のすがたが見えていないということになってしまう。そして，それは同時に，「この私」という自分なりの見方も同時に放棄してしまっていることになるのである。

　「障がい児・ダウン症児一般」として見るのではなく，「自分の目の前にいる生きた『この子』」と見るということは，わかりやすく言えば，「徳田知行」という固有名詞のある〈世界に一人しかいない「この子」〉として見るということである。このように考えると，目の前の「この子」を見るということは，同時に「この私」が見るということだと気づく。そしてそれは，「この子」と「この私」とが「共に生きる」関係としてどうあるのかが実践の中で問われているということなのである。

「この子」と特定して理解を深める

　筆者は保育実践研究と並行して，小学校での授業研究を進めてきた。筆者が参加している研究会では，授業を録音し，それを記録にして資料として丹念に検討する。子どもについても，T＝教師，C＝子ども，と安易に一般化せず，子どもの発言を一人ひとりの名前を特定して分析していく。同じ子どもの発言をつなぎ，その子のノートや日頃の教師のメモを活用して，その子の学びのプロセスを追いかけながら，その子なりの学びの深まりを読み取ろうとする。子どもを「このクラスの子ども」とか，「3年生の子ども」とか「現代の小学生」などと一くくりにして論じるのでなく，固有名詞で特定しながら理解を深めていくのである（もちろんプライバシーには配慮する必要がある）。

この会の主要なメンバーであった長岡文雄は，このように特定できる子どものことを「この子」と表現した。長い間，小学校で文字通り一人ひとりの子どもたちを大切に育ててきた長岡ならではの表現である。筆者は長岡のこの考えに倣って，保育実践の研究においても，「この子」として子どもを理解して実践することが大事だと考えるようになった。

長岡 (1983) は，『〈この子〉の拓く学習法』という著書の中で，最近教育現場ではどこでも，教育目標として「一人ひとりを大切にする」とか「一人ひとりを生かす」ということばがスローガンとして用いられることが多くなってきたが，ことばに酔ってしまい，それで実践が実現したかのような錯覚に陥っていないか，と指摘して，次のように書いている (p.14)。

教育現場では，本当に「一人ひとり」が大事にされているだろうか。「何となく」の「一人ひとり」ではないだろうか。「『この子』のための授業」という，授業の構えが見られるだろうか。眼前にいる，具体的な子どもの生き方に立ち入ろうとしているだろうか。

私は「一人ひとり」「その子その子」ということばに，あきたらない。第三者的にひびく。教師としての愛情や責任がわいてこない。それで，私は，「この子」と呼ぶことにした。「この子」は，教室で眼前に座る，具体的な名まえを持つA男，B子である。授業中「この授業は，A男にとってどういう意味が生じているかな」と心を使う対象である。はっきりと正面に据えて指そうとする「この子」である。

私は，校門をくぐって登校する子どもを指さし，「この子にとって，きょうの学校とは何か」と問うことにしている。また，下校する子どもを，一人ずつ指さし，その子の内面にあるものを想ってみる。「どんな話題をもって家路につくか，足どりはどうか，きょうの学校は，彼にとって，どういう意味をもつものであったのだろう」と考えてみる。

この文章を読むと，一人の子どもをその子に即して徹底的に見ていこうとする実践家としての厳しさが伝わってくる。ここには子どもを「子どもたちの中の一人」として見るのではなく，あくまでも「この子」と特定して見ていこうとする長岡の教師としての基本的姿勢が読みとれる。

長岡 (1983) には，「この子」のすがたが具体的に書かれている。T君の1

年生から6年生までの6年間の作文や先生のメモをもとに，長岡の人間観によって，T君が一人の生きた人間として描き出されている。「この子」が時により，これまでの「この子」と一見矛盾するようなすがたを見せる時がある（これは子どもが成長変化しているのだから当然のことだが）。その時，もう一度「この子」をどういう子どもとして自分は見てきたのだろうか，と考え直すのである。そして，これまでの「この子」理解を見直し，新たな「この子」理解をうち立てようとする。

筆者がこのように述べると，教師の多くは，何十人もの子どものクラス担任をしながら，はたしてそのようなことができるのだろうかと言う。保育所や小学校で話すとよくこのような意見を聞く。その子以外の子どもはどうなっているのか，「この子」は考慮されているからよいが他の子は放置されているのではないか，このような疑問が出てくるのである。

しかし，長岡の考えは明快である。一人の子どもを徹底的に追いかけていくと，この子とのかかわりでまわりの子どものすがたがかえってよく見えてくるというのである。「この子」にかかわりのある，別の「この子」が見えてくる。しかも，具体的にである。長岡（1983）にも，「この子」のT君とともに，T君と学び合う仲間としてS君とY君，G君が登場する。一人の子どもを丁寧に追いかけ，その子どもの真のすがたに迫ろうとしないで，一体他の何が見えてくるというのだろうか。おそらくそこで見えてくるのは，のっぺらぼうな一般的な子どもなのではないか。

一人の子どもを「この子」として深く理解しようとしないところでは，子どもの理解は「一般的な子ども」の理解にとどまったままになってしまう。このように考えると，「子ども理解」は「『この子』理解」へと深められる必要があるのである。

6　世界に一人しかいない「この子」の保育実践の創造

「かけがえのない個人」として

2011年に改正された障害者基本法第1章第1条（目的）には下記に見るように，「かけがえのない個人」という言葉が用いられている。また，その言葉の前段に，「障害の有無にかかわらず」とも書かれている。つまり，かけがえの

ないという考え方は，障がいのあるなしに影響されないのである。

　この法律は，全ての国民が，障害の有無にかかわらず，等しく基本的人権を享有するかけがえのない個人として尊重されるものであるとの理念にのっとり，全ての国民が，障害の有無によって分け隔てられることなく，相互に人格と個性を尊重し合いながら共生する社会を実現するため，障害者の自立及び社会参加の支援等のための施策に関し，基本原則を定め，及び国，地方公共団体等の責務を明らかにするとともに，障害者の自立及び社会参加の支援等のための施策の基本となる事項を定めること等により，障害者の自立及び社会参加の支援等のための施策を総合的かつ計画的に推進することを目的とする。

同じ"生活者"として共に生きる

豊中市では，障がい児保育が制度化された時から名倉啓太郎が専門的な立場から指導・助言を行ってきた。名倉（1985）は，障がい児保育の問題は，「従来の健康児中心の保育のあり方が基本的に問い直され，真の人間教育としての新しい保育のすがたへの変革が期待されているということをあらわしている」と述べ，「1人1人の子どもを大切にする保育が基本であることが認識され始めてきた。『保育の原点』として，従来の乳幼児保育の根本的な見直しと共に，正当な位置が与えられるようになりつつあるのが現状であるといえよう」と指摘した。

そして，それまでは障がい児は正式に認知されない状態で，「日陰者の保育」でしかなかった。また，「障がい児」として特別の保育施設で，彼らだけの保育者集団を形成してなされる障がい児療育としての保育もあった，とも指摘している。

このように述べた後で，名倉は次のような点を指摘している。いずれも障がい児保育の実践を進める上で基本となる考え方であると言える。

　集団に入れられる程度とか，保育に入れて他の子どもたちの迷惑にならない場合に限ってなどと，多くの制約条件を加えられた上で，「手のかからない障害児」ならば，多少保育の場を提供し，手助けしてもという程度にとどまりがちであった。……

とくに「障害」という側面にのみとらわれ，人間全体としての育ちや生活が，とかく見落とされがちである。……

「障害児保育」は一般の健康な子といわれる子どもたちの保育（いわゆる健常児保育）と対置される全く特別な，別種の保育をさしているのではない。……

障害といわれるのもその子が有している一つの条件の一つとして考えるならば，ひとりひとりの子どもの有している特徴や条件に応じた保育は極く普通に当然考えられるべきものである。……

障害児との共同統合保育は，なによりもまず，「今私の目前に一人の障害児がいる。この子も私と同じひとりの人間であり，健康児よりも一層手厚い保育を必要とし，求めている存在である。そしてかけがえのない生命をもって，今日を精一杯懸命に生きようとし，生命の燃焼とその発展を願って明日に生き続けようとしているのである。この幼い生命と私自身および私たちが同じ"生活者"として共に生き，共に学び合い，共に育ち合うにはどのような保育が展開されればよいか」という保育者自身の自らへの問いかけから始まるものでなければならない。……

名倉のこのような障害児保育についての言説は，豊中の保育者に重要な影響を与えてきた。

カルテの思想と実践──「この子」理解を深める手だて

上田薫（1974）のカルテについての考え方と提案は，「この子」理解を深める手だてとして実際に活用でき，「この子」理解について深い示唆を与えてくれる。このカルテの理論を検討する[3]。

上田（1983）は，「人間にまといつく先入主や思い込みを克服するための手だて」としてカルテをとることを勧めている。カルテとは，子ども理解を深める手だてであるが，上田は面白い考え方を書いている。「短く簡潔に，しかもこれはと思う時だけに書くべきものだ」「教師がおやと思った時，驚いた時，その時だけそれをすなおに書けばよい」というのである。方法としては，2か月のあいだに五つか六つ記録された時，教師は初めてそれらをつないでみればよい。全く独立したいくつかの手がかりを，白紙に連続させてみればよいので

ある。そこではもう先入主の働く余地はない。その時、教師は必ずその子について発見をし、新しい疑問を持つことができるはずだという。

このような方法を提案するのは、上田（1983）に次のような考えがあるからである。

> 人間を深く理解していく方法は、その人の中に不可解なもの、わからないものを発見しそれを解決していくということにある。ではわからないものはどうして出てくるか。わからないとはどういうことなのか。それは手がかりと手がかりとをつなぎきれないということだと、わたくしは思う。あの人はたしかにこういうことを言っていた。しかし今現に彼はわたくしの眼前でそれとくいちがった行為をしているのである。そのときわたくしはその人をわからないと思う。わたくしの知る二つのことがらをつなぐことができないと思う。しかしかれの身になってよくよく考えてみれば、そして彼について第三のデータを求めることができ、合わせて三つにしてつないでみれば、そこにはわたくしの全く思いおよばなかった連続統一が見えてくるかもしれないのである。そういう新しい統一の発見を、わたくしは人間理解の深化と呼ぶべきだと思う。

このように、たくさんの記録をとって〈くたびれもうけ〉にならないようにすればよいと上田は書いている。これは誰でもできる方法である。そして、このようにしていけば、「若い人は若い人なりに、年かさの人は年かさなりに、発見の手ごたえが目の光を一新しているのである。おそらく人間を理解する心のひだがしぜん深くなっていることであろう」という。

これは、具体的な一人ひとりの子ども、つまり世界に一人しかいない「この子」理解の方法である。

実践を創り出す「この私」

保育実践は保育者によって行われる。保育者も一人の人間であり、自分の人生を歩んできている。つまりその人なりの自分史を持っている。その結果、保育実践には保育者のこれまでの人生経験が反映することになる。

保育者のAさんは、自分の保育実践について次のように書いている。これは自分のこれまでの生き方を踏まえたAさんの保育観と言ってよいだろう。

私は，今とちがって小さい頃は「おとなしい子」で通っていた。友達がやりとりをしているのを黙って聞いて，それに動きを合わせていた。長いものに巻かれる，事なかれ主義が私のすべてだった。中高生ごろからそんな自分が嫌になり，保育者になって自分の思いが出せない子に対して気にとめるようになり，子どもが生き生きと自分を出せるようになった時は大きな喜びを感じるようになった。

　これは自分を出せる子どもに育ってほしい，というこの保育者個人の切実な「子どもへの願い」なのである。だから，Aさんは，つい自分を出せないでいる子どもに目がいくという。Aさんは，自分を出せないでいる「この子」のわずかな自分にふれながら保育をしているのではないだろうか。このように，これまでの自分の生き方が保育実践には自ずと表れる。

　Mさんは公立保育園の保育者である。彼女は0歳児で入所してきたH君の保育を担当した。H君は耳が聞こえにくくて補聴器をつけており，保育所に通いながら，時々ろう学校にも通って，聴能訓練をはじめとする訓練を受けていた。

　保育者たちもH君に付き添い，発語法の一つであるキュード・スピーチをろう学校で習い，保育実践の中でも積極的にこの方法を用いた。H君のための配慮であるが，共に育つ保育を志向して生活の中で他児とのコミュニケーションにキュード・スピーチを用いたのである。その結果，H君には，1歳，2歳と成長するにつれて，かなりはっきりとした発語が見られるようになった。

　筆者はこの保育実践にふれて，Mさんの保育姿勢に他の保育者とは違った熱意を感じた。Mさんは，実は，子ども時代に実家である豆腐屋に，耳の聞こえない女の人がよく豆腐を買いにきていたのを思い出したという。もう昔のことなのですっかり忘れていたのだが，H君の母親（聴覚障がい者）と話をして，H君の保育を担当するようになり，子どもの頃の経験を思い出したのである。こういうことがあって，耳の聞こえないH君との対応に関して，あまり気にならないで保育が自然とできたという。

　Mさんの保育のどこが素晴らしいのか，そこを指摘することは難しい。他の保育者もうまくキュードを使うし，熱心さに差があるわけではないからである。しかしどこか違う。筆者には，それにはMさんの幼い時の体験が影響し

II　保育学のあゆみ

ていると思われて仕方がなかった。

　後にMさんから次のような話を聞いた。

　　私の家族はみんな聴覚障害の人と関係があるようです。不思議ですね。夫は鉄道会社に勤めているのですが，最近では耳の聞こえない人にも丁寧に対応するようになった，と先日話していました。以前はそんなでもなかったようです。また，自分の子どものクラスに耳の聞こえにくい子がいて，一緒に遊んでいると言っていましたから。

　これは，保育実践には保育者のそれまでの人生が表れるという例である。自分の人生体験が自分の保育姿勢に顔を出し，また「この子」への願いについても，自覚しているかいないかはともかくとして，自ずと「この私」が顔を出すのだと思われる。

*

　世界に一人しかいない「この子」は現実を生きている。だから，保育実践としてどこまでがかかわりとして可能なのかと考えてみると，絶望に見舞われるほどほんのわずかしか「この子」に関与できない。しかし，保育には希望もある。この希望につなげる実践が，保育者の「この子」に徹底的に寄り添う姿勢だと筆者は考える。

　保育者には，〈世界に一人しかいない「この子」〉にこだわって，新たな実践に挑戦してほしいと切に願わざるを得ない。実践にいまここで取り組んでいる「この私」と，目の前の「この子」とのふれあいこそが，意味深い実践として創り出されては消えていくのではないだろうか。

　これまでの研究の成果を目の前の「この子」の保育に当てはめていくのではなく，目の前の「この子」の生きるすがたからこれまでの研究の成果をしっかりと問い直し，更新していくことこそが大切だと筆者は考えるのである。

　これまでの保育を「なぞる保育」ではなく，「創る保育」であってほしいと切に願う。

注
1)　保育実践については次のような冊子が出されている。
　　堺市保育部（1976-85）．堺市障害児保育実施概要

豊中市（1985）．共に育ち合う保育　十年のあゆみ
　豊中市（1996）．共に育ち合う保育　二十年のあゆみ
　高槻市（1982）．障害児保育のあゆみ　高槻市障害児保育実施概要
　高槻市（1989）．高槻市における障害児保育10年のあゆみ
2）　イタリアでは「障がい」者のことを問題とする時，"diversamente abile" という言葉がよく使われる。これは今まで「障がい」者という意味で使われてきた "disabile"（否定＋能力）という言葉の考え方が不適切であるとし，"diversamente abile＝違うふうに能力を持った" 人たちとするのが適切であるという考え方である。
3）　上田（1974）には，以下のように述べられている。「教師は，まず教えるべきことをしっかり身につけて，それから子どもに向かうべきだと，ふつう考えられているようですが，それがじつは本末転倒のことなのです。相手が小学生であるか大学生であるか分からないのに，教材研究などしようもないではありませんか。いや，子どもの年齢はわかっているのだから教育内容も当然きまってくるはずと多くの人は反論するにちがいありませんが，それでは年齢が同じなら教えるべきことも同じでよいなどというプロらしからぬお粗末な考えの持主だということを，わざわざ告白することになってしまいましょう。その子にふさわしい内容をその子にふさわしいやりかたで教えることができなければ，どうあっても専門職の教師だなどということは許されぬと思います。子どものとらえかたがあまければ，与える内容もあまくなってしまいます。目先の結果だけにとらわれ，教師の都合にひきつけて事を処理することになるからです。そうなれば，子どもは教師に迎合せずにいられなくなり，生気を失うばかりでなく個性的なものもしぼんでしまうことになりましょう。教師ならだれでも本来は，子どもたちが積極性をもち自主性を確立することを強く望んでいるはずだと思うのですが，教師本位の立場に立つかぎり，たとえ善意に満ち熱意にもえていても，決してそのような願いを実現することはできないと考えます。教師があせって鼓舞激励すればするほど，子どもはすくんでしまうのです。
　　こういう困難を乗り越える道は，教師がひとりひとりの子に即するということしかありません。そうできれば，子どもたちははじめて本当に生き生きしてくるのです。自分を思いきり開いて活動するようになるのです。むろんそれは，教師が子どもをあまやかして右往左往するということではありません。教師がもしひとりひとりの子を深い人間理解をもってとらえることができたとすれば，そういつでも個別的な指導をせねばならぬということはないのです。いやむしろ，集団のまま個を生かすことこそ，もっともすぐれた指導であるといってよいと思います。ひとりひとりを生かすことと集団での学習を重んずることとは，決して矛盾するものではありません。」
　　一言で要約すれば，いかに新鮮な目で目の前の「この子」を見ることができるか，

II 保育学のあゆみ

ということになる。

引用文献

堀智晴（2004a）．保育実践研究の方法――障害のある子どもの保育に学ぶ　川島書店　pp. 31-97.

堀智晴（2004b）．障害のある子の保育・教育――特別支援教育でなくインクルーシヴ教育へ　明石書店　pp. 316-317.

堀智晴（編）（2004c）．ちがうからこそ豊かに学びあえる――特別支援教育からインクルーシヴ教育へ　明治図書　p. 18, 20.

長岡文雄（1983）．〈この子〉の拓く学習法　黎明書房　p. 14.

名倉啓太郎（1985）．共に育ち合う保育の基本的理念と課題．豊中市　共に育ち合う保育　十年のあゆみ　pp. 1-6.

徳田茂（1979）．はじめて障害の重さを知る――ダウン症の知行とともに　障害者の教育権を実現する会　一美よ，高く翔べ　現代ジャーナリズム出版社　p. 34.

徳田茂（1994）．知行とともに――ダウン症児の父親の記　川島書店　p. 133.

上田薫（1974）．層雲――教育についてのエッセイ　黎明書房　pp. 51-57.

上田薫（1983）．カルテ・座席表・全体のけしき　上田薫（編）「カルテ」による授業の新生　小学1年　明治図書　pp. 7-8.

八尾市（2001）．障害児保育の記録　25年のあゆみ

III
グローバル化の中での保育学のこれから

第10章　保育の質と卓越性

　　　　　　　　　　　　　　　　　　　　　　　　　　　　無藤　隆

　保育（幼稚園・保育所・認定こども園等）をどのようによいものにしていくかが，日本の保育改革においても，また世界各国の保育改革においても問われている。質を高めることが重要だということ自体に異論はなくとも，保育の質をどう概念化するか，またどのような客観的な指標でとらえるかなどについては，必ずしも一致した見解に至っているわけではない。しかし，とりわけ2000年以降，かなり保育の質を実質化した取り組みが世界的に広がった。また同時に，その試みは園や保育者の評価，行政的説明責任の明確化，さらに保育者の専門性の開発へと展開してきている。本章では，OECDの *Starting Strong*（OECDによる幼児教育の現状と方向への提言）での整理を参照しつつ，質のとらえ方の学術的な試みを紹介する。特に，客観的な尺度による把握と当事者の把握，また外部からのモニタリングなどを含めて，整理したい。また質的評価の仕方に卓越した園における評価方法にも注目して論じたい。そして，そういった質的評価が専門職開発に組み込まれ，保育者の力量の向上と園の保育の改善，さらに国としての保育行政の見直しへと広がっている点を述べる。なお，ここでは「保育」という言葉を「幼児教育」「乳幼児教育」と同様の意味で使っている。

1　保育の質をとらえる過程と構造

　保育を評価するにあたり，通常，構造的な面と過程面とに分けて，検討する。OECDの整理（OECD, 2006, 2012）による視点では，それを拡大して，質として多くのものを含めている。

志向性の質

　政府が乳幼児政策に振り向ける配慮のタイプと態度のことで，国レベルでの法制化，規制，政策の取り込みなどの政策目標を通して示される。その目標の

追求として，公共システムか，市場システムか，その組み合わせか，また，子どもへの基本的ケアと保護を中心とするか，発達的教育的アプローチか，学校教育へのレディネスか，統合的システムかに分けられる。

構造上の質

質を保障するのに必要な全般的なしくみが構造であり，法令や規制の明確な作成と施行によって保障される。子どもの発達のすべての領域の網羅，職員の質と養成・研修のレベル，適切なカリキュラム（ないしそのガイドライン），職員1人当たりの子どもの人数，適切な労働条件と職員の確保，物理的環境としての建物・広さ・戸外設備・教材などである。これらは行政の責任となる。

教育の理念と実践

通常，国によるカリキュラム基準の枠組みが指針となる。その中心に，高いレベルの職員の養成・研修を置く。日本ではたとえば，幼稚園に対しての幼稚園教育要領で示されるものが該当する。

保育における相互作用あるいはプロセス（過程）の質

保育者と子ども間の教育的（保育的）関係の温かさの質，子ども同士の相互作用の質，保育者同士の関係の質などである。これら相互作用は，子どもの成長を決定する大きな要素である（後の節で詳しく扱う）。特に，個々の子どもへのケア・養育や普遍的幸せ（well-being）への関心，専門家による学びへの支えが含まれる場合に，その相互作用は有効となる。ケアと教育の統合性を強調する時，社会的指導（ソーシャル・ペダゴジー：social pedagogy）として北欧諸国などでは概念化されている。

実施・運営の質

以下のことに焦点を当てた管理の質のことである。地域のニーズ（地域サービスや特別なニーズを持つ子どもへの手立てなど）や，質の改善（サービス提供時間，保育の核となるプログラム，定期的な計画作り，職能開発とキャリア発展，保育を観察しての記録と評価），および，効果的なチーム作り（職員の活動への支えなど）に

おけるリーダーシップを指す。

子どもの成果の質あるいは成績の基準

子どもの現在また将来へのプラスの結果をもたらしたいと願うアプローチにおける成果の質である。「子どもの成果アプローチ」という場合，言語と数理的技能を優先し，「学校のレディネス」を取り上げて，客観的なテストで伸びを測定することが多い。その場合，子どもが必要とする相互関係的な教育的指導についての配慮を保持する必要がある。そのために，日常の系統的観察，継続的記録，子どものポートフォリオ（様々な資料の集積・整理），親へのインタビュー，学びの履歴，全国標本調査などが使われる。

親・地域への支援活動および，保育への両者の参加の質に関する妥当な基準

地方レベルの幼児教育・ケアにおいて，親へのアウトリーチと家庭学習の環境改善，親グループへの支援，地域の文化的価値や規範との関係づけ，雇用・社会福祉・健康・障害教育などとの統合化されたプログラム作り，などが重視される。

これらの質の具体的あり方を知る上で，とりわけ英米に強い「学校のレディネス」や「就学前教育のアプローチ」と，北欧を中心とする全人的教育を志向する「ソーシャル・ペダゴジー」のアプローチとを対照するとわかりやすい。

以上のように分けて整理した質について，それらが国の規制として有効に働くための要因を考える。

- 中心となる領域での最低基準を国が定め，関係各部門が受け入れていること。
- サービス事業者が期待されるプログラム基準に沿えるように，幼児教育・ケアシステムに適切な資金提供と支援があること。
- 基準の決定，実施，質の改善について，当事者参加型の民主的なアプローチが取られること。
- 国レベルの部局がリーダーシップを取って，保育者への技術的な援助を行い，職能開発や他のインセンティブ（報酬・昇級など）を整備し，サービス

事業者や職員が質の改善に取り組むのを支援すること。
・監督指導部局と支援部局が地方自治体レベルに有効に存在すること。

2　質を目標とすることの意義——関係者による目標の共有

質の把握をどうとらえるかを見てきたが，質の目標には，次のような意義がある。

質の目標は，ECEC（保育・幼児教育）を鳥瞰的に見渡すために，また，ECECのプログラムに目的と方向を与えるために，重要である。政治的意思を固め，中核となるプログラムに資金を提供するステップとなる。質の目標はまたECECのリーダーシップを改善し，資源を重点化された質の領域に向けていくのに有用である。同時に，質の目標は，「社会的指導」の目的を共有した国の枠組みを通して一貫し，相互協調的で，子ども中心のサービスを進めることに役立つ。質の目標があることで，ECECのあらゆるレベルでサービスが一貫したものになるのである。関係者に導きと方向づけと目的と明瞭さをもたらすことになる。全体的人間形成を目指すという目的が共通にあることで，サービスの断片化を防ぎ，さらに知識の格差が早く始まることや経済状況によって子どもの発達が異なることを防ぐことができるだろう。それは個別具体的であると同時に，十分な柔軟性を持って適用されるものである。

質の議論は現在，実践，保育，園運営，さらに政策などの改善に用いるという段階に入った。以下ではさらに，OECDの第三の報告書（OECD, 2012）に沿いながら，保育の質を改善目標としてどう進めるかの議論を整理する。

誰にとっての期待であるのか。政府にとって，主たる目標は学校レディネスであり，健全な社会情動的発達を遂げている子どもであろう。働く親にとって，高い質の保育を利用できるようになることであろう。少数集団にとっては，ネイティブの文化と言語を伝えることであるかもしれない。質の目標としてどれを優先するかが大きな政策事項となる。

個々の園が質の高い保育目標を確保するために立てる目標は，国や地域が目指す質の目標によって導かれる。幅広い質の目標が設定され，それが保育プログラムの発展と改善を刺激することになる。この質の目標と改善・向上の実現とが密接に結びついていると自覚されたことが2000年代の大きな特徴である。

中には教育とケアを分離する国もあるが，分離は質の目標を伝えることを妨げ，子どもと家族の間の一貫性や目的，基金を授与する流れ，実施の手続き，規制の枠組み，職員の訓練や資格などに混乱を生じさせることにもなる。

　実践，保育，園運営，政策などの改善において，単に大人に向けて準備している存在として子どもを考えるなら，初期の子どものケアは親の責任であり，政府が関与することは避けることになろう。それに対して，子ども時代が人生の重要な時期であると見なせば，子どものケアと幼児教育とを統合して，子どもの総合的な発達を目指すことになる。それによって，施設と実践者と親や他の関係者が抱く目的が明確につながったものとなるだろう。ECECの核として子どもの幸せ，初期発達，学びを置く。質の枠組みを明確化し，共通のものとして，統合されたサービスへと努力を集中させる。

　統合されたECECサービスは，一つの行政の下に入り，政策に反映されることで，目標を志向したサービスとなる。これには，質の目標を達成するために，次のような利点がある。まず，公共的基金と規制を維持することができ，専門的職員と施設・設備を用意する。高い質の環境に，子どもを安全に置くことが可能となるような最低限の基準を，規制によって保障するものである。国としてのカリキュラムやその枠組みが，鍵となる目標（「あることを学ぶ」「することを学ぶ」「学ぶことを学ぶ」「共に暮らすことを学ぶ」ことからなる目標）を明確化する。ECECで働く職員への教育と研修によって，その専門性を保つことで，質の目標を達成する可能性が高まる。親および地域とのかかわりもまた，質の目標達成の重要な要因である。子どもの発達に影響するだけでなく，質と親のニーズと政策目標を調和させることが，ECECの信頼性と説明責任を構築する上で決定的な役割を果たす。

　責任を個別の関係者に手渡していく。改善と説明責任のために施設のパフォーマンスを財政その他で強化する。

3　保育の質研究の国際的動向と日本における質評価の特徴

　本節では，質の把握を実践や政策に活かすという前述の展開に伴って，保育の質の研究のテーマがどのように展開しており，どのようなことが見出されているかをまとめる。

III グローバル化の中での保育学のこれから

　秋田ら (2007) は，前述の OECD (2006 星ほか訳 2011) の整理と問題提起を受けて，保育の問題は量的な拡充から質の向上へと移ってきたと述べる。本節では以下に秋田らの論点を引用しつつまとめる。乳幼児期の保育・教育への投資が社会的・経済的に有用なことが実証的に示された (NICHD, 2005; Sylva *et al.*, 2010 などについては後で触れる)。OECD は *Starting Strong I, II* (2001, 06 年) で国レベルの政策として二つの質改善の方略を提起した。一つは国家政策として効果的な統制と規制を行うことである。もう一つは各地域や園などでの自主的な改善の取り組みである (代表として，アメリカ・NAEYC による園の認証評価やレッジョ・エミリアにおけるドキュメンテーションに基づく質の検討，北欧諸国の省察的な実践プロジェクトなど)。

　国レベルでの質の枠組みは，質の方向性を明示し，その上で構造の質を基準化する (物理的環境や保育者と子どもの比率，保育者の資格などの基準)。それに照らして，各園での実際の保育の過程の質を上げる。その際，地域の教育委員会や園が，どの程度柔軟かつ適切に保育の実践と園の運営を進めるかという操作性の質を確保することが重要である。質の方向性として，OECD (2006) は，カリキュラムの伝統として，初等教育の伝統 (主に英米とフランス) と社会的指導 (ソーシャル・ペダゴジー，主に北欧) とを対比した。前者では，就学後の経済格差による学力の問題や学校不適応のリスクを低減させようとして，効果的な教育プログラムのモデルを国が示し普及させようとする。ここでは，数量的な尺度による評価が中心となる。リテラシーによる子どもの成果の検討や，教育プログラムの質を ECERS (保育環境評価尺度) で測定して，効果を見る。後者では，市民としての子どもの社会性や全人的発達，福祉を尊重して，各園が自ら教育の価値と実現のあり方を明確にする。そして，子どもの学習方略を重視し，子どもと共にカリキュラムを創る。なお，記録，形成的評価，評定システムなどを使う園職員の取り組みは，両者ともに行われる。

　後者について見てみよう。Laevers (2005) は，教育プログラムの共通性として，保育の質を向上させる手立てを次のように取り出した。①子どもへの信頼，②開かれた枠組み，③環境を子どもの経験の多様性と深さからとらえる，④コミュニケーション・相互作用・対話の重視，⑤認知発達を知覚・心的表象・理解・表現の表象過程に沿ってとらえる，⑥記録によりプログラムの改善を実施

する。また，理念的，思想的に実践の検討から保育の質を検討する立場がある。その代表は Dahlberg ら (2007) である。地域の多様な声の交流する場としての保育を構想し，子どもと他者との対話を通して保育の質を考える。市民参加の過程としての評価を進めるために保育の記録を基に対話と省察を試みている。

以上に続いて，秋田ら (2007) は日本の現状を以下のようにまとめている。主に保育者のあり方や意識変容によって保育者の専門性を問うことが，日本の質評価の特質である。特に現場でのカンファレンスなどによって実践を省察する。そのように保育の質を検討して，人間性や専門知識・技術の絡まり合う専門性を高めて，保育の質を確保し向上させようとする。しかし，問題として，質の向上についての判断が難しいことや，保育者の意識が変容すれば向上と見られることがあり，客観的にカンファレンスや研修効果を示すという課題がある。しかし，外部からの評価は客観的で明確とはいえ，保育者の実態や実感とずれやすいことや，外部からの評価，特に園全体への評価を，保育者個々人がどのように実践に具体化して生かしていくかが重要な課題である。他方，内部からの評価は，自己評価では，保育者の省察や学びと直接結びつきやすいものの，実践を客観的に振り返ることが難しい。同僚や上司からの評価では，評価する側が評価される側にいかに寄り添うか，また，評価される側が評価されているという意識を越えて，いかに自身の省察に生かすことができるかが課題となる。

4 保育の質を確保するための日本の幼稚園・保育所の基準

幼稚園教育要領・保育所保育指針や設置基準は日本の幼稚園・保育園（以下「幼保」とする）の保育の最低基準（部分的には方向目標）を示すものであり，それが確実に担保されていることが日本の保育の質の確保を保障しているとみることができる。最低基準に関して言えば，各園は教育課程・保育課程に基づく指導計画を作成することとされており，一定の課程としての質を保つもととなっている。また，幼稚園教諭・保育所保育士には研修の努力義務が課され，管理側にも義務づけられている（保育所については努力義務）。これらについての行政の監督は国・自治体が行う。民間（特に幼稚園）への監督権限は弱かったが，2015年度以降から強化されつつある。

他方，方向目標としての理念的な目標を，どの園においても十分に可能にす

表10-1　福祉サービスの第三者評価基準（保育所）の構成（厚生労働省）

評価対象	評価分類
Ⅰ　子どもの発達援助	1　発達援助の基本　2　健康管理・食事　3　保育環境　4　保育内容
Ⅱ　子育て支援	1　入所児童の保護者の育児支援　2　多様な子育てニーズへの対応 3　地域の子育て支援
Ⅲ　地域の住民や関係機関などとの連携	1　地域の住民や関係機関・団体との連携　2　実習・ボランティア
Ⅳ　運営管理	1　基本方針　2　組織運営　3　守秘義務の遵守　4　情報提供・保護者の意見の反映　5　安全・衛生管理

るためのしくみはあまり用意されていない。今のところ，幼稚園の自己評価や保育所の第三者評価が，方向目標を検討するしくみとなっている。

　幼稚園の自己評価は，学校教育法施行規則において義務とされている（文部科学省，2008により規定されている）。その内容はきわめて網羅的であるが，同時に，どこまでを評価し，情報公開するかは各園に委ねられており，その点で質の向上にどこまで有効に機能しうるしくみかは不明と言わざるをえない。

　保育所の第三者評価は努力義務として位置づけられている。評価基準を表10-1に示した（厚生労働省により規定されている）。認証された評価機関が評価を行う。しかし，評価が書類上の形式の最低基準の確認に留まりがちで，実態としての保育の質にまで至っていないと言える面もあるのではないか。日本の質評価の特徴を活かすための基準として，さらに検討を加えていく必要がある。

　自己評価や第三者評価を実質的に有効なものにするためにも，これまでの指摘に関連して，以下の節では改めて，保育の質に関する海外での研究の動向と日本の研究の現状を概観しつつ，保育の質の確保について検討していく。

5　保育の質を検討する縦断研究から

　保育の質に関して，その確保すべき質を明らかにするために，本節では，縦断研究の知見から考える。乳幼児保育，すなわち，小さい子どもの養育を，家庭外において，親族ではない保育専門家に毎日一定時間委ねる方式は，この数十年に広がったやり方である。そのこと自体の是非の議論とともに，その保育の質をどのように保てばよいのかの論争は，今でも続いている。女性が職業に就く割合が増加し，ほとんどの先進国で核家族で共働きの家庭が増えていく中

で，論争の行方は社会的に注目もされてきた。特に欧米では，いくつか大規模な実証研究が行われているので，以下に概観する。

日本の実証的な縦断研究の代表としては，安梅（2004）による長時間保育の影響の解明がある。それを含め，より詳細な紹介と検討は，無藤・安藤（2008）を参照してほしい。とりわけごく小さい時期の保育所保育の経験は，その後の親子関係や子どもの発達にどのような影響を与えるのだろうか。この問いは，保育の質を考えるにあたって基本的な問いである。

まず，NICHD（NICHD Early Child Care Research Network, 2005）による大規模な縦断的調査（1991年生まれの1364組の乳児とその家庭を乳児が小学生になるまで追跡）の要点を紹介する。保育の質の高さは幼児期全体を通して子どもの発達にプラスに寄与している。幼児期の保育の質がその後の各時点での発達に影響を持っているかどうか検討したところ，どの要因についても一貫して，3歳までの保育の質と関連があった。保育者の行動（観察による），特に言語刺激の量は，その後の（15か月，24か月，36か月時の）子どもの認知的・言語的な能力の指標と正に関連し，さらに，社会的・情動的発達とも関連していた。24か月の時に高い水準の保育を受けた子どもはその後，行動的問題が少なく，社会的コンピタンスが高かった。36か月時点では，高い水準の保育を受けているほど，母子相互作用での母親の指示に子どもが従順で，否定的行動や行動的問題が少なかった。また，質の高い保育は，母子相互作用における母親の感受性の高さとも関連があった。質の低い保育は，さらに，母親が感受性や応答性が低い場合には，15か月の時の不安定な母子の愛着の割合の増加とつながっていた。保育者の保育の質が単独で子どもに影響を持つのではなく，母親などの要因と絡み合っているのである。

家族要因と組み合わせてみると，保育の要因よりも家族の特徴のほうが，その後の子どもの社会—情動的な発達結果と認知の発達結果について一貫して予測していた。さらに注目すべきは，家族要因は，長時間保育の子どもについても，家庭内母親養育の子どもについても，発達の結果を予測していた。特に認知・言語的発達については，家族要因が保育の要因よりずっと大きく関連していることが示された。

以上の結果を整理すると，家庭での養育経験の質にかかわらず，保育所での

保育は質的・量的に，子どもの発達に影響を与える。しかし，家庭の要因のほうが保育の要因より一貫して強い予測要因となっていることも明らかである。長時間の保育は，特に低年齢の場合に時に問題があることが見出されたが，それは，保育の質が低かったからに限らず，子どもとの相互作用での母親の低い感受性との組み合わせが問題を大きくすることが示されているのも重要な結果である。なお，この時期にはまだ，家庭要因として母親のみを取り上げている。

その後報告があったものとしてとりわけ重要なのが，英国における大規模な縦断的研究の成果である (Sylva *et al.*, 2010)。この Effective Pre-school and Primary Education (EPPE) は，ランダムに選ばれたイングランドの3000人の子どもを対象に，幼児教育・保育の効果を，小学校卒業まで追跡して縦断的に検討したものである。その発見は，幼児教育が子どもの発達にプラスの影響をもたらすことを明確に示した。より質の高い，有効であることが見出されている幼児教育施設で，より長期間の幼児教育・保育を受けた子どものほうが，小学校時の知的発達（読み書き・算数など）や学びに向かう力などが高いことを見出した。しかも，家庭要因や入園時点での子どもの能力を統制しても，その関連は見出された。加えて，家庭学習環境はそれとして大きな影響をもたらすこと，小学校教育の質も影響することが見出されている。

この分野と父親研究の代表的研究者であるマイケル・ラムは，多数の欧米の研究を概観して，次のようにまとめている (Lamb & Ahnert, 2006)。親の感受性は，家庭外保育が始まってからも子どもの適応の鍵となる決定因である。家族は，子どもと離れている時間を補うことに配慮し，愛着の安定性への悪影響を避けるために子どもの必要に敏感に対応するよう努める必要がある。しかし，家族に限らず，支持的で安定した保育者との関係が，子どもの幸せを促進するために重要である。子ども集団に対しての保育者の質の高さは決定的である。長期にわたる縦断的研究では，乳幼児期の質の高い介入はプラスの認知的影響をもたらすが，その効果は時間とともに弱まることがわかっている。その効果を維持するには継続的な質の高い保育・教育が必要となる。また，家庭背景の要因も大きく，質の高い保育を受けることで，親との質の悪い経験による悪影響を帳消しにできるだろうとはいえ，もっと恵まれた家庭背景の子どもに持つ影響ほどには，役立つというわけにいかない。逆に，質の低い保育がどんな影

響を与えるかは，家庭で子どもが受けている養育や刺激の質の程度との相対的な関係で決まる。支持的で刺激的（成長促進的）な家庭からの子どもの中でも質の低い保育によって発達上の悪影響を受ける場合もある。

6 保育の説明責任と評価法の問題

では，以上述べてきた保育の質の高さ・低さをどういう事柄で表し，具体的に評価を可能にしていけばよいだろうか。その問題に入る前に，説明責任と評価法の問題を整理しておきたい。

Gilliam & Frede (2013) によると，米国では 1993 年以来，公共的な基金によるプログラムやサービスには，有効であるという証拠を示す義務が課せられている。すなわち，プログラム評価によって「説明責任（accountability）」（そのプログラムの有効性を実証的に示す）を果たすのである。プログラム評価とは，組織的介入やサービスについて，その要素と成果を記述するための系統的過程である。介入やサービスの質を改善し，その影響を評価することを目指す。そのために，提供されたサービスと観察された成果とを比較するか，または，決められたベンチマーク（比較対照群や指標）を，サービスが提供された群と成果を比較することになる。その際，サービスが十分にマニュアル化されていれば，理想的な基準を作りやすくなる。説明責任システムは，より広範な包括的／査定評価システムの一環と位置づけられる。プログラム評価をもとに実践を改善し，説明責任を提供し，さらにプログラム評価を実施していくといった具合に循環を図る。この評価過程はサービスに個別のシステムとしても，統一的なシステムとしても行われ，その評価の結果は何らかの意思決定のために使われる。

包括的な評価／査定システムの構築をめぐる論点をまとめてみよう。包括的な評価／査定システムのレベルとしては，個々の子ども，保育室（子どもと保育者），プログラム（実施者の資格や実践，プログラムへの講師や親のかかわり），州，などがある。評価にあたり，まず，プログラムが規定通りに実施されているかどうかの「規定への忠実性（treatment fidelity）」の実情を調べるべきである。規定のカリキュラムに忠実に実施した幼児教育プログラムだけを評価対象としたところ，プログラムが子どもの学びによい影響があることを見出した研究があるため，評価のために必要なデータを収集する必要がある。また，信頼性と

妥当性のある詳しい測定によるものが望まれるが，同時にコストとのバランスを検討する必要がある。

なお，米国における諸々のプログラムについての，幼児教育や子育て支援プログラムの説明責任の観点からの検討は，Reynolds ら（2010）にある。

7　保育の質の標準の構築——米国の例

本節では，米国の幼児教育における質の標準化を，その質の効果とともに検討したもの（Epstein & Barnett, 2013）を紹介して，保育の質の標準の一例を示す。幼児教育（就学前教育）は，子どもの学業スキル（言語の読み書き，算数・科学）を促進し，社会的，情動的スキルを発達させる。これまでの研究から，有効な幼児教育プログラムは，子どもの発達に実質的獲得をもたらし，それは学校教育の期間でも持続することがわかっている。

幼児教育プログラムの有効性（effectiveness）とはどういうものか，また，プログラムのどのような特徴が幼児の学習と発達に関連するのか，という点が検討され，以下の四つにまとめられている。a）プログラムを実施する教師の教育水準と給与が高い。b）指導が意図的であり，計画されたカリキュラムによって，どのようにすれば成功できるかを子ども自身が理解できるように助ける。c）子どもが小集団や個人として教師と一緒に活動できるような，クラスサイズと教師子ども比に構造化されている。d）子どもへの指導と，子ども同士の，また子どもと教師との相互作用を教師が進めるようにするには，教師は強力なメンタリングと監督（supervision）を必要としている。以上をまとめると，個々の教師とその組織が持つ技能と知識としての「専門的能力（professional capacity）」が必要ということである。それら四つが保育の質の主要構成要素となる。

次に，この知見を具体化したものとして，米国における幼児教育施設の質の標準を見てみる。標準を三つのタイプについて整理したもので，各々具体的例が示されている。

①州支援幼児教育プログラム（State-Funded PreK Programs）における質のベンチマーク（具体的な達成を示す指標基準）を，表10-2に示す。前述のa）とc）が主に具体化されている。

第10章 保育の質と卓越性

表10-2 州支援幼児教育プログラムの質標準ベンチマーク (Epstein & Barnett, 2013)

幼児教育プログラム方針	質標準ベンチマーク
幼児教育の標準	包括的
教師の学位	BA (学士) 以上
補助教師の学位	CDA (Child Development Associate：短大相当の幼児教育資格) またはそれと同等
教師の現職訓練	少なくとも年に15時間
クラスサイズ	20人以下
職員子ども比	1対10ないしそれ以下
スクリーニング／照会と支援サービス	視覚，聴覚，健康で少なくとも一つの支援サービス
食事	少なくとも1日1食
監督	現場訪問

②ヘッドスタートプログラム (1960年代以降，とりわけ近年の) における標準は，①の州支援と同様ないしそれに準じたものである。

③保育プログラム。保育所 (child care center) のための基準は二つの領域で考えられる。第一の構造的質では，認可によって規制され，毎年監査される。もう一つは過程的質である。質評定システム (QRS: Quality Rating Systems) や質評定改善システム (QRIS: Quality Rating Improvement Systems) が使われる。QRSやQRISは，アメリカの多くの州で使われるようになったものである (Howes & Pianta, 2011)。その具体的な中身は様々であるが，基本は幼児教育施設の認可を最低基準とした上で，認証レベルをいくつか設けてプログラム標準が設定される。保育者の資格・研修などの高さ，保育の実践の高さ (特定のカリキュラムに従うことや観察により高い評価を受けるかなど) によって，独立の認証評価 (accreditation) が行われる。その高さに応じて，補助金を上げていくしくみである。スターシステムと呼ばれることがある。しかし，そういった標準が全く実施されていない施設も多い。

なお，幼児教育の説明責任のために標準化されたテストを使用することの是非はしばしば論議されることである。それについて次のように整理できる (Gilliam & Frede, 2013)。

・幼児期の発達は変動しやすく急速であり，経験や環境要因からの影響も一律ではない。

265

- 幼児が示す能力・成績には，テストが実施された文脈やどのように質問されたかが大いに影響する。
- 経験の乏しさと幼さのために，幼児は持てる力を出して最善の成績をとることの必要を理解しない。
- 幼児をテストすることの長期的な予測妥当性はあまり高くない。
- きわめて広範な（したがって費用のかかる）テストが施行されて，個別の親・保育者に関係する情報が提供されないと，結果が個々の親や保育者にあまり有用でないことが多い。
- 標準化された学力などのテストは，きわめて制約された状況でできる／できないを示すだけで，通常の環境で何ができ／できないかの情報をあまり提供しない。
- テストの結果により，プログラムの利用を否定したり，プログラムのための基金の拠出の変更を決定したり，保育者に報酬／処罰を与えたりするなど，誤用が見られることがある。それに応じて保育の質の設定や評価のしくみも変わることになるので注意が必要である。

つまり，個々の子どもやプログラムの個別の意志決定に重大な影響がある（high-stakes）ような利用はすべきでないのである。説明責任として全体的な評価を与える場合と個別の意思決定とを区別すべきであろう。

8 保育の質の応用可能性

保育の質の問題は，以下の点から一層重要になってきたと指摘されている。まず，幼児教育（ECE）の質を向上させるための事業に公的な投資を増やしていくにつれて，投資に対する説明責任としても保育の効果の実証としても，さらに個別の園の改善すべき点の発見の手立てとしても，質の測定の問題がますます重要になってきた（Zaslow *et al.*, 2011）。質の測定を何に利用するかによって，質の測定・評価のあり方は変わってくる。質測定の目的は次のように整理される。

第一は，診断の道具とすることである。質測定のデータは，個々の保育者やプログラムについて改善が必要な領域を見出すのを助け，改善の計画を定式化する基礎として用いられる。実践での改善に向けて，どの領域に強化が必要か

についての情報を，個々の実践者やプログラムに与え導くために，実際の保育を観察し，フィードバックする。そしてその観察の視点をもって，保育者が自身を評価できるようにしていく。

第二は，プログラムや政策投資が有用であったかを評価することである。評価を通して，ある地域における質の改善のための投資が，プログラム・レベルないしプログラム集合体レベルで意図した変化をもたらしたかどうかを検証することである。実験群と統制群のランダム割り当てによる比較やランダム割り当てを伴わない比較などにより検討する。その結果は政策決定者，公衆，研究者に共有される。

第三は，子どもの発達の様々な領域にとって特に重要な質の側面を明らかにすることである。質を高めるのはどのような要因か，そして，環境のどの面が個々の子どもの発達と成果を強化するかについての知識を構築する。横断的，縦断的調査により質に寄与する要因を検討する。研究者が行う縦断的な研究が基本となり（例，NICHD），結果は主に研究者に共有される。また，実践や政策のために記述的研究を累積することも目指されている。

第四は，親が自分の子どもの保育について選択するのに役立つ情報を提供することである。ある地域における個々のプログラムの質を記述したり高めたりして，親に供するためである。特に，QRIS が全米のいろいろな州で行われるようになった。このシステムは，観察や自己報告書類によって実践を評価し，その要約をまとまった形で提供する。行政当局がインセンティヴ（報酬・昇級）により高い質への改善を後押しすることは望ましいが，次のような課題が指摘されている。一つの課題は，受ける評定が現場にとって正確でないと見なされる場合があることである。第二の課題は，どのくらいの頻度で評定を行うのがよいのかという問題である。第三の課題は，ある園全体を評価するためにはいくつの保育室を観察すべきかということである。第二，三の課題では，労力と適正な評価のバランスが求められる。

9　質の評価の代表的尺度とその実践の改善への適用

本節では，代表的な尺度として ECERS-R，CIS，CLASS の三つの評価尺度を紹介し（より詳しい整理は，秋田・佐川，2012），それらが実践の改善に有用で

あることを指摘する。

「保育環境評価スケール」(ECERS-R: Early Childhood Environment Rating Scale-Revised) は，保育の過程についての質の評価尺度として世界中で最も多く保育実践への活用が進められている。日本版の使用も増えてきた（ハームスほか，2008; 埋橋，2013）。初版は1980年，第2版が1998年に作られた。この尺度は，七つの下位尺度（空間と家具，個人的な日常のケア（個々の子どもの世話），言葉と思考力，活動，相互関係，保育の構造，保護者と保育者）に含まれる全43（日本版は41）の項目からなる。これらの項目は，保育環境や実際の保育実践について質を評価する観点を示し，それらに対応する行動的に観察できる指標を取り出したものである。専門家が観察して各々の項目について7段階で評定する。これらの項目について，実際，Cassidyら（unpublished）は，1313の保育室の保育への評価の検討から，16項目（主に，活動／素材，言語／相互作用と整理される下位尺度）において，全体との相関がきわめて高くなることを見出し，おおむね有効であることを示した。ただし，下位尺度によっては信頼性が低いので，それらの検討が必要になる。今後さらに，下位尺度が全体として十分な信頼性と妥当性を持ち，保育の過程と構造の質の関連を示すことと，子どものよりよい発達・学習の結果を予測できるということが求められている。日本でも埋橋による研究（Uzuhashi, 2012）と実践現場への保育改善のための適用がなされている（たとえば，埋橋，未公刊資料）。

ベルギーのフェール・ラーバースはCIS（Child Involvement Scale）とSICS（Process-oriented Self-evaluation Instrument for Care Setting）という尺度を開発している（Laevers, 1994）。情緒的な安心の度合い（安定度），熱中度（夢中度：子どもが遊びに没頭し夢中になっている程度），大人の関与の三つの要素からとらえる。SICSはそのうち，保育者が，自分の保育での子どもの安定度と夢中度について5段階で自己評価する。活動過程の中での子どもの経験をとらえようとする過程の質の尺度である。SICSの日本版（「保育プロセスの質」研究プロジェクト，2010）では，豊かな環境，集団の雰囲気，主体性の発揮，保育活動の運営，大人のかかわり方に関して，尺度によって評価し，保育を振り返って，その上で改善点を考えるものとしている。

三つめの例は，保育における保育者のかかわり方に焦点を当てたCLASS

第10章　保育の質と卓越性

(Classroom Assessment Scoring System) である (Pianta et al., 2008)。保育者・教師と子どもとの相互作用に焦点を当て，指導的ないとなみの有効性のある質をとらえる。下位尺度は，情緒的サポート（肯定的／否定的雰囲気，教師の敏感さ，子どもの視点に対する配慮），クラスの構成（子どもたちの行動の把握，クラスの生産性，指導的な学習形態），指導についての保育者へのサポート（概念発達，振り返りの質，言語を用いたモデリング）である。訓練された専門の評価員が観察して評定する。種々の構造的質との関連，および，学業成績の予測性が確認されており，有効な尺度である。この点については後でさらに詳述する。

以上述べたように，保育の質を客観的にかつ妥当性のある仕方で評価する尺度は，その評価に基づいて，保育についての改善を実質化していくためにも用いられている。保育の改善と研修への応用を通じて今後の保育の質の改善・向上に貢献する点で，大きな意義を持つものである。以下に，六つの点から意義を整理し，この意義をさらに高めるための方策について述べたい。

第一に，保育の質を客観的にかつ妥当性のある仕方で評価するということは，現今の保育改革の流れの中で大きな意義がある。幼稚園・保育所などの保育施設へのニーズに対して，できる限り応えていくことが今求められている。同時に，保育の質を上げていくためには何が必要なのか。改善・向上のための手立てを生み出すには，自主的に保育を見直し改善する方途が必要である。これらの指標は，保育の実際に即して，現場の保育者に活用可能で，しかもそれがある程度の妥当性を持って，専門的にも意味があると見なされるような手段として役立ちうるものである。

第二に，これらの評価法は具体的な保育場面について評価することで，保育のプロセスをとらえている点が特徴的であり，そこに保育の質の改善に生かせるポイントがある。具体的な子どもの活動や，その際の物や保育者とのやりとりが素材となっているので，そこでのよい点や問題点を探り出せる。子どもの活動のあり方が高く評価できない保育の場合にも，物の配置や保育者のかかわり方などのどこに問題があるかを検討しやすくなる。園全体としての評価ならば，保育の様々な場面について複数の保育者について評価することで，改善のポイントをとらえることが可能となる。

第三に，保育の質の評価にはいくつかの方式がある。主に保育環境に力点を

置くものと，保育者側の働きかけ方に焦点を当てるものが代表的で，さらに，子ども側の様子をとらえるものなど，いろいろなタイプがあり，各々の利点がある。子どもに目を向けることは，その中でも，保育の成果に最も直結するところである。最終的な「成果」はおそらく，子どもの発達の促進，年齢相応の発達，また，小学校以上の教育のための基礎の形成などであろう。そういった将来の成果も，実は日々の保育の積み重ねによって生じていく。保育を見直すとしたら，その日々の一コマの保育において子どもが望まれるような経験を本当にしているのかどうかが問われねばならない。子どもの側の様子から保育の過程と構造の質の関連をとらえる尺度は，日々の保育を見直すのに適している。

　第四に，ケアと教育の両面から子どもの経験や環境や教師の働きかけをとらえている評価法が多い点にも意義がある。日本の保育所保育指針では，「養護と教育」として概念化しており，それは最近，幼稚園教育においても基本となることだと認識されるようになった。たとえば，子どもが安心してその場にいて活動に取り組むことができ，その上で活動に集中しているかどうかを中心として評価することは，養護と教育のいわば中核をとらえることなのである。だからこそ，評価が客観性を持つと同時に，保育者の実践的な感覚にも適合して，無理なく保育の改善へとつながるのである。

　第五に，評価の視点が保育者の研修において活用されることが期待できる。研修では，具体的な保育の1コマに焦点を当てることで，そこでの保育者や子どもや環境の様子を見取り，望ましい経験を実現するための保育のあり方を仔細に検討していくことができ，研修結果を自園に持ち帰って活用しやすくなる。

　第六に，園内での研修に用いることができる。園内での保育やそこでの子どもの様子を振り返り，子どもの経験の評価に対して，それをもたらしているであろう環境におけるものの種類や配置を検討できる。また保育者の働きかけや応答を見直して保育の反省を行い，それらの積み重ねから自園の保育の改善・向上を図る。獲得してほしい力や教育内容やカリキュラムとの対応の吟味へと議論を展開して修正したり，さらに長期的な展望を得ることもできるだろう。このように，保育の営みと子どもの経験を丁寧にとらえることを核として置くことにより，園内での改善の風土を構築できる。

　最後に，本評価法の専門家の育成が望まれるということを指摘したい。この

第10章　保育の質と卓越性

評価方法を前述のように意義深く用いることができるようになるには，ある程度指導者のいる訓練が必要である。訓練を通じて，他の評価と合わせて，この評価の質をとらえる手法に熟達し，それを指導法やカリキュラムへとつなぐことのできる専門家の育成が必要となる。

10　卓越的実践の構築とその姿の評価による取り組み

特定の園において優れた実践を達成し，それを他に広げていくのも一つの質の向上のあり方である。そこでは，数量的評価というより，保育そのものの様子やそこでの子どもの姿や作品によってよさを示していく。それは「姿評価」とでも呼べるかもしれない。

秋田（2013）はレッジョ・エミリアの保育に学びつつ，保育の質について，「質を地域の歴史文化や思想哲学の中で位置づけていくことの必要性であり，質は保障や確保されるものではなく，常に生み出し続ける営みの中においてこそ生まれること，その起点は子どもの姿から常に学び続ける専門性に基づくものといえる」と述べる。それはレッジョ・エミリアの保育における「美」の実践を扱った Vecchi（2010）の実践検討にも見えるところであり，また，Edwards & Rinaldi（2009）の一人の子どもの成長の具体的な姿の日記とその研修での活用の実例でもわかる。具体的な実践における子どもの姿をとらえることによって，その保育実践の質をとらえ，さらには改善し，また人に伝えることの根拠となるのである。無藤・掘越（2008）もまた，保育における子どもの姿を取りだし，そのエピソードの記録を映像とともに検討し，美を核とした保育への提案を行っており，姿の記述を通して質の問題に迫ろうとしている。

11　専門性開発の基準・原則と実際

近年，保育の質の検討は保育者の専門性開発のあり方と密接に結びつき，深められてきた。とりわけ保育者・教師が保育（教育全般）における質のあり方の要となることは言うまでもない。

教師の変容と標準についての改革の要ともなり，生徒の学力達成と指導改善の核ともなるものとして，教師の専門性の開発（発達）が，ますます重要な介入となると見なされるようになってきた（Roskos, 2013）。専門性開発（professional development）は現業訓練（inservice training）に基づきつつ，そこから発展してきた。しかし，現業訓練は，仕事場の外で，エピソードに単発的に焦点を当て，実際の仕事場での追跡はまずない。そのため，既に知っていることの強化にとどまり，新たな複雑な指導の問題にかかわれず，実践者が情報を自分の実践に持ち込むであろうことを期待するにとどまる傾向がある。それに対して，その研修をもっと実質化し，教師が自らの指導を検討して自分自身の学びについて学び，同僚と協働した学びの共同体の形成を可能にしていくという意味で，専門性開発の発想が生まれたのである。

　本節では，専門性開発の基準と原則や枠組みを具体的に概観し，保育者の変革のための理論を提起する。表10-3に専門性開発の質の目安を示す（Roskos, 2013）。このように整理すると，保育の質の要である所以がよくわかる。

　ここからさらに進めて，表10-4に示した原則に基づきつつ，詳細を具体化し，教師の考えや情熱において持続できるようにしていく。これらの原則によって，専門性開発のための設計（デザイン）はどのようになされるべきか，また対応するエビデンス（証拠）は何かについて検討できる。

　Hamreら（2013）は，尺度CLASSの枠組みを現職の専門性開発へと適用した。幼児教育の質は，保育者の質が中核にある。保育者の質を上げるには，その養成段階での十分な用意と，専門性開発システムの断片的な現状を変えることが必要であることが示された。その質の測定尺度がCLASSである。保育者の専門性開発が保育の有効性を高め，ひいては子どもの発達と学びを向上させるのである。尺度CLASSを利用してめざましい成功を収め，かなりの有効性のエビデンスを備えてきているシステムが，TTI（Teaching Through Interaction）である。以下，その専門性開発システムを紹介する。いずれもエビデンスにより支えられている。

　TTIの枠組みは3組の領域とそれに含まれる各3次元からなる（表10-5，なお，このTTIは幼児教育場面を含め，広く教師生徒場面に適用できるものであることがわかっている）。第一の領域は情動的支持領域である。それは，愛着と自己決定の二つの発達理論に根拠を置いて，安定性（安心）とつながりの下で子どもは探索し学ぼうとするのだと強調する。保育室の雰囲気，保育者の感受性，子どもの視点の尊重，という三つの次元からなる。第二の領域である保育室にお

第10章 保育の質と卓越性

表10-3 有効な専門性開発の基準（Roskos, 2013）

- 現職開発のための公式・非公式双方の広範な機会
- 教師の仕事時間中に確保された，専門性の学びと協働を組み入れるための時間
- 教師の関心と業務の文脈に埋め込まれ，一定の時間を用いた専門性開発のための活動
- 教師がカリキュラムや指導実践に関する決定にかかわることを支える，学校の管理の構造
- 新人教師やその指導を行う個人指導教師のための教師導入プログラムとそのための時間，および，その指導教師への公式訓練

表10-4 専門性開発のための研究ベースの高度設計原則および対応するエビデンスに基づく具体化（主に読み書き能力指導に関して）（Roskos, 2013）

高度設計原則	エビデンスに基づく具体化
1) 特定のカリキュラム内容とその内容を有効に教えるために必要な指導法に焦点を当てる	幼児期の言葉と読みの発達についての科学的根拠のある研究知見に基づくカリキュラム
2) 学校改革への努力全体のうちの一貫した部分として，査定，標準，専門性開発が切れ目なく結びつく	就学前の時期の子どもの初期読み書き技能の発達への支援
3) 学ぶ事柄を意味あるものと教師が見なせるように，能動的な学びに教師がかかわるような設計をする	異なった型（フォーマット）と各種の活動を通して，学ぶ機会の絶えざる提供を行う
4) 集中し持続的で連続的な仕方で経過的に示す	専門的な開発の活動を継続的定期的に行う構造
5) 指導の分析と生徒の学びの分析とを結びつけ，さらに，査定のデータを形成的に指導に役立つように使用することも含める	直接教授セッションにおける教師の目標設定を行う
6) コーチングとモデリングを，観察とフィードバックによって支える	モデリング，フィードバックを伴う観察，査定による補助などを含めた教室内のコーチングを行う
7) 学校での専門性開発のコミュニティを学びのチームにおける教師の協働的な仕事に結びつける	同僚との定期的な直接指導とコーチによるファシリテーションの組み合わせ

ける組織化は，子どもの自己制御技能の発達の理論に基づく。次元として，子どもの行動のマネジメント，保育における生産性，指導の際の学びの型（フォーマット）である。前方向的マネジメント方略や指導の計画化，質の高い保育者による子どもを引きつける素材や活動の使用などが含まれる。第三の領域の指導上の支援とは，互いに結びつき組織された学びのための情報が，子どもの複雑な技能の発達を助けるという理論から来ている。次元として，概念発達，フィードバックの質，言葉のモデリングからなる。

273

表10-5 TTIの専門性開発の枠組みにおける領域とその次元 (Hamre et al., 2013)

領域	次元	用いられ方の詳細
1 情動的支持	①保育室の雰囲気	保育室の全体的情動的調子と保育者と子どもの結びつきを振り返る。保育者と子どもとの相互作用に示される温かさと尊重および学びの活動の間，喜びと熱意を示す程度を考える。
	②保育者の感受性	保育者の持つ，子どものニーズへの感受性と，子どもの学業的・情動的働きの水準への気づきからなる。高度に感受性の豊かな保育者は，子どもが大人を資源ととらえられるように助け，子どもが安全で自由に探索して学べると感じる環境を作り出しているということを学ぶ。
	③子どもの視点の尊重	保育者と子どもとの相互作用の程度と，保育者が子どもの興味や動機づけや視点を強調する（保育室での活動が保育者主導ではない）程度とを，振り返る。
2 保育室の組織化の能力	①子どもの行動のマネジメント	明快な行動的期待を提示することによって，子どもが自分の不適切な行動を防いで方向づけし直すために有効な方法を，行動問題に費やす時間を最小化しつつ用いることができる保育者の能力について見直す。
	②保育における生産性	保育者が，指導時間とルーティン作業をうまく管理し，子どもが学ぶ機会を最大限に持てるように，どのくらい効率的に行えているかを振り返る。この次元は，保育・指導の質にはかかわらない。
	③指導の際の学びの型（フォーマット）	興味深い活動や教示や活動センター（コーナー）や素材を提供することで，保育者が，子どものかかわりと学ぶ能力をどのくらい最大化できているかを検討する。保育者が活動を促して，子どもが経験し知覚し探索し素材を利用するような機会を持てるようにする仕方を考える。
3 指導上の支持	①概念発達	指導のための討議や活動が，機械的暗記や事実に基づく学びに焦点を当てるのではなく，子どもの高次元思考技能をどのくらい促しているかを振り返る。
	②フィードバックの質	保育者が提供したフィードバックの内容が，子どもが学びと理解をさらに広げること（形成的評価）に焦点を当てたものとなっているか，特に，正しさや最終所産（統括的評価）のみに焦点を当てているのではないことを確認する。
	③言葉のモデリング	子どもとの個別，小集団，大集団での相互作用において，保育者が，言葉の刺激と言葉の促しの技法を用いている質と量について見直す。質が高い言葉のモデリングを構成する要素としては，保育者のつぶやきや並行的語り，開かれた質問，繰り返し，拡張／拡大，レベルの高い言葉の使用などが挙げられる。

　TTIは保育者の変革が生じる際の理論化として，「意図的な指導 (Intentional Teaching)」と称されるものを提起している。保育者が実践について，より目的的で熟慮的で意図的になることを目指すものである。その意図的な指導を構成する要素を表10-6に示した。「知ること」「見ること」「すること」「振り返

第10章　保育の質と卓越性

表10-6　意図的指導の構成要素（Hamre et al., 2013）

定義	例
1）知ること	現在どのように子どもと相互作用しているかの情報を，社会的，行動的，認知的発達を促す方向になっているかという観点から理解すること。 子どもの発達の知識，一連の有効な指導実践についての知識，個々の子どものニーズについての知識，学ぶべき内容知識，子どもの自己についての知識。
2）見ること	保育者と子どもとの有効な相互作用を，その行為中に同定すること。他の保育者の相互作用と自分自身の相互作用の両方について。 有効な相互作用をしている保育者と，自分自身の相互作用のビデオについて，両者の相互作用を比較しての分析によって，自分が行為中にも同定できることを目指す。
3）すること	自分が有効と考える保育者と子どもとの相互作用を，保育室において実行する。 カリキュラムの有効な実施と，特定の目標を満たすためにその都度に必要となる計画の修正。
4）振り返ること（リフレクション）	より有効な保育者になるという目標を持って，自己観察し，指導の要となる点の分析を行う。 訓練や研修のファシリテーターに導かれた振り返りとコーチング／メンタリング。

ること」の四つがサイクルをなす（順番は問わない）。第一の「知ること」は指導的内容知識についてであり，つまり特定の内容領域に結びついた特定の指導の方略についての知識である。内容知識，一般的な指導知識，学び手についての知識，教育的文脈や教育目的についての知識などが含まれる。とりわけ幼児教育では，子どもの発達についての知識と特定の指導実践の知識が重要である。第二の「見ること」は保育行為中に，有効な実践を見て取れることである。そのためには，ビデオを見て，そこでの子どもの細かい実際の行動を同定し，記述し，見ることを通じて，その力を養わなければならない。この「見ること」が伴って初めて，実際の保育室での実践が変容しうる。第三は「すること」である。有効と考える指導を実行できるかどうか。断片的だった行動から，意図的な有効な指導を保育室で実行するところまで進めていく。ここではとりわけ経験学習が重要となる。実際にやってみること，実際に近い場面で練習することである。第四が「振り返ること」である。このリフレクションはジョン・デューイ以来重視されてきたが，ここでは，自らの指導実践とそこに影響を与える要因について，改善の目的を持って積極的・意図的・熟慮的に注意を向けて吟味することとする。そこには，観察，査定，分析，変化のための計画という

四つの要素が含まれる。

このように，知ることと見ることとすることが互いに嚙み合い，それをリフレクションと分析が促進することになる。それは保育室の外で長い時間行われるとともに，実践行為中の各瞬間に適用されることでもある。

以上のモデルは実際に，専門性開発のシステムに組み込まれ，検証され，有効性を示しているものである（なお，現職教師の研修のあり方の包括的な理論枠組みとそれに基づく研修実践については，Darling-Hammond, 2013 を参照）。

12　結論——質の向上における実践者，園，行政，研究者などの働き

保育の質の改善・向上は，園の当事者とともに，国・自治体の行政や養成校等の研究者などが協力して可能となるものである。だが，それが，上からや外からの評価ということで終わってしまうならば，当事者自体の動きを引き起こさず，実質的な意味を持たないものとなってしまう。多くの関連する人たちによる組織の協同性こそが質の向上の核であり，その中で，当事者としての保育実践者のかかわりがあってこそ，実際の「すること」へと展開して，質の改善・向上は可能となるのである。

引用文献

秋田喜代美（2013）．レッジョ・エミリアに学ぶ保育の質　子ども学，1, 8-28.

秋田喜代美・箕輪潤子・高櫻綾子（2007）．保育の質研究の展望と課題　東京大学大学院教育学研究科紀要，47, 289-305.

秋田喜代美・佐川早季子（2012）．保育の質に関する縦断研究の展望　東京大学教育学研究科紀要，51, 217-234.

安梅勅江（2004）．子育ち環境と子育て支援——よい長時間保育のみわけかた　勁草書房

Cassidy, D. J., Hestenes, L. L., Hegde, A., Hestenes, S., & Mims, S. (manuscript). Measurement of quality in preschool child care classrooms: The Early Childhood Environment Rating Scale-Revised and it's psychometric properties.

Dahlberg, G., Moss, P., & Pence, A. (2007). *Beyond quality in early childhood education and care: Language of evaluation* (2nd ed.). London: Routledge.

Darling-Hammond, L. (2013). *Getting teacher evaluation right: What really matters for effectiveness and improvement.* New York: Teachers College Press.

Edwards, C., & Rinaldi, C. (Eds.) (2009). *The diary of Laura: Perspectives on a Reggio Emilia Diary.* St. Paul, MN: Redleaf Press.

Epstein, D. J., & Barnett, W. S. (2013). Early education in the United States. In R. C. Pianta (Ed.), *Handbook of early childhood education.* New York: The Guildford Press. pp. 3-21.

Gilliam, W. S., & Frede, E. (2013). Accountability and program evaluation in early education. In R. C. Pianta (Ed.), *Handbook of early childhood education.* New York: The Guildford Press. pp. 73-91.

Hamre, B. K., Downer, J. T., Jamil, F. M., & Pianta, R. C. (2013). Enhancing teachers' intentional use of effective interactions with children. In R. C. Pianta (Ed.), *Handbook of early childhood education.* New York: The Guildford Press. pp. 507-532.

ハームス，T.，クリフォード，R.，クレア，D.／埋橋玲子（訳）(2008). 保育環境評価スケール1　幼児版（改訳版）　法律文化社（原著1998）

「保育プロセスの質」研究プロジェクト（作成）小田豊（代表）(2010). 子どもの経験から振り返る保育プロセス　幼児教育映像制作委員会

Howes, C., & Pianta, R. C. (2011). *Foundations for teaching excellence: Connecting early childhood quality rating, professional development, and competency systems in States.* Baltimore: Paul H. Brookes.

Laevers, F. (1994). The innovative project experiential education and the definition of quality in education. In F. Laevers (Ed.), *Defining and assessing qualitiy in early childhood education.* Studia Paedagogia, Leuven: Leuven University Press.

Laevers, F. (2005). The curriculum as means to raise the quality of early childhood education: Implications for policy. *European Early Childhood Education Journal,* **13**, 17-29.

Lamb, M. E., & Ahnert, L. (2006). Non parental child care: Context, concepts, correlates, and consequences. In I. E. Sigel & K. A. Renninger (Eds.), *Handbook of child psychology, Vol. 4: Child psychology and practice* (6th ed.). New York: Wiley. pp. 950-1016.

文部科学省（2008）．幼稚園における学校評価ガイドライン　Retrieved from http://www.mext.go.jp/component/a_menu/education/detail/_icsFiles/afieldfile/2010/04/02/1230734_001.pdf

無藤隆・安藤智子（編）(2008)．子育ての心理学　有斐閣

無藤隆・掘越紀香（2008）．保育を質的にとらえる　無藤隆・麻生武（編）質的心理学講座1　育ちと学びの生成　東京大学出版会　pp. 45-77.

NICHD Early Child Care Research Network (Ed.) (2005). *Child care and child development: Results from the NICHD Study of Early Child Care and Youth Development.* New York: The Guilford Press.

OECD (2006). *Starting strong II: Early Childhood Education and Care.* Paris: OECD Publishing.（星三和子・首藤美香子・大和洋子・一見真理子（訳）（2011）．OECD保育白書　人生の始まりこそ力強く：乳幼児期の教育とケア（ECEC）の国際比較　明石書店）

OECD (2012). *Starting strong III: A quality toolbox for Early Childhood Education and Care.* Paris: OECD Publishing.

Pianta, R. C., LaParo, K. M., & Hamre, B. K. (2008). *Classroom Assessment Scoring System: Manual Pre-K.* Baltimore: Paul H. Brooks.

Reynolds, A. J., Rolnick, A. J., Englund, M. M., & Temple, J. (Eds.) (2010). *Childhood programs and practices in the first decade of life: A human capital integration.* New York: Cambridge University Press.

Roskos, K. A. (2013). Every teacher learning: Professional development design in P–3 literacy practice. In D. R. Reutzel (Ed.), *Handbook of research-based practice in early education.* New York: The Guilford Press. pp. 15-26.

Sylva, K., Melhuish, E., Sammons, P., Siraj-Blatchford, I., & Taggart, B. (Eds.), (2010). *Early childhood matters: Evidence from the effective pre-school and primary education project.* London: Routledge.

Uzuhashi, R. (2012). The development of the ECERS in Japan. Paper presented in NAEYC Annual Conference in Atlanta, U. S., Nov. 8.

埋橋玲子（2013）．ECERS（『保育環境評価スケール』）にみる保育の質　子ども学，1，29-53．

埋橋玲子（編）（未公刊）．「保育環境評価の実際」報告書・資料集　平成24年度石川県社会福祉協議会・福祉総合研修センター主催保育ゼミ研修

Vecchi, V. (2010). *Art and creativity in Reggio Emilia: Exploring the role and potential of ateliers in early childhood education.* London: Routledge.

Zaslow, M., Tout, K., & Halle, T. (2011). Differing purposes for measuring quality in early childhood settings. In M. Zaslow, I. Mrtinez-Beck, K. Tout, & T. Halle, (Eds.), *Quality measurement in early childhood settings.* Baltimore: Paul H. Brooks. pp. 389-410.

第11章 保育制度の変化と保育政策

網野武博

1 日本における保育所制度・保育政策の推移

保育の態様と保育制度

　保育には様々な態様がある。日本におけるそれを示したものが表11-1である。実の親，保護者，親族以外の人々による育児へのかかわりを特徴とする保育は，自助を支援しつつ，共助，公助として展開されるところに特徴がある。保育の態様と保育制度の関係を見る時，きわめて長い時代にわたって自助を軸として共助が展開され，やがて制度が整うとともに自助を軸として公助が展開される歴史をたどり，近年制度上も再び共助の役割が重視される時代を迎えつつある。表11-1のうち，枠内の部分が公助として今日における国の保育制度として最も普及しているものであり，下線の部分が，制度的に徐々に新たな公助として，また共助として考慮されてきているものである。

　表11-1で見るように，保育の態様は，まず家庭内保育と家庭外保育に大別される。家庭外保育は，さらに家庭的保育と施設保育に二分される。しかし，制度上はいずれの国においても保育者の居宅などにおいてなされる家庭的保育よりも施設型集団保育のウエイトがきわめて高く，保育制度の歴史は家庭外における施設型保育を中心として進められてきた。筆者らは，保育制度・幼児教育制度が普及する背景として，「母親の就労ニーズへの対応」「乳幼児期の発達の促進」「就学前教育の機会の増大」(網野ほか，2010, pp. 1-2) をあげたが，これら三つの要素は，個々の乳幼児が子どもの居宅あるいは保育者の居宅を基本として保育を受けるよりも家庭外に通って保育を受けるメリットを格段に有している。こうして，家庭外の専門施設における保育はいずれの国においてもそのウエイトを高めていった。中でもその主たるものは，生活の場として位置づけられる保育所と，教育の場として位置づけられる幼稚園であり，国際的に見

279

III　グローバル化の中での保育学のこれから

表 11-1　保育の態様

	家庭内保育	家庭外保育
個別的	在宅・訪問保育, 居宅訪問型保育（ベビーシッター etc.）	家庭的保育（家庭福祉員 etc.） 家庭保育室
集団的	この分野は，制度に含まれておらず，パーソナルな共助として営まれている。	保育所 幼稚園 認定こども園 小規模保育施設 認可外保育施設

ると，その特徴は幼保一元性，幼保二元性，そして幼保一体性に分けてとらえることができる[1]。日本においては，制度上，幼保二元性の歴史が続き，21世紀に入り幼保一体性の特色を持つ認定こども園制度が採り入れられた。

　家庭外保育のもう一つの態様である家庭的保育は，諸外国においては施設型集団保育と対比する制度として活用される国も多く見られる。日本では，古くは昼間里親などの制度として見られたが，保育制度上は近年に至るまで国の制度として位置づけられてこなかった。地方自治体独自の制度として，1970年代前後から活用されてはきたが，実施自治体の数は新しい調査結果を見ても102市区町村ときわめて少ない（岩田ほか，2012）。しかし，2008年の児童福祉法改正によって家庭的保育事業が制度化され，公助の体系の一つとして加わり，さらに2012年の子ども・子育て支援法の成立によって，地域型保育給付の一つとして家庭的保育事業が位置づけられた。

　さて，保育の原点はそもそも家庭内保育にある。きわめて古い歴史を持つ乳母（めのと・うば）は，今日の保育士の源流である。そのほか，すべての階層にわたって，子どもの居宅を拠点にして，社会的親による育児が共助的保育として営まれてきた[2]。しかし，近代家族，現代家族の登場によって，家庭はプライバシー重視の閉ざされた環境の特色を色濃くし，保育者や地域・近隣の人々による訪問保育は，保育の歴史の舞台から影を薄くしていった。しかしながら，施設型集団保育では多様できめ細やかなニーズに対応できない限界があり，1980年代頃から都市部を中心に新たな形での在宅・訪問保育が再生し，民間事業者によるベビーシッターなどによる保育が展開されるようになった。

また，共助的保育もファミリーサポート・センターやNPO法人などを主に新たな体制のもとで再生されるようになった。

2012年の子ども・子育て支援法の成立によって，地域型保育給付の一つとして，居宅訪問型保育が公助のシステムとして初めて国の制度の中に位置づけられた。また，共助の特徴をも備えた地域子ども・子育て支援事業に多くの訪問型保育サービスが位置づけられることとなった。施設型集団保育，とりわけ保育所を中心に置く保育の態様から，多様なニーズに柔軟に対応する保育サービスの量的，質的充実は，今後の保育制度の行方に深くかかわる課題となりつつある。

保育所制度としての保育制度

日本の児童福祉に関する基本法とも言われる児童福祉法が施行されたのが，1948年である。この法律によって，児童福祉施設の一つとして保育所が定められ，新体制のもとで保育制度がスタートした。同じ時期にスタートした学校教育法に基づく幼稚園とともに，施設型集団保育の双璧である両施設は，その後60余年にわたって，きわめて重要な役割を占めてきた。児童福祉法に基づく保育制度は，長きにわたって保育所のみの体制が継続され，保育制度イコール保育所制度という体制が特徴的であった。

しかし，スタート時の保育所制度には，その後の歴史的推移ならびに近年の動向と深くかかわる運用上の特色が包含されていた。児童福祉法が公布された当初の保育所の目的は，その第39条に「保育所は，日日保護者の委託を受けて，その乳児又は幼児を保育することを目的とする」とされていた。この規定は，今日までの歴史を踏まえる時，二つの点で重要な意義を持っていた。第一に，その後改定され長い期間にわたって条文に記されていた，"保育に欠ける"という字句は当初含まれていなかったことであり，必ずしも幼保二元性を基本としてはいなかったことである。第二に，制定当初から乳児（1歳未満児）を保育の対象としていたことであり，0歳から2歳までの保育も重要な役割と認識されていたことである。

第一の点にふれると，第39条の目的とともに，第24条の保育所への入所に関する規定では，「市町村長は，保護者の労働又は疾病等の事由により，その

監護する乳児又は幼児の保育に欠けるところがあると認めるときは、その乳児又は幼児を保育所に入所させて保育しなければならない」とされていた。つまり、第39条からは保育所利用希望者と保育所長とが自由な契約によって子どもを入所させること（私的契約入所）が可能であり、第24条からは市町村長が"保育に欠ける"と判断される子どもを行政処分によって入所させること（措置入所）が義務とされた。しかし、その後の保育ニーズへの対応の不均衡さや公的財源による保育という公助に関する不公平性を見直し、また第39条の規定による幼稚園との高い類似性の見直しを図る観点から、早くも1951年の法改正により、第39条は「……保育に欠けるその乳児又は幼児を保育することを目的とする」と改められた。機能や役割上、幼稚園ときわめて類似性の高い私的契約入所の趣旨が除かれ、措置入所の性格を高めていく保育所制度の潮流は、その後、幼保二元性の特色と、ウェルビーイング的福祉（すべての乳幼児の福祉）よりもウェルフェア的福祉（"保育に欠ける"乳幼児の福祉）の性格を堅牢に維持する特色を、際立たせることとなった。

　第二の点にふれると、制度上、保育所には0歳から入所できるにもかかわらず、乳児保育[3]はきわめて異例の特別なものとして受け止められる時代が長かった。「男は仕事、女は家庭」「子どもは3歳になるまでは家庭で母親の手で育てられるもの」などの社会的通念を背景に、明らかに"保育に欠ける"0, 1, 2歳児入所措置はごく一部であり、きわめて制限されてきた。その後、乳児保育へのニーズが増大しその声が高まるに伴い、国においては1970年代に入る頃から、乳児保育を一般的な入所措置ではなく、特別保育事業として位置づけ、公費負担の道を広げていった。しかし、その後も通常保育として位置づけることなく経過し、特に行政処分による入所措置が優位を占めている時代には、実態上"保育に欠ける"乳児であっても、市町村が入所措置をしない限り入所の道は閉ざされていた。ようやく1998年に至り、保育制度改革が進む中、また子育てと仕事の両立指向を背景に、少子社会における子育て支援の環境整備を基盤として、すべての保育所が乳児保育を通常保育として実施する体制が整うようになった[4]。その後、徐々に乳児保育の割合は高まってきており、2015年度当初では、0歳児の割合は5.4％、1, 2歳児の割合は33.4％となっている（厚生労働省雇用均等・児童家庭局，2015）。しかし、近年の待機児童問題において

は，0，1，2歳児の保育ニーズに対する市町村や保育所の対応上の問題がきわめて大きい。保育所を増設することよりも，乳児保育の定員の拡充が重要な課題であり，また乳児保育のニーズに対応する多様な保育サービスの拡充が求められる。

2 保育サービスの多様化と新たな保育サービスの展開

利用者主体の保育所制度へ

児童福祉法に基づく児童福祉施設としての性格を有する保育所の役割は，制度上も実践上もウェルフェア的福祉の観点が重視され，長きにわたって行政処分による入所措置という行政主体の保育制度が続いた。これを保育所制度における第1期としてとらえるならば，その後40年余りを経過してようやく，第2期を迎えることとなった。すなわち，1990年代前後から制度の成熟化，疲労化を直視し，いわゆる利用しにくい保育所への直言やその見直しが見られるようになり，また，特に年々減少を続ける合計特殊出生率の動向は，それまでの需要（保育ニーズ）＜供給（保育サービス）の関係を徐々に逆転させ，保護者・利用者のニーズに対応する保育所制度の改革を促すこととなった。

国主導型の機関委任事務から，地方分権型の団体事務への移行が進み，新生日本における保育所制度がスタートした1947年から，まさに半世紀後の1997年，児童福祉法の大改正によって，行政処分による入所措置というしくみから，保護者の申し込みによる保育の実施というしくみに変わった。つまり，保護者自らがわが子が「保育に欠ける」と判断して，保育所に関する情報を得，希望する保育所を選択し，そこへの入所を市町村に申し込む方式となった。保育所への入所の決定には，従来通り市町村が関与するが，利用者の意向を尊重した公法上の契約入所となった。それはまさに，措置入所から契約入所を指向するものであり，行政主体から利用者主体を指向する時代に入ることを意味した。

当時，行政当局はその趣旨を次のように解説している。「利用者の立場に立った良質で多様な保育サービスを提供する制度的な枠組みを整備するために，行政処分としての性格を持つ措置による入所方式から，保護者が保育所に関する十分な情報を得たうえで入所を希望する保育所を選択し申し込み，それに基づき市町村と利用者が利用契約を締結する仕組みに見直したものである」（厚

生省児童家庭局，1999）。

　筆者は，措置，契約のしくみとして，以下の四つの段階があると考えている（網野，2002）。
　①公的介入（行政処分）の段階
　②直接公的契約の段階
　③間接公的契約・間接私的契約
　④直接私的契約
　この第2期における利用契約を締結するしくみは，②の直接公的契約に該当する。
　さて，保育所制度の第3期は子ども・子育て関連3法の公布以降の時期と言える[5]。子ども・子育て新システムの検討にあたって，総合こども園法案が上程された。総合こども園構想は，画期的な内容を含んでいた。乳幼児の保育，学校教育を統合的に行うしくみは，日本において初めて本格的な幼保一元化がもたらされる内容であった。そして総合こども園の入所システムは，保護者と園とが私的な契約を結び，必要な場合（「保育を必要とする」ような場合），その契約に市町村などの行政が公的に関与するという性格を持つものであった。このしくみは，前述の4段階のうちのまさに③の間接公的契約・間接私的契約，そして④の直接私的契約の段階にあたる。この動向は，行政主体の保育制度から利用者主体のそれへの実際的な変換を伴うものである。しかし，この法律は2012年6月衆議院を通過後，政局の狭間で参議院に上程されず，この構想は子ども・子育て支援法に吸収され，同時に認定こども園法の改正によって幼保連携型認定こども園のみが総合こども園法の趣旨を踏まえる制度となった。

子ども主体の保育制度へ

　"利用者主体"という言葉が意味するところとしては，保育サービスにおいては，利用する当事者である子ども，乳幼児主体という趣旨とともに，子どもに対する第一義的責任を有する親権者である親や保護者主体という趣旨がきわめて重視されている。子どもを代弁し，代理する親や保護者が，具体的に保育サービスを選択し，申請したり契約したりすることによって，子どもの最善の利益を考慮した保育がなされるというしくみが基本にある。しかし，制度の運

用にあたって，保護者や保育者主体に保育が営まれる時，最も肝要な子どもを中心に置く保育の体制はおろそかになる危険性を伴う。筆者は，子どもの最善の利益に思いを致す保育というのは，制度上，実践上，常に以下の2点を省察することであると考える。第一に，「親，保護者，保育者の利益，ニーズ，欲求が満たされ，子どものそれが軽視されている状況がないか」という省察，第二に，「子どもを，一人の人間として尊重し，人間の尊厳を重んじる心や行為をおろそかにしていないか」という省察である。

　これらは制度にかかわることは少なく，専門性や倫理として考慮すべきである，という考えも多い。しかし，前述した第2期の頃から，利用者主体の保育所制度を重視するにあたり，子ども主体の保育制度を考慮する方向が見られるようになった。その契機となったのが，1989年の国際連合総会が採択した児童の権利に関する条約（以下，子どもの権利条約）を，日本政府が1994年に批准して以降の動向である。保育界におけるその重要な端緒は，2000年に改定施行された旧保育所保育指針である。その第1章総則の前文には，「保育所における保育は，ここに入所する乳幼児の最善の利益を考慮し，福祉を積極的に増進することに最もふさわしいものでなければならない」と明記された。第1章では続いて，「1　保育の原理」の「(2)　保育の方法」の中で，「子どもの人権に十分配慮するとともに，文化の違いを認め，互いに尊重する心を育てるようにすること」「子どもの性差や個人差にも配慮しつつ，性別による固定的な役割分業意識を植え付けることのないように配慮すること」「子どもに，身体的苦痛を与え，人格を辱めることなどがないようにすること」「保育に当たり知り得た子どもなどに関する秘密は，正当な理由なく漏らすことがないようにすること」の4点が書き加えられた。さらに，2009年，厚生労働大臣による告示によって改正施行された現行の保育所保育指針においては，第1章総則の「2　保育所の役割」の第一に，「保育所は，……入所する子どもの最善の利益を考慮し，その福祉を積極的に増進することに最もふさわしい生活の場でなければならない」と明記された。保育所の保育は，子どもが現在を最もよく生き，望ましい未来を作り出す力の基礎を培うためにある，という子ども主体の保育，子どもを中心に置く保育の理念を，新指針は一層重視している。さらに，制度上，実践上，一層重視されてきている保護者支援に関して，指針は第6章で独

立に取り上げているが，冒頭の「保育所における保護者に対する支援の基本」として，第一に「子どもの最善の利益を考慮し，子どもの福祉を重視すること」をあげている。そして，「保護者とともに，子どもの成長の喜びを共有すること」「子どもと保護者の安定した関係に配慮して，保護者の養育力の向上に資するよう，適切に支援すること」「子どもの利益に反しない限りにおいて，保護者や子どものプライバシーの保護，知り得た事柄の秘密保持に留意すること」を列記している。今日の保育所における重要な二つの役割，つまり保育ならびに保護者支援の両面にわたって，深く子ども主体，利用者主体の制度，実践を深める方向が明確になっている動向は，重要なことである。

保育サービスの多様化とウェルビーイングとしての保育政策

2010年代前後から，さらに保育制度をめぐって大きな変革が見られるようになった。それは，ウェルビーイング的福祉よりもウェルフェア的福祉の性格を常に維持してきた日本の保育所制度の転換の潮流と言える。それは，保育制度イコール保育所制度からの変革への潮流であり，多様な保育サービスをあまねく子育て家庭全体に広げようとする潮流である。それは，公助のさらなる展開であるとともに，共助の新たな展開の潮流とも言える。これが，第3期の特徴である。

　まず，保育制度イコール保育所制度からの変革への潮流は，制度の成熟化，疲労化に伴う公平性，平等性の維持の再構成と深くかかわっている。特に，ウェルフェア的福祉の根底にある"保育に欠ける"乳幼児の福祉の見直しの必要性である。"保育に欠ける"要件の最も主要な項目とされてきた状況，つまり，常態的に父母がともに勤務している状況は，児童福祉法が保育所を児童福祉施設として位置づけた根本的背景とは，むしろかけ離れる歩みを見せてきた。つまり，安定的な社会的，経済的状況下にある夫婦共働き家庭への公的責任の行使や公費の支出は，逆に不安定な社会的，経済的状況下にある子育て家庭の入所の困難性を強める傾向を促し，保育所に通っている子どもや子育て家庭がよりウェルビーイング的環境を享受しやすく，保育所に通所していない子どもや子育て家庭の公的福祉の恩恵が限られるという格差の問題が徐々に広がっていった。公費負担に占める保育所制度に要する費用の割合のあまりの高さは，少

子社会における子育て家庭支援に関する公的責任の行使や公費負担の適切な行使を見直す重要な背景でもあった。この状況を打破し，"保育に欠ける"子どもから，"保育を必要とする"子ども，ひいてはすべての子どもの保育サービスを重視した公的責任の行使，公費の支出のあり方は，保育所制度を包含した本格的な保育制度への転換を示唆する潮流である。

　その動向の兆しは，すでに第2期において徐々に重視され，その後急速に制度上も実践上も普及していった子育て支援，保護者支援の展開に見られていた。1997年の児童福祉法改正によって，保育所が地域の住民に対して保育に関する情報を提供し，乳幼児の保育に関する相談・助言を行う努力義務が課せられた。さらに，2001年の児童福祉法改正によって，保育士の業務が法律上明記され，具体的には，「保育士として登録され，保育士の名称を用いて，専門的知識及び技術をもって，児童の保育及び児童の保護者に対する保育に関する指導を行うことを業とする者」とされた。これによって，保育士には保育の専門性に加え，保育指導という保育ソーシャルワークの専門性が欠かせないものとなった。この潮流は，前述のように，保育所保育指針にも大きな影響を及ぼし，保育所は，ウェルフェア的福祉を担う児童福祉施設という性格を超え，保育所に通っていない子どもや子育て家庭をも視野において，ウェルビーイング的福祉を担う地域子育て支援の拠点としての性格を有するようになった。

　2003年の児童福祉法改正によって，市町村には多様な子育て支援事業を実施する努力義務が課せられたが，子育て支援事業の潮流はその後，主流としてますます勢いを増しつつあり，保育所は，すべての子どもや子育て家庭にとって最も重要な子育て支援機能を果たす役割を担いつつある。

　一方，これらの潮流は，保育所等の施設型集団保育では対応できない保育ニーズの増大に対する施策の見直しを加速させていった。本章の冒頭に示した保育の態様のうち，保育所以外の多様な施設型集団保育や家庭的保育，さらには在宅・訪問保育が，保育ニーズの多様化に対応するしくみとして本格的に検討され，国の制度として位置づけられる時代を迎えることとなった。2012年に公布された子ども・子育て関連3法によって，この潮流はいよいよ本流として今後の保育制度に深く絡んでくる。子ども・子育て支援法によって，今後の子ども・子育て支援の根幹となる給付・事業として，表11-2のように子ども・

表 11-2　子ども・子育て支援にかかわる給付・事業の全体像

子ども・子育て支援給付	地域子ども・子育て支援事業
・施設型給付 　認定こども園，幼稚園，保育所を通じた共通の給付 　※私立保育所については，現行どおり，市町村が保育所に委託費を支払い，利用者負担の徴収も市町村が行うものとする ・地域型保育給付 　小規模保育，家庭的保育，居宅訪問型保育，事業所内保育 　※施設型給付・地域型保育給付は，早朝・夜間・休日保育にも対応 ・児童手当	・利用者支援，地域子育て支援拠点事業，一時預かり，乳児家庭全戸訪問事業など 　（対象事業の範囲は法定） 　※都道府県が実施する社会的養護等の事業と連携して実施 ・延長保育事業，病児・病後児保育事業 ・放課後児童クラブ ・妊婦健診

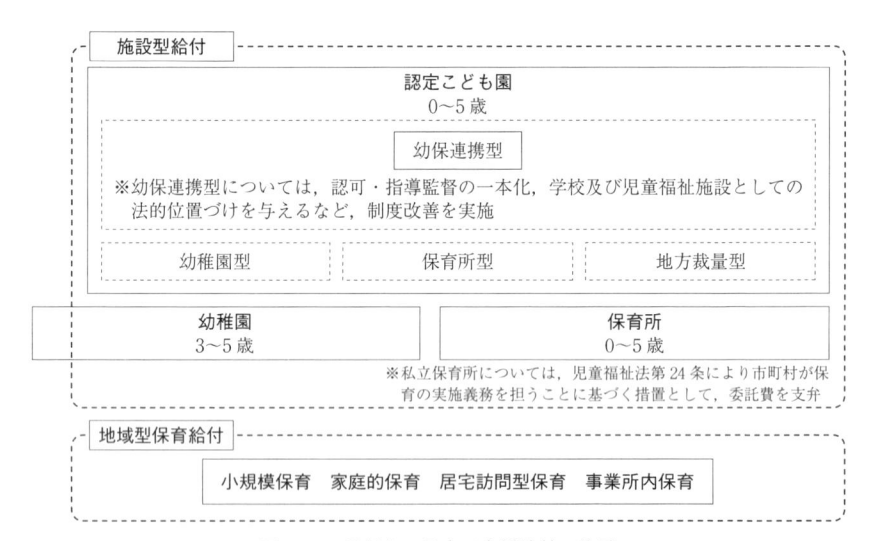

図 11-1　子ども・子育て支援給付の体系

施設型給付
- 認定こども園　0〜5歳
  - 幼保連携型
    ※幼保連携型については，認可・指導監督の一本化，学校及び児童福祉施設としての法的位置づけを与えるなど，制度改善を実施
  - 幼稚園型　保育所型　地方裁量型
- 幼稚園　3〜5歳
- 保育所　0〜5歳
  ※私立保育所については，児童福祉法第24条により市町村が保育の実施義務を担うことに基づく措置として，委託費を支弁

地域型保育給付
- 小規模保育　家庭的保育　居宅訪問型保育　事業所内保育

子育て支援給付と地域子ども・子育て支援事業の制度が創設された。子ども・子育て支援給付は，認定こども園，幼稚園，保育所を通じて共通の給付がなされる施設型給付と，小規模保育，家庭的保育，居宅訪問型保育，事業所内保育を通じてより多様に柔軟に保育ニーズに対応する地域型保育給付，および従来の児童手当で構成されている。地域子ども・子育て支援事業には，それぞれの

市町村における子育て家庭の様々なニーズに対応するために行われる利用者支援，地域子育て支援拠点事業，延長保育事業，病児病後児保育事業，放課後児童クラブ，妊婦健診などの事業が含まれている。

子ども・子育て支援給付の体系は，図 11-1 の通りであり，認定こども園・幼稚園・保育所・小規模保育などの共通の財政支援のために，消費税増税を通じて社会保障政策の一環として実施に移されることが決まり，2015 年度から施行された。

3 幼保二元性の歴史と今後の保育制度

保育制度に関する国際的動向と日本の特徴

日本では，これまで長きにわたって保育所が児童福祉制度の一環として位置づけられ，幼稚園が学校教育制度の一環として位置づけられる典型的な幼保二元性を敷いてきた。これを国際的動向の中で見ていきたい。筆者は1980年代以降，数次にわたって保育制度に関する国際比較研究を進めてきた。たとえば，日本のように，"保育に欠ける" という入所要件が明瞭に示されている国はきわめて稀であることなど，各国の制度には様々な背景と特徴が見られる。しかし，そこにはいくつかの共通の特徴があること，また時代とともに変化が見られることを指摘することができる。

多くの国々では，1960年代から70年代にかけてそれぞれの民族的，国家的背景をもとに，制度の骨格が築き上げられている。1980年代以降，近年に至る動向について，筆者らが分類した以下の5類型に沿って概要を述べたい（網野ほか，1985；網野ほか，2010）。

①所管分離・対象区分型
②所管分離・年齢区分型
③所管統合・保健福祉省担当型
④所管統合・教育省担当型
⑤単一所管・対象区分型

保育制度に関する型とその特徴　①所管分離・対象区分型は，「保育」をおおむね保健福祉省が担当し，「教育」をおおむね教育省が担当する幼保二元性を特徴とするものであり，アングロサクソン系を中心に，この型に該当する国

が多い。古くは英国を典型とし，日本もこれに該当する。アジアでは英国の旧植民地に属する国が多く含まれていた。その後，英国は別の型に移行した。

②所管分離・年齢区分型は，おおむね3歳未満児を保健福祉省が担当し，3歳以上の幼児を教育省が担当する幼保二元性を特徴とするものであり，フランス，イタリアなどラテン系の国々を典型としていた。旧社会主義諸国，アングロサクソン系に属する国々も含まれている。なお，この型は年齢段階で所管が統合されている側面を重視すると，所管統合・年齢区分型として，つまり一元性の一つとして考慮する必要性もある。

③所管統合・保健福祉省担当型は，「保育」に限らず「教育」も保健福祉省が担当する幼保一元性のモデルであり，スウェーデン，デンマーク，ノルウェー，フィンランドのスカンジナビア系に多かった。しかし，近年は別の型に移行する国が増えてきている。

④所管統合・教育省担当型は，「教育」に限らず「保育」も教育省が担当する幼保一元性のモデルであり，旧ソ連や旧東ドイツなどの東欧圏を典型とするものであった。近年この型に移行する国が増えてきている。

⑤単一所管・対象区分型は，保健福祉省，教育省という分離的所管を超えて，あるいは「保育」「教育」の双方を完全に包括して，単一省庁が担当する幼保一元性のモデルであり，米国が1979年まで保健教育福祉省を持っていた時期，これに該当した。ただし，省内では保健福祉局分野と教育分野が分離しており，実質的には①所管分離・対象区分型に近いものであった。その後，この型に移行する国も見られた。

20世紀末から近年にかけての推移と動向　その後，激しく変貌する社会，経済，政治等々の動向を経て，乳幼児期における保育・教育への関心は一層高まった。この時期，主として以下のニーズを背景として，多くの国々において保育・教育制度の充実が図られるようになった。

①女性労働力への関心と就労継続の促進
②児童の権利に関する条約制定の影響
③少子化への対応
④子どもの貧困問題，格差拡大への対応
⑤乳幼児期の教育，保育の社会的効果に関する研究成果

	1970年代	1990年代	2009年
所管分離・対象区分型	日本・英国	日本	日本
所管分離・年齢区分型 所管統合・年齢区分型	フランス	フランス	フランス
所管統合・保健福祉省担当型	スウェーデン	デンマーク	デンマーク
所管統合・教育省担当型	ソ連		英国・スウェーデン
単一所管・対象区分型	米国		英国

図11-2 主要国の5類型別推移（網野ほか，2010, p. 3）

　以上の動向は，乳幼児期という人生の初期における保育，教育の効果に関する認識や，生涯にわたる教育の出発点の意義などへの関心を高めることとなった。特に所管統合型への移行に見られる変化は，その典型であろう。1970年代から2009年時点における主要国の5類型別の推移を示したものが，図11-2である。20世紀末に至り，社会主義圏の崩壊によって，所管統合・教育省担当型に属する国々の制度変革と多様化が見られるとともに，他方所管統合・保健福祉省型に属するスウェーデンなどの国々において所管統合・教育省担当型への移行が進んだ。また，英国が伝統的な所管分離・対象区分型から同じく所管統合・教育省担当型に移行した。英国では，さらに2007年に保育と教育とを新設の子ども・学校・家庭省に統合する単一所管型に改変したのをはじめ，保育と教育あるいは養護と教育の関連性や一体性と，小学校への接続性などにかかわる推移は，なお続いている。

　保育の質に対する関心の高まり　さらに重要な動向として，乳幼児期における保育制度やその実践において，保育の質を重視する動きが強まっていることをあげる必要がある。近年のOECDの報告書で明瞭に示されているように，国際社会ではECEC（Early Childhood Education and Care）が，子どもの発達や社会への貢献上，その投資効果が大きいことに関心が高まっている[6]（OECD, 2006, 2012）。ECECを通じて，子どもたちへのサービスには，「保育」「発達の機会」「学習の機会」の三つが組み込まれるべきであるとされ，また幼児教育

と保育の一体化と一貫性が強調されている。ECEC への投資は，問題を抱える家庭環境にある子どものみならず，すべての子どもを対象とすることにおいても，その社会的効果が証明されている。そのために，すべての子どもを対象とした ECEC を提供することの重要性は，多くの国々で認識されつつある。この認識と，保育の質の向上の重要性の認識とは深く重なっている。また，多くの国では供給量を増やすために，多様な運営主体の参入が推進されており，一定の質を担保するための具体的な方策に関心が高まっている。

1990 年代後半に教育省担当型に統合化されたスウェーデン，英国における公設民営化，民設民営化の動向とその影響が，保育の質に関する論議を高めている。生涯教育の視点，ならびに人間形成や早期からの教育の促進を重視して，就学前保育を教育省系統への統合を進めた両国の経緯を見ると，民間セクターの参入が促進されてきていると言える。基本的に公立がきわめて重視されてきたスウェーデンでは，保育登録児童数の公立と私立の割合は，1994 年の約 9 対 1 から 2010 年では約 8 対 2 にまで変化している。英国では，労働党政権に移行後，保育サービスの拡充は主として営利のコーポレート・セクターによって担われてきた。保育サービス市場は，公共部門（非営利）に対して，民間部門（個人事業主，パートナーシップ）と民間部門（企業）の割合が高まっている（全労済協会，2012）。

与党政権の変化に限らず，他の様々なファクターが関連してはいるが，公的機能が特に重視されてきた保育サービスに限らず，教育の分野における民間参入の促進によって，保育の質に関する肯定論，否定論およびその検証が行われることは，学術的な保育の質に関する検討に加えて，重要である。日本における近年の動向，つまり幼保一体化や保育サービスに関する多様な運営主体の参入は，前述の動向と関連している。

総体的に保育の質は，カリキュラムや基準など，そして具体的な保育実践のみならず，保育専門職者の労働条件や処遇，また個別的・組織的な評価やモニタリングなどとも深くかかわる。乳幼児のための保育の質を維持・向上させる上で，この点での維持・向上や改善は不可欠な課題であると考えられる。

新たな幼保三元化と幼保一体化の行方

　以上の国際的動向を踏まえつつ，日本における幼保一元性，幼保二元性，幼保一体性，幼保三元性にかかわる推移と動向について，以下に述べる[7]。

　日本において大正年代から長きにわたって議論されてきた幼保一元性に関する検討では，行政上はいうまでもなく，教育界，保育界においては幼保ともに共通の方向を探ることはきわめて困難であり，幼保一元化に関する議論が繰り返されても，制度やそれぞれの施設の役割の違いがより強調され，二元性を再確認する結果となった歴史が見られる。1947 年の新制度発足時は，前述のように幼保二元性が明確ではなかったが，1951 年の児童福祉法改正によって早くも二元性が強化された。その性格をより明確にしたのは，1963 年の文部省初等教育局長・厚生省児童局長の連名通知「幼稚園と保育所の関係について」であり，両者の目的，機能が異なることが確認された。唯一，1965 年から示された保育所保育指針において，幼稚園教育要領の内容を含むことにより 3 歳以上の教育の機能についての共通化，整合性が図られるに留まった。その後も，1975 年の行政管理庁による「幼児の保育及び教育に関する行政監察結果に基づく勧告」に基づき，4 年間の長期にわたる協議検討が行われたが，幼保一元化は完全に見送られた。

　しかし，20 世紀末に入り，少子化の進行による幼稚園入園児の減少，保育ニーズの拡大，そして地方分権化，規制改革などの行政改革の動向が新たな幼保一元化・一体化への関心を高めていった。そこでまず，幼保一体化を図る方向が模索され，前述の第 2 期に当たる 1998 年，文部省初等中等教育局長・厚生省児童家庭局長の連名通知「幼稚園と保育所の施設の共有化等に関する指針について」が示され，幼稚園と保育所の施設・設備の共有化，職員の兼務化などが図られることとなった。そして 21 世紀に入り，幼保一体化は 2006 年の「就学前の子どもに関する教育，保育等の総合的な提供の推進に関する法律」（認定こども園法）の公布，施行による認定こども園の創設によって，具体的なしくみとして動き出した。しかし，この制度は一方で幼保三元化をもたらすこととなった。さらに，2010 年に子ども・子育て新システム検討会議が設置され，次世代育成支援のための包括的・一元的なシステムの構築について検討がなされ，その一環として総合こども園構想が法案として含まれることとなった。

III　グローバル化の中での保育学のこれから

表 11-3　主要国における幼保一元性，二元性，三元性の状況（網野ほか，2012, p. 12 を改変）

	法令	所管	保育施設	基準など	保育専門職	保育内容	保育料
スウェーデン	●	●	●	●	▲	●	●
ニュージーランド	●	●	×	●	▲	●	×
英国	×	●	×	×	×	×	●
フランス	×	▲	▲	▲	▲	▲	▲
ドイツ	▲	▲	×	▲	×	▲	▲
米国	▲	▲	×	▲	×	▲	▲
韓国	×	×	×	×	×	×	×
シンガポール	×	×	×	×	×	×	×
日本							
保育所・幼稚園	×	×	×	×	×	×	×
総合こども園（仮称）	●	●	●	●	▲	●	●

注：総合こども園は現行制度では幼保連携型認定こども園に移行したため，一元性の特徴はみられない。●：統合，▲：一部統合，地方政府段階で統合あり，×：非統合

　この総合こども園法案こそ，歴史を画する幼保一元化の制度を指向するものであった。つまり，この時点において筆者らが研究報告としてまとめた表 11-3 に見るとおり，当初は 7 項目すべてを統合する完全一元化を視野において検討されていた[8]。その点で，認定こども園の幼保一体性とは異なり，国際的に見ても稀な完全なる幼保一元化の例となり得た。しかし，国会上程後，衆議院は通過したものの，参議院において与野党の政局の渦中で法案は廃止され，保育所，幼稚園制度はそのまま維持されることとなり，総合こども園は，認定こども園法による幼保連携型認定こども園として位置づけられ，その姿を変えることとなった。しかし，いずれにしても，日本は部分的幼保一元性（幼保連携型認定こども園）ならびに幼保一体性（認定こども園）の機能を併有した幼保三元性（幼稚園，保育所，認定こども園）を有する，世界的にも希少なシステムを持つこととなった。

　今後の幼保連携型認定こども園の行方は，日本における幼保一元性の行方を占う上で重要である。実質的に幼保連携型のしくみを包含する可能性を持っている保育所に対し，幼稚園がそれに移行するためには，各園の理念，方針の再確認が必要となる。幼稚園の動向が，今後の幼保一体化，幼保一元化の動向に最もかかわるファクターであると考えられる。また，変容する社会，地域，家庭の状況や乳幼児を育てる家庭のニーズの行方も深くかかわってこよう。そし

て何よりも，幼保一体化，幼保一元化が，真に子どもの最善の利益を考慮した，子どもを中心に置く保育の展開にとってよりふさわしいものであることが求められる。

乳幼児期における保育制度，保育施策の視座

乳幼児期における養護と教育の一体性　幼保二元性と幼保一元性の間の壁は，ECECの意味する早期からのケア（養護）と教育の一体性，統合性を進める上での最も大きな壁となっている。中でも，保育所と幼稚園における保育専門職の相違は，乳幼児期においてきわめて重要な養護と教育の一体性を阻む大きな要因となっており，それが両者間の風土と文化の相違を促してきた。しかし，もう一つ重要な点は，保育専門職の養成課程において，養護と教育の一体性を視野においたカリキュラムなどが配慮されてこなかったということである。たしかに，現実には保育士資格と幼稚園教諭免許状をともに取得する学生の割合は非常に高くなっており，両課程を学んでいることは非常に大きなメリットと言える。しかし，実際の保育現場においては，前述のような状況のもと，両者のアイデンティティには，その風土と文化による乖離が見られる。

国際的動向を見ても，保育専門職の完全一元化はきわめて至難であることがわかる。それはつまり，乳幼児期における養護の専門性と教育の専門性の統合の困難性と結びついている。しかしながら，その可能性を展望するならば，その萌芽は全くないわけではない。総合こども園構想に見られたように，保育教諭は一元化，統合化された保育専門職としての可能性を十分に有していた。認定こども園法一部改正法に基づく幼保連携型認定こども園の保育教諭は，保育士資格と幼稚園教諭免許状を併有していることが要件となっている。幼保連携型認定こども園における保育教諭の職務が，幼保一体性ではなく幼保一元性を重視したものとして展開されることによって，保育専門職としてのアイデンティティの共有が期待される。さらに，今後の法改正によって独自の保育教諭の養成課程が確立されていく可能性もないわけではない。

3歳以上児保育と乳児保育の今後　第3期における制度変革は，乳幼児期における生活の連続性，発達の連続性を重視し，乳幼児期，就学前期の生活や養護，教育をより適切に進めることのできる環境を配慮する上で，重要な意義を

持っていると考える。とりわけ，3歳以上児に対する学校教育的な配慮は，幼保連携型認定こども園の実績に限らず，施設型給付の対象となる保育所にも波及する可能性がある。また，幼稚園，保育所，認定こども園と小学校との実質的な連携，協力体制は，教育の連続性という視点から一層重視されてくるであろう。OECDやUNESCOの諸報告は，国際的にもその促進が図られていることを明らかにしている（OECD, 2012; UNESCO, 2010）。

　この段階における保幼小の連携の意義は，二つある。一つは，養護の機能が幼稚園，小学校における生活の連続性と深く結びつく意義である。養護と教育が一体となった保育，初等教育が子どもの適切な成長，発達，自立に寄与することを検証していくことが必要である。もう一つは，乳幼児期すべてにわたる教育の機能を充実させ，一人ひとりの子どもの発達の連続性と深く結びつく意義である。しかし，子ども・子育て新システムにおける3歳未満児保育の位置づけには，制度体系から見ても，保幼小連携の視点から見ても，課題が多く残されている。まず，乳幼児期における3歳未満児と3歳以上児の養護と教育の分断が新たな方向で促進される懸念である。筆者らの研究では，3歳未満児の養護と教育の統合の影響は，3歳以上児の段階で両者を対等な関係に導く方向か，教育優先によって両者の不平等が拡大するか，いずれの可能性も存在するというものであった（網野ほか，2012）。幼保連携型認定こども園以外の施設型保育給付においては，後者の方向性，つまり両者の不平等を拡大することへの懸念が残る。諸外国の例を見ても，フランスは，2歳頃までを対象とするクレッシュと，2，3歳以上児を対象とするエコール・マテルネルとのつながり・連携が減少していく過程で，エコール・マテルネルが初等教育の一環として位置づけられた経緯がある（Reyna, 2011）。

　また新制度の構築にあたっては，特に3歳未満児の保育・養育環境や乳児保育の重要な意義についての論議が不足していたように思われる（少子化社会対策会議，2012）。3歳未満児の養護と教育の一体性，保幼小連携に関する意義もまた，3歳以上児のそれと同等に重要である。制度，政策的に乳児保育を待機児童対策として重要視することは非常に大切ではあるが，しかし，乳児保育の深い意義と重要性が軽視され，マイナーな保育，限定された保育として位置づけられることのないような施策や実践が求められる。人間形成の基礎に当たる

この時期の保育サービスは，単に施設型保育の充実に限らない。地域型保育給付，さらには地域子ども・子育て支援事業をはじめ，広い視野からの子育て支援の展開と深く結びついた実践が求められる。

注
1) ここでいう幼保一元性とは「乳幼児期の保育に関する法令，行政所管，保育施設，基準・指針，保育専門職，保育内容・カリキュラム，保育料に関する体系が一部ないしすべて統合化されていること」，幼保二元性とは「乳幼児期の保育に関する上記の7項目が二つの異なる体系に分離していること」，幼保一体性とは「乳幼児期の保育に関する異なる体系の一部が機能的に拡大されて融合化されていること」をいう。
2) 社会的親とは，実の親以外の人で恒常的ないし部分的，間歇的，一時的に子育てにかかわる人をいう。育ての親としての社会的親が保育で果たしてきた役割については，網野ら（2006）を参照されたい。
3) 児童福祉法上，乳児とは満1歳に満たない者をいうが，乳児保育は通常0歳児保育に限らず1歳児，2歳児保育までを含む。
4) 当時，乳児保育を通常保育として位置づける流れを，「乳児保育の一般化」と称した。
5) 子ども・子育て関連3法とは，①子ども・子育て支援法，②就学前の子どもに関する教育，保育等の総合的な提供の推進に関する法律の一部を改正する法律（認定こども園法一部改正法），③子ども・子育て支援法及び認定こども園法の一部改正法の施行に伴う関係法律の整備等に関する法律，をいう。
6) ECECは就学前の子どもに保育と教育を提供するすべての手立てを包括する用語として用いられている。
7) 幼保一元性，幼保二元性，幼保一体性の定義は，注1）に示したが，ここでいう幼保三元性とは「乳幼児期の保育に関する前述の7項目が三つの異なる体系に分離していること」をいう。現行の幼保三元性は，学校教育法に基づく幼稚園，児童福祉法に基づく保育所，および認定こども園法に基づく認定こども園をさす。
8) ただし，保育専門職については，保育教諭として統合されているが，現時点においても保育教諭としての独自の養成体系ではなく，幼稚園教諭免状および保育士資格併有者として位置づけられているので，▲とした。

引用文献

網野武博（2002）．児童福祉学——子ども主体への学際的アプローチ　中央法規出版

III　グローバル化の中での保育学のこれから

網野武博・川西康裕・荒井洌（1985）．欧米主要国の保育　昭和58年度厚生科学研究報告――欧米主要国における保育動向の分析　財団法人日本児童福祉協会

網野武博・増田まゆみ・秋田喜代美・尾木まり・高辻千恵・一前春子（2010）．保育所，幼稚園，小学校の連携等に関する現状分析及び今後の展望に関する研究　東京家政大学生活科学研究所報告, **33**, 1-14.

網野武博・増田まゆみ・秋田喜代美・尾木まり・高辻千恵・一前春子（2012）．保育所，幼稚園，小学校の連携等に関する現状分析及び今後の展望に関する研究 III　東京家政大学生活科学研究所報告, **35**, 1-11.

網野武博・無藤隆・増田まゆみ・柏女霊峰（2006）．これからの保育者に求められること　ひかりのくに　pp. 19-32.

岩田力ほか（2012）．家庭的保育のあり方に関する調査研究（6）　日本子ども家庭総合研究所紀要, **48**, 41-46.

厚生省児童家庭局（編）（1999）．新・児童福祉法　母子及び寡婦福祉法　母子保健法の解説　時事通信社

厚生労働省雇用均等・児童家庭局（2015）．保育所等関連状況取りまとめ（平成27年4月1日）

OECD（2006）. *Starting strong II: Early Childhood Education and Care.* OECD.

OECD（2012）. *Starting strong III: A quality textbook for Early Childhood Education and Care.* OECD.

Reyna, S.（2011）．フランスの乳幼児の発達支援と子育て支援――就学前政策と実践の現在　日仏教育学会年報, **39**, 41-49.

少子化社会対策会議（2012）．「子ども・子育て新システムに関する基本制度」

UNESCO（2010）. *Caring & learning together: A cross national study of integration of early child care and education within education.* UNESCO.

全労済協会（2012）．保育サービスを中心とする子育て支援政策の国際比較行財政論――スウェーデン，イギリスの実態と日本の改革論議への示唆　全国勤労者福祉・共催振興協会

第12章　保育学研究者の役割とネットワーク

小川清実

　本章では，日本保育学会が果たした役割を中心に，研究者の役割とネットワークを見ていくことにしたい。さらに，日本保育学会と関係が深い組織であるOMEP（Organisation Mondiale pour l'Éducation Préscolaire: 世界幼児教育・保育機構）日本委員会の果たした役割から，国際ネットワークが日本の保育研究に果たしてきた成果を見ることにする。

　国際ネットワークが現在のようになるまでは，日本保育学会が編集，発行していた雑誌『保育学年報』（1970年まで）と，それに続く『保育学研究』に掲載された保育関係外国文献や，海外で出版された保育，幼児教育関係の書籍ならびに雑誌論文の紹介が大きな役割を果たしていたと言える。保育関係外国文献を通して，1960年代から1980年代にかけては，小川正通，児玉省，庄司雅子，また1990年代には，森重敏，祐宗省三，大戸美也子，佐々木宏子，2000年代には大戸美也子，森真理，鈴木正敏の手により，日本保育学会会員に多くの情報が届けられた。しかしながら，「海外保育界の動き」の掲載は2003年で終了している。すでに様々な方法で諸外国の情報を手に入れることが容易になっていたので，あえて『保育学研究』のページを割く必要はないと判断されたのだと思われる。しかし，1960年代からの約40年間という長きにわたり，海外の情報をもたらした『保育学年報』ならびに『保育学研究』の果たした役割の大きさを無視することはできない[1]。

　また，日本保育学会はOMEP日本委員会と特別の関係があった。OMEPのメンバーとして承認された1968年から，別組織になる1985年までは，日本保育学会そのものがOMEP日本委員会としてあったのである。当時の日本保育学会会長の山下俊郎は，OMEP日本委員会委員長でもあった。山下は積極的にOMEP世界大会に参加しており，日本保育学会次期会長であった庄司雅子も，幼児期の教育の国際化には重きを置いていた。庄司は，日本保育学会から

OMEP 日本委員会を独立させて，OMEP 日本委員会としてしっかりとその責を果たすように，津守真に命じた。会長の山下をはじめ，庄司自身も早い時期から，世界の幼児教育・保育の動向に関心があったのである（OMEP 日本委員会，2012）。

1 日本保育学会が果たした役割

1962 年発行の『保育学年報』には，小川正通による「最近の海外保育界の動き」というテーマで，6 ページにわたる論文が掲載されている（小川，1962）。まだ，自由に海外渡航することが許可されていなかった時代であり，海外のことを知るには限界があったと思われる。そのような時代に小川が果たした功績は大きかった。この論文は次のような構成である。

　Ⅰ　海外保育界の理解のために
　Ⅱ　保育界の世界的な動き
　　(1)「児童権利宣言」の決定採択
　　(2)「国際公教育会議」勧告の「就学前教育」
　Ⅲ　主要国の保育界の動き
　　(1) アメリカ
　　(2) イギリス
　　(3) フランス
　　(4) 西ドイツ
　　(5) ソ連邦
　Ⅳ　「世界の教育」（日本ユネスコ国内委員会編，1958 年版）における世界の「就学前教育」

小川は，15 の海外文献を参考にして，世界の保育界の状況を，限界を明らかにしつつ，紹介し分析している。特に，当時の日本にとって重要な「就学前教育」の発展のために，1961 年に国際公教育会議が出した各国文部省への勧告の 46 項目のうち，小川が重要と考える以下の七つの項目を紹介している。

　① 私立の就学前教育施設についても，公の教育当局から財政的援助を受けられるようにすること
　② 公立施設では，授業料なしが望ましいこと

③　一教師あたりの幼児数は，少ないほうがよく，25 人を越えないこと
④　幼児の教育は，最新の幼児心理学と教育科学に裏づけられた指導法によって，自由遊びあるいは教師の示唆によった遊びの形式を，その活動の基礎とすること
⑤　教員の待遇は，小学校教員のそれと同等とすること
⑥　幼児の交通安全のためにも，施設が各家庭に近いこと
⑦　就学前教育の一層の発展のためには，国際協力の実を大いに上げなければならないこと

50 年以上経った現在でも，まだ実現できていないこともあることがわかる。小川が言うように，「他国の動きを他山の石とするのでなければならない」のであるが，現実は厳しい。

1997 年の『保育学研究』には，「OMEP 日本委員会の歴史と動向」というテーマで，大戸美也子と加藤定夫が 8 ページに及ぶ論文を掲載している。この論文は，次のような構成からなっている。

1　OMEP 創設の経緯と 21 回の世界大会
2　準備期：OMEP 日本委員会設立の経緯
3　草創期の活動
4　変革期：新生日本委員会誕生の経緯
5　発展期：第 21 回世界大会の開催

まず，OMEP という組織誕生の歴史と経緯が説明され，日本が参加する経緯，さらにはアジアで初めて第 21 回世界大会が横浜で開催されたことまでを，OMEP 結成 50 周年を機にまとめている。世界的な組織の OMEP がどのように誕生することになったのかについては，次のように述べている（大戸・加藤, 1997, p. 84）。

1946 年のユネスコの創設と連動するように結成された。同年 3 月，イギリス保育学校協会会長のアレン卿夫人が講演のためにオスロを訪れたとき，新しくできたユネスコの教育部門に就学前教育が含まれていないことを指摘し，新しい国際的な組織を結成する必要を訴えた。この話を聞いたノルウェイの保育学校協会会長のエプス女史は，当時スウェーデンの社会教育教員養成大学学長を務めていたミュルダール夫人と相談することを勧めた。

アレン夫人はオスロからの帰途ミュルダール夫人と会うためにスウェーデンに赴いたのだった。

ここで，アレン夫人とミュルダール夫人の2人が，OMEPの組織のきっかけを作ったことがわかる。アレン夫人とは，冒険遊び場運動の創始者アレン・オブ・ハートウッド卿夫人であり，ミュルダール夫人とはスウェーデンを代表する教育者であり平和運動家のアルバ・ミュルダールで，1982年度のノーベル平和賞受賞者である。素晴らしい業績のある人たちがOMEPの基礎を作った。この2人に加えて，ロンドン大学児童発達学科主任でありイギリス保育学校協会副会長でもあったドロシー・ガードナーや，ユネスコの教育部門顧問のハイメ・トレス・ボデーが参加し，就学前教育の国際的な組織を作ることが話し合われた。準備期間を経て，1948年にプラハの近郊で開催されたユネスコ主催の幼児教育の国際セミナーの時期に合わせて，OMEPの初めての国際会議が開かれたのであった。OMEP日本委員会40周年を記念して作られた『わが国の幼児教育・保育と国際交流』に詳しく述べられているので，紹介する。

第1回OMEP世界大会は，プラハのカレル大学で，1948年8月に開催された。「子ども時代と世界共同体」というテーマで17か国の代表が参加した。その時に委員長を務めたミュルダール夫人は，次のように講演した（OMEP日本委員会, 2012, p. 8）。

> 各国政府や国際機関に児童初期の子どもたちのニーズを知らせ，UNESCOやWHOのような国際的政府機関との協力を求める国際的な組織を創設することにあります。五大陸から民族や政治的信条の異なる代表を迎え，その違いによりバラバラになるのではなく，むしろ子どものニーズを出し合うことで豊かになるのです。国内のリソースだけでは不十分です。教育分野の知識を国際化することこそが，人類の平和の礎となるのです。……私たちは持てる力を出し切って，世界中の子どもたちの健康と幸せのために尽くしましょう。今や手を取り合うときです。

第二次世界大戦で，不幸な子どもたちが多く出たその時だからこそ，このような活動が起こったとも言える。子どものために知識の国際化を訴えたミュルダール夫人の言葉は重く響く。

日本では，日本保育学会が中心となって，OMEPに参加した。正式に認可

第 12 章　保育学研究者の役割とネットワーク

された 1968 年から，国内では様々な会議や海外から研究者を招待しての講演会を開催し，国内への啓蒙活動が行われた。たとえば，1971 年に開催される世界大会のために，1969 年 11 月に国内会議が開催された。テーマは，世界大会のテーマでもある「遊びの教育的役割」であり，日本保育学会会長であり，OMEP 日本委員会委員長でもあった山下俊郎による基調講演と，シンポジウムが行われた。司会は堀内康人，シンポジストは上野辰美，津守真，加古里子，鹿野京子，加藤照子であった。さらに，翌 1970 年 11 月には環太平洋会議とでも表現すべき会議が東京で開催された。この会議も，1971 年開催の世界大会のための勉強会の意味があったようだ。OMEP からは地域副総裁を招待し，フィリピン，タイ，韓国，カナダ，そして日本の 5 か国から参加者があった。園原太郎の講演や各国代表者の報告とシンポジウムが行われた。翌年の世界大会に向けての意欲的な姿が窺える。もちろん，日本は世界大会に参加し，翌 1972 年には OMEP 前世界総裁のオーゼ・G・スカール（ノルウェイ）の講演会を開催している。スカールが偶然，東京開催の国際心理学会に出席するために来日したことで実現したのだと思うが，当時の研究者たちが実現のために一丸となって協力した姿が想像でき，人々の熱い思いが窺える。

　幼い子どもたちのために大人ができることは，研究だけではなく，一つひとつの研究で得た知見を世界中の知見にしていくことであるという，知識の国際化の重要性が確かめられたと言えるだろう。この時代は，日本からの発信より，世界の動向を知ることに最大の関心があったと考えられる。OMEP という組織がその一端を担っていた。日本保育学会でもある OMEP 日本委員会は，1970 年代にいくつかの出版物を出している。1975 年には英文での『Preschool Education in Japan』，1977 年には『海外幼児教育事情──北欧編』と『わが国における就学前教育の概況』，さらに 1979 年には『海外幼児教育事情──東欧編』と，日本のことを世界の人々に理解させる目的の英文での刊行とともに，国内の人々へ世界の情報を与える目的の刊行を行ったのである。日本では，日本語で読める単行本で海外の保育・幼児教育についての紹介をしているものはまだほとんどない時代に，OMEP 日本委員会は大きな業績をあげた。当時は，日本保育学会会長が OMEP 日本委員会委員長を兼務している時期であり，山下俊郎らの功績は大きかった。

2 日本幼稚園協会の果たした役割

日本幼稚園協会は，倉橋惣三が作った組織で，『婦人と子ども』という雑誌を発行し，これがのちの『幼児の教育』誌となった。倉橋は日本保育学会初代会長であり，現場の保育者たちに非常に大きな影響を与えた。日本幼稚園協会をお茶の水女子大学附属幼稚園の中に置き，『幼児の教育』を発行してきた。なお，『幼児の教育』の編集は，お茶の水女子大学附属幼稚園と，深い関係にある大学の教職員が担っている。その『幼児の教育』では，特に 1976 年から 78 年にかけて，海外の動向や海外で発行された論文の紹介をしている。1976 年 9 月から 1977 年 12 月にかけては，大戸美也子が「米国の幼児教育における五つの実験」というテーマで 15 回にわたりアメリカで行われたことを紹介し解説した[2]。1977～81 年には，アメリカの幼児教育関係の学会誌や海外の単行本から，トピックになるものを「海外文献紹介」として日本語で紹介した[3]。日本保育学会で，海外に関する出版物が刊行された時期に，『幼児の教育』でも同様に海外の動向の紹介をしていたのである。まだ，高価だった海外の学会誌を入手するのは困難であり，個人が輸入できる状況ではなかった時代には，必要なことだったと考えられる。『幼児の教育』は，主に現場の保育者に向けて作られていたが，研究的な要素も多く，時々，海外の保育事情を紹介しているが，中でもこの時代は，世界に目を向けた内容に多くのページを割いていた。まさに日本保育学会の動きと連動していたのである。

3 OMEP（世界幼児教育・保育機構）世界大会の役割

OMEP では，3 年に 1 回の世界大会があり，時代に即してテーマが決められる。1948 年の第 1 回から，これまで 26 回の世界大会が行われている（2011 年からは世界大会とは称されなくなった）。また，世界大会の開催年ではない年にも，国際セミナーや日本が所属するアジア太平洋地域会議などが開催されているので，時代ごとに世界の幼児教育・保育の関心事が明らかになる。OMEP はユネスコの組織において，幼児期の教育・保育部門で重要なポストである。OMEP 世界総裁はユネスコの会議で発言し，それは世界中に影響を及ぼすことになる。OMEP 世界理事会にはユネスコからの担当者が参加しなければな

第 12 章　保育学研究者の役割とネットワーク

表 12-1　OMEP 世界大会のテーマと開催都市

第 1 回	1948 年開催	子ども時代と世界共同体（プラハ）
第 2 回	1949 年開催	幼児のための OMEP 活動の現実（パリ）
第 3 回	1950 年開催	幼児の基本的ニーズ（ウィーン）
第 4 回	1952 年開催	就学前の社会的役割（メキシコシティ）
第 5 回	1954 年開催	保育者の選抜と養成（コペンハーゲン）
第 6 回	1956 年開催	乳幼児前期の重要性（アテネ）
第 7 回	1958 年開催	子どもたちの挑戦（ブリュッセル）
第 8 回	1960 年開催	遊び――子ども時代の活力（ザグレブ）
第 9 回	1962 年開催	幸せで健康な世代（ロンドン）
第 10 回	1964 年開催	急速に変化する社会の子どもたち（ストックホルム）
第 11 回	1966 年開催	子どもの生活の中の大人の役割（パリ）
第 12 回	1968 年開催	子どもの権利――可能性の実現（ワシントン D.C.）
第 13 回	1971 年開催	幼児期における遊びの教育的役割（ボン）
第 14 回	1974 年開催	幼児教育の目標（カラカス）
第 15 回	1977 年開催	子どもの最善の利益（ワルシャワ）
第 16 回	1980 年開催	幼児――一人前の市民？（ケベックシティ）
第 17 回	1983 年開催	子どもと文化――社会・文化的変化のもとにある子どもの特性（ジュネーブ）
第 18 回	1986 年開催	幼児の生活の質（エルサレム）
第 19 回	1989 年開催	子どもの声――誰が話し，誰が気にかけて世話し，だれが聞くのか？（ロンドン）
第 20 回	1992 年開催	すべての子どもたちのために働こう（フラッグスタッフ）
第 21 回	1995 年開催	いま，人間を育てる――子ども時代の充実に向けて（横浜）
第 22 回	1998 年開催	養護と遊びと教育に対する子どもの権利（コペンハーゲン）
第 23 回	2001 年開催	質の高い教育環境の下で，生活し，発達し，学ぶ子どもの権利（サンチアゴ）
第 24 回	2004 年開催	一つの世界――多様な子ども期（メルボルン）
第 25 回	2007 年開催	三千年紀の始まりにおける子どもの教育を受ける権利（メキシコシティ）
第 26 回	2010 年開催	挑戦する世界の子ども――市民（イエテボリ）

らない。OMEP の幼児教育・保育の分野の研究者は，研究を行っているだけではあきたらず，実際に幼い子どもたちに影響を及ぼす社会の状況を知り，できるならば子どものために行動を起こすことも厭わないことが望まれる。

　ここで，世界大会のテーマを見ていこう（表 12-1）。日本語訳は OMEP 日本委員会による。

　これらのテーマから，その時代に重要と思われていたことが窺える。第二次

世界大戦直後の1950年前後のテーマは，幼い子どものためにしなければならない基本的なことが挙げられている。1960年前後からは，幼い子どもの本質をとらえようとしている。筆者が実際にかかわった1990年代からは，より高い保育の質を求めた総合的なテーマとなっている。各大会の基調講演に登場する人々がどのような内容を話すのかを知ることも，その時代の関心事を知る機会になる。たとえば，2000年の初め頃に行われた大会では，毎回のようにレッジョ・エミリアで実践されているプロジェクト活動についての講演があり，レッジョ・エミリアの展示会が行われていた。まだレッジョ・エミリアに関する日本語の著作はなかった時なので，新鮮であった。OMEPは研究者や保育実践者にとって新しい知見を紹介する機会となっているのである。世界的に共同して行う作業もあり，日本からも研究者や保育実践者が参加してきた。中でも，1999年に行われた，OMEPと国際幼児教育協会（Association for Childhood Education International: ACEI）共催の，21世紀の乳幼児保育に関する国際シンポジウムでは，ガイドラインが作成された。また，ここで発表された論文がOMEP日本委員会によって日本語に訳されて刊行された（OMEP日本委員会・金子，2002）。この国際シンポジウムについて次節で紹介する。

4　OMEPとACEIの共催国際シンポジウムの意味

1999年7月5日から8日にかけて，スイスのルッシュリコンで21世紀の乳幼児保育に関する国際シンポジウムが行われた。世界28か国から招待された組織の代表者が，83人参加した。目的は，乳幼児の保育に関する国際的な教育指標を構築するためである。このような取り組みは初めてであった。1グループ9〜12人の代表者からなる作業グループが，それぞれのテーマの作成を担当した。代表者たちは，国籍を問わず，子どもとその家族の強力な擁護者であり，子どもの保育への家族と共同体の参加，共同体や政府の資源などの有効活用，家族および文化の多様性の承認，およびすべての子どもに平等なサービスを提供することの重要性など，世界の子どもたちに対する展望を共有していた。

また，作業グループにおける合意声明までの困難な任務は，代表者たちにより，国家的，文化的，言語的および個人的な違いを乗り越えて達成された。大変な集中力と努力によってまとめられたガイドラインは，「21世紀における保

育のグローバルガイドライン」として発表された。これは，次のような構成である（OMEP 日本委員会・金子，2002, p. 1）。

まず，包括的哲学，目標，および方針が述べられる。

> どの子どもも価値ある者として捉えられ，安全で安定した環境の提供がされ，多様性を尊重する保育の場で成長する機会を享受されなくてはならない。子どもは全ての国にとって，その現在でもあり未来でもあるため，子どものニーズ，権利，および本質的な価値が承認され支援されなければならない。
>
> 子どもが自らの内に備わっているものを最高のものとして発達できるように，誕生より継続して家庭内外で適切な養育と教育を享受する必要がある。早期における子どもの健康，栄養，教育，および心理社会的発達に留意することは，各国およびグローバル共同体の未来における幸福のために不可欠である。

そして，次世紀の子どもに学びと保育を提供する包括的な幼児教育サービスのネットワークを確立するための六つの領域（表12-2）を掲げた。

これらのそれぞれに守るべき，あるいは守りたいことの具体化がどのようになっているのかについては，17年経った2016年現在，国によって異なっていることは疑いようがない。1999年のシンポジウムで，ピーター・モス（当時のロンドン大学教育学部幼児教育学科教授）は，国際ガイドラインを作成する意味についての講演を行った。同時に，国際ガイドラインを作成する際にはその問題点を指摘している。モスは，自身が1986～96年の間，仕事と家事の両立のための育児その他の措置に関するEC育児ネットワークのコーディネーターであった体験から，「国際ガイドライン」や「標準」という概念には課題があることを明確に述べ，EC育児ネットワークではガイドラインを作成しなかった。そのかわり，数多くある可能な見解を提示している。モスは，国際ガイドラインという考え方にある課題として以下の5点を，示している。

第一は，幼児に対する教授的作業は，必ず政治的，倫理的プロジェクトになることである。子どもとは誰か，幼児教育機関とは何か，知識や学びとは何か，よい人生とは何か，などの答えは，客観的で科学的と思われる方法を適用することでは明らかにならない。すべて，本質的に哲学的，道徳的であり，価値観

III　グローバル化の中での保育学のこれから

表12-2　OMEPの掲げる幼児教育サービスのネットワーク確立のための6領域

環境と物理的空間
  1　安全な環境と物理的空間
  2　発達的に刺激のある環境

カリキュラムの内容と教授法
  1　保育カリキュラムの文書
  2　保育カリキュラムの内容
  3　教授法
  4　学びの教材
  5　子どもの歩みの査定
  6　プログラムの評価

幼児教育者および保育者
  1　知識と実践
  2　個人的および専門的資質
  3　道徳的・倫理的側面

家族および地域社会とのパートナーシップ
  1　家族との意思疎通
  2　道徳的・倫理的責任と行動
  3　訓練／教育方針
  4　多様性の承認
  5　子どもの家庭から保育の場への移行
  6　家族と地域社会の参加機会
  7　専門職間の協働関係

特別のニーズを持つ幼児
  1　サービスへのアクセスと公平性
  2　基礎的保健衛生と栄養
  3　共通哲学および共通目標
  4　教職員およびサービス供給者
  5　屋外および室内環境の適応化
  6　サービスの供給
  7　個別ニーズへの対応

内容・結果説明責任，監督，および管理
  1　質の基準に関する方針
  2　サービスの供給
  3　教育者および保育者と政策決定者による専門組合
  4　プログラムないし教育者の責任

がかかわり，政治的である。

　第二に，レッジョは特定の政治的，経済的，社会的文脈の中で発展し，特定の歴史的経験に依存しており，真似るべきモデルではないことである。心理学では，普遍的仮説は問題視され，文脈の持つ深い意義の認識に至り，普遍性に対する偶然性の優位を認めている。国際ガイドラインを作るということは，地方の経験の独自性より普遍的秩序を提供することにつながる。

　第三に，意見の不一致，差異，問題の意味をオープンにし続けて，議論の場としたいことである。国際ガイドラインを求めることは，意見の一致，同一性，除外の価値観を持って，目的に向かって共通の立場を見出そうとし，最終合意に至ろうとすることになるだろう。

　第四に，現在の権力関係の中では，国際的な乳幼児教育保育のガイドラインを生み出そうとする試みは，主流の幼児教育分野の言説によって支配されることになることである。それは英米のものであり，一つの学問分野である発達心理学に強く支配されている。

　最後に，「国際ガイドライン」および「標準」を生み出そうという望みは，自己の気づきと自己批判性を必要とするのに，しばしば，その要件が満たさ

れないことである。

　結論としてモスは,「国際ガイドライン」や「標準」という考え方は,多様性を否定し,標準化とコントロールを強いる可能性があると述べている。モスは,「21世紀における保育のグローバルガイドライン」の作成が無駄ではなく,十分に議論しながら,その問題点を自覚しながら行うことが大切だと述べた。モスの主張は,私たちに大事なことを示唆してくれている。それは海外の保育のあり方を学ぶ時,単に模倣すればよいのではなく,日本に必要なことを時間をかけて議論していく必要があるということである。

5　最近の日本保育学会の活動

　日本保育学会では,2006年に韓国嬰幼児保育学会ならびに韓国幼児教育学会と国際交流協定を結んだ。これにより,日本で開催される保育学会大会においても,韓国のそれぞれの学会員は発表が可能になった。日本語での発表という限定があったが,通訳時間は加味されていて,2010年までは韓国からの発表者も毎年のようにいた。しかし,2011年の東日本大震災後は,残念ながら発表者だけではなく参加者もいなくなってしまった。韓国幼児教育学会では2年ごとに英語で行われる国際大会があり,日本からは毎回のように研究発表者が参加している。また,研究発表が主である韓国幼児教育学会では,韓国語での発表となるが,日本保育学会会員も発表できる。韓国嬰幼児保育学会とは,隔年で行われる国際大会での交流がある。日本で行われた会（2006年）には小川博久会長（当時）が参加し,その後は,韓国で行われた会（2008年）には秋田喜代美会長が参加,中国の北京で行われた会（2010年）には秋田会長代理で小川清実副会長が参加し,日本の保育に関しての講演を行った。このように,韓国の二つの学会との交流は,それぞれの学会の特色に応じて行われている。2008年の日本保育学会第61回大会では,韓国の二つの学会の会長および前会長による講演とシンポジウムが行われた。その後は,2014年の日本保育学会第67回大会で,韓国嬰幼児保育学会会長による講演,2015年の第68回大会で,韓国幼児教育学会会長代理による講演が行われた。

　国際交流においては,学会間での協定を結ぶだけではなく,実際にそれぞれの国の学会に参加・発表しあい,研究上・実践上でも交流することにより,互

Ⅲ　グローバル化の中での保育学のこれから

いをよく知ることにつながり，議論の場が広がりうる。

　また，毎年開催される日本保育学会大会では，2008 年より，それまで個々に活動していた組織（日本保育学会国際交流委員会・OMEP 日本委員会・日本保育学会大会実行委員会）が一体となって，「国際シンポジウム」を行うことになった。その第 1 回が韓国の二つの学会との共催シンポジウムであった。様々な組織が充実してきたことにより，日本保育学会大会では海外からのゲストの招待も増え，2 日間でのプログラムが満杯になっていたこともあり，国際的なプログラムを集結して，シンポジウムとして開催したのである。それぞれの組織が持つ力を少しずつ出し合うことで，大きな役割を果たすことが可能になった。

＊

　今後はますます海外との交流が頻繁になり，多くの保育研究者が海外の学会でも発表するだろう。日本で開催される国際的な学会も多く，海外に行かずとも国際的な学会での発表が可能になった。英文など，外国語で書かれる論文も多くなった。海外の大学に留学し，研鑽を重ねる研究者も多い。今後もこのような動きは続くだろう。

　海外の研究の紹介に終わるのではなく，そこで得た知見に関していろいろな人々と議論して，日本の保育研究や保育実践にどのように生かしていくのかが，今後の課題である。そのような機会が学会の場に常にあることが期待される。

注

1)　日本保育学会（編）「保育関係外国文献」『保育学年報』1962 年版（pp. 94-107），1963 年版（pp. 144-167），1964 年版（pp. 142-157），1965 年版（pp. 141-155），1966 年版（pp. 153-162），1967 年版（pp. 139-153），1968 年版（pp. 189-202），1969 年版（pp. 211-228），1970 年版（pp. 180-193）。

　日本保育学会（編）「保育関係外国単行本」『保育学年報』1971・1972 年版（pp. 231-237），1973 年版（pp. 234-243），1974 年版（pp. 227-237），1975 年版（pp. 246-251），1976 年版（pp. 241-248），1977 年版（pp. 211-218），1978 年版（pp. 269-274），1979 年版（pp. 213-219），1980 年版（pp. 294-300），1981 年版（pp. 232-237），1982 年版（pp. 225-232），1983 年版（pp. 263-274），1984 年版（pp. 230-239），1985 年版（pp. 257-265），1986 年版（pp. 297-304），1987 年版（pp. 320-325），1988 年版（pp. 286-290），1989 年版（pp. 274-281），1990 年版（pp. 294-300），1991 年版（pp. 288-

294)。

　日本保育学会（編）「外国単行本」『保育学研究』1992 年版（pp. 238-242），1993 年版（pp. 245-250），1994 年版（pp. 316-322），1995 年版第 1 号（pp. 130-135），1996 年版第 1 号（pp. 125-130），1997 年版第 2 号（pp. 250-254），1998 年版（pp. 121-127），1999 年版第 1 号（pp. 116-122），2000 年版第 1 号（pp. 125-131），2001 年版第 1 号（pp. 120-127），2002 年版第 1 号（pp. 142-152），2003 年版第 1 号（pp. 144-153）。※1971 年版から外国雑誌の掲載はなくなり，1992 年版から雑誌自体の名称が変更された。2004 年版からは掲載なし。

2）　大戸美也子「米国の幼児教育における五つの実験」は，『幼児の教育』第 75 巻第 9 号（1976 年 9 月）から第 76 巻第 12 号（1977 年 12 月）まで，毎号連載された（全 15 回）。

3）　江波（1977，1978），本田（1978），柿澤（1981），角能（1977，1978），国吉（1980），大戸（1978），大西（1978），清水（1977，1978），田口（1981），高野（1981），友定（1977，1978）を参照。

引用文献

江波諄子（1977）．Curious Mind『好奇心』（海外文献紹介）　幼児の教育，**76**（5），51-53，**76**（6），42-45．

江波諄子（1978）．『遊びの世界』by Donald Baker 『フリードリッヒ・フレーベルとの出会い』by Kristina Leeb-Lundberg（海外文献紹介）　幼児の教育，**77**（3），48-51．

本田和子（1978）．魔術の効用——昔話の発達的有効性（海外文献紹介）　幼児の教育，**77**（2），44-47．

柿澤良子（1981）．子どもと共に笑うということ（海外文献紹介）　幼児の教育，**80**（1），62-63．

角能清美（1977）．『振り返って，方向性を探る』by Sara L. Leaper 『標準テストと調価』by Vito Perron（海外文献紹介）　幼児の教育，**76**（8），52-55．

角能清美（1978）．Enhancing the Quality of Life in School（海外文献紹介）　幼児の教育，**77**（9），52-55．

国吉栄（1980）．Seagull・かもめ——能力のある子どもの力を開発するためのプロジェクト（海外文献紹介）　幼児の教育，**79**（12），42-43．

小川正通（1962）．最近の海外保育界の動き　保育学年報，**1962 年版**，168-173．

OMEP 日本委員会（編）（2012）．わが国の幼児教育・保育と国際交流——OMEP 日本委員会 40 年の軌跡

OMEP 日本委員会・金子利子（2002）．21 世紀における保育　OMEP 日本委員会

Ⅲ　グローバル化の中での保育学のこれから

大戸美也子（1978）．カリキュラムを人間化するために by David Elkind　ふくろうのことそして生活の質 by Vincent Rogers（海外文献紹介）　幼児の教育，**77**（1），43-47.

大戸美也子・加藤定夫（1997）．OMEP 日本委員会の歴史と動向（特集日本保育学会50周年記念――日本保育学会の歩みと関連事項）　保育学研究，**35**（1），84-91.

大西道子（1978）．Play: The Child Strives toward Self-Realization（海外文献紹介）　幼児の教育，**77**（11），58-63.

清水いく子（1977）．「アメリカ人は本当に子どもが好きか？」（海外文献紹介）　幼児の教育，**76**（7），46-50.

清水いく子（1978）．霧の中を見通す――子どもの本の将来（海外文献紹介）　幼児の教育，**77**（7），44-47.

田口玲子（1981）．What is Early Childhood Education?: Some Definitions and Issues: Norma R. Law（海外文献紹介）　幼児の教育，**80**（5），46-47.

高野藤子（1981）．Movement: "Enchantment" in the Life of a Child: Peggy Emerson & Cindy Leigh（海外文献紹介）　幼児の教育，**80**（2），40-41.

友定啓子（1977）．"Learning More About Children and Families" by Patricia Edminister（海外文献紹介）　幼児の教育，**76**（9），50-53.

友定啓子（1978）．保育「問題」の再検討――子育てと男性（海外文献紹介）　幼児の教育，**77**（10），53-56.

索引

あ行

青空保育　164
赤沢鍾美　162
アクションリサーチ　79, 87, 108, 112
芦田恵之助　33
遊び　138, 142, 155, 172
　自由——　128
　集団——　13
遊び場づくり運動　195
石井十次　52
1.57ショック　173
インクルーシブ教育　231
上田薫　245
運動会　157, 212
エスノグラフィー　107
エスノメソドロジー　108
エビデンス　116
エピソード記述　99, 100
エンゼルプラン　173
及川平治　133, 159
オープンシステム　189
岡田良平　53
小川正通　93, 179, 300
お茶の水女子大学附属幼稚園　72　→東京
　女子師範学校附属幼稚園
親の感受性　262
音楽リズム　213
恩物　43, 126, 150

か行

外的データ　72
カイロスの時間　116
科学的研究　94, 96
学制　42
家族要因　261
学校教育　138
学校教育法　41, 57, 58, 177, 187
家庭教育　11, 24, 28, 30, 32, 44
家庭的保育　280
家庭との連携　163
カリキュラム　147, 158, 258
カルテ　245
環境　11, 142, 178
観察　97
カンファレンス　81
城戸幡太郎　55, 57, 70, 82, 101, 138
義務教育無償化　130
教育　15, 20, 21, 41, 50, 60
教育家族　130
教育的価値論争　17
教育プログラム　258
教化　21
協働　96
居宅訪問型保育　281
キルパトリック，ウィリアム　134
クーニャ，フラビオ　11
九鬼隆一　149
久保田浩　70
倉橋惣三　27, 29, 51, 55, 56, 58, 70, 71, 93, 96, 132, 134, 158, 159, 165, 178, 196, 205, 206, 304
クロノスの時間　116
景観写真　115
形成　16, 21, 22, 31
ゲゼル，アーノルド　72
現業訓練　272
現職研修　210
合計特殊出生率　173
国際化　171
国際ネットワーク　299
国民幼稚園　54
子育ち　8
子育て　7, 10, 31, 147

313

索　引

　　——の社会化　137
子育て支援　287
子ども
　　——記録　34
　　——主体　284
　　——中心主義　127
　　——の自発性　210
　　——の内面　73
　　——理解　76, 236-238
子ども・子育て関連3法　284
子ども・子育て支援法　280
子どもの権利条約　79, 233, 285
小林宗作　158
子守り学校　149, 151
小山静子　28
近藤真琴　148

さ行

最低基準　166, 259
坂元彦太郎　57, 178
サンプリング　107
参与観察　74, 78
志賀志那人　133
自己決定　235
自己充実　31, 135
自己評価　260
次世代育成対策推進法　173
施設　147, 180
　　——型集団保育　279
　　——・設備　180, 181
実践知　113
質的研究論　107
指導計画　168
児童福祉施設最低基準　187
児童福祉法　58, 287
社会的自立　229
写真投映法　112
就学前初等教育プログラム　117
縦断研究　117, 260
集団づくり　141
自由遊戯　156

障がい観　232
障がい児
　　——観　234
　　——教育　229
　　——保育　170, 227
障害者基本法　243
障害者権利条約　233
少子化問題　173
庄司雅子　299
情報コミュニケーション技術　92
自立観　235
事例研究　236
事例的研究　102
新教育運動　32, 166
新保育　208, 209
砂場　192
生活　155
生活科　142, 172
生活単位　133
生活綴方　33
省察　88, 211, 221
生命主義　31
説明責任　263
セツルメント　136
　　——運動　82
専門性開発　271
総合こども園　284, 294
相互作用　254
ソーシャル・ペダゴジー　254

た行

待機児童問題　282
第三者評価　260
対話的アプローチ　110
卓越の実践　271
託児所　52, 161, 163, 165, 185
田中不二麿　25, 42, 125, 148, 149
多様性　104
地域行事　14
地域子育て支援　287
知育　141

314

索　引

長時間保育　170
土川五郎　157
津守真　70-72, 75, 96, 97, 211
デジタルメディア　108
手だて　237, 239
手伝い　13
デューイ，ジョン　19, 32, 134, 155
転回　232
東京女子高等師範学校　204
東京女子師範学校附属幼稚園　25，42，125, 149　→お茶の水女子大学附属幼稚園
統合教育　231
トービン，ジョセフ　109
特殊教育　230
特別支援教育　230
戸倉ハル　213

な行

中内敏夫　17, 19
中村五六　48, 49, 127, 152, 194
中村正直　25, 149, 150
ナラティブ・アプローチ　108
日本教育学会　94
日本保育学会　2, 58, 94, 299, 300, 304, 309
　　　――趣意書　93
日本幼稚園協会　304
乳児保育　170, 282
入所措置　283
人間学　96
人間形成　15
認証保育所　173
認定こども園　62, 280, 293
　　幼保連携型――　63, 284, 294
野口幽香　52, 162

は行

ハウ，アニー　155
橋詰良一　132, 159, 184
発達教育　230

話しあい保育　140
ピアジェ，ジャン　141
東基吉　127, 155, 194
ビジュアル・エスノグラフィー　109
評価尺度　267
表情遊戯　158
平田のぶ　137
ヒル，パティ　133, 158
ファミリーサポート　281
フレーベル，フリードリヒ　43, 69, 126, 149, 193
フレーベル会　153
プログラム評価　263
プロジェクト　142
　　――活動　135, 306
　　――法　133, 159
分団式教育　159
ヘックマン，ジェームズ　11
ヘファナン，ヘレン　58, 139, 165, 178, 210
ペリー就学前プログラム　117
ベルグソン，アンリ　31
保育　7, 11, 24, 32, 41-44, 53, 54, 56, 57, 61, 95, 138
　　――の階層性　129
　　――の質　253, 257, 261, 264, 266, 271, 291, 292
　　――の態様　279
　　――の独自性　131, 139
保育学　1, 2, 93
　　――研究者　299
　　――の研究方法　100
　　――の思想　100
保育課程　26
保育環境　177, 192, 197, 237
　　――評価スケール　268
保育技術　213, 216
保育記録　83, 85, 98
保育計画　102
保育サービスの多様化　283
保育雑誌　168

315

索 引

保育思想　69
保育実践　69, 77, 102, 125, 246
保育者　203
　　――の専門性　203
保育所　57, 58, 61, 63, 129, 131, 136, 187, 190, 281
　　――の実践　136
　　――の保育内容　170
保育所保育指針　61, 169, 190, 285, 287
保育政策　279
保育制度　279
　　――の国際的動向　289
保育専門職　295
保育内容　147, 149, 152, 161, 168
保育方法　125
保育問題研究会　55, 70, 82, 101, 103, 138, 140
保育要領　58, 139, 165, 166, 187
保育理論　69, 78, 86
保育臨床研究　86
放送教育　171
ホール, スタンレー　155
保姆　204
堀合文子　203

ま行

松野クララ　149
宮原誠一　15
無着成恭　33, 83
モザイク・アプローチ　110-112
モス, ピーター　307
望月くに　158
森川正雄　159
森島峰　52, 162
モンテッソーリ, マリア　158
モンテッソーリ法　133

や行

山下俊郎　93, 95, 179, 299, 303
誘導保育　32, 134, 135, 159, 167, 205, 206

ユネスコ　304
養護　296
幼児教育　49, 61, 70
幼児教育制度改革　56
幼小接続　125, 134, 142
幼小連携　296
幼稚園　42, 46, 47, 57, 58, 61, 62, 165, 185, 187, 190, 281
幼稚園教育　147
幼稚園教育要項　51
幼稚園教育要領　60, 61, 139, 166, 169, 179, 180, 190
幼稚園施設整備指針　190, 197
幼稚園設置基準　188, 190
幼稚園保育及設備規程　47, 129, 153, 183
幼稚園令　50, 53, 160, 185
幼稚園論争　127
幼保一元化　173, 293
幼保一体化　62, 125, 173
幼保二元化（性）　56, 59, 125, 209, 289
読み書き算　152

ら行

ラーバース, フェール　268
ライフストーリー　108
ライフヒストリー　108
ラポール　107
ラム, マイケル　262
リズム遊び　133
律動遊戯　158
リトミック　158
利用者主体　283
ルソー, ジャン＝ジャック　19
レッジョ・エミリア　111, 142, 271, 306

わ行

和田実　49, 128, 156

A to Z

ACEI（Association for Childhood Education International）　306

CLASS (Classroom Assessment Scoring System)　268, 272
ECEC (Early Chidhood Education and Care)　256, 257, 291, 295
NICHD (National Institure of Chid Health and Human Development)　261

OECD (経済協力開発機構)　256, 258, 291
OMEP (Organisation Mondiale pour l'Éducation Préscolaire)　299, 302, 304, 306
TTI (Teaching Through Interaction)　272

執筆者一覧（執筆順）

秋田 喜代美（あきた きよみ）	東京大学大学院教育学研究科
汐見 稔幸（しおみ としゆき）	白梅学園大学子ども学部
湯川 嘉津美（ゆかわ かつみ）	上智大学総合人間科学部
小川 博久（おがわ ひろひさ）	元東京学芸大学
福元 真由美（ふくもと まゆみ）	東京学芸大学教育学部
柴崎 正行（しばさき まさゆき）	東京家政大学子ども学部
笠間 浩幸（かさま ひろゆき）	同志社女子大学現代社会学部
浜口 順子（はまぐち じゅんこ）	お茶の水女子大学基幹研究院
堀 智晴（ほり ともはる）	元大阪市立大学
無藤 隆（むとう たかし）	白梅学園大学子ども学部
網野 武博（あみの たけひろ）	東京家政大学子ども学部
小川 清実（おがわ きよみ）	東京都市大学人間科学部

保育学講座 1
保育学とは──問いと成り立ち

2016 年 7 月 31 日　初　版

[検印廃止]

編　者　日本保育学会

発行所　一般財団法人　東京大学出版会

代表者　古田元夫

153-0041　東京都目黒区駒場 4-5-29
http://www.utp.or.jp/
電話 03-6407-1069　Fax 03-6407-1991
振替 00160-6-59964

印刷所　株式会社三陽社
製本所　牧製本印刷株式会社

Ⓒ 2016 Japan Society of Research on Early Childhood Care
　　and Education, Editor
ISBN 978-4-13-052201-4　Printed in Japan

|JCOPY|〈㈳出版者著作権管理機構　委託出版物〉
本書の無断複写は著作権法上での例外を除き禁じられています．複写される場合は，そのつど事前に，㈳出版者著作権管理機構（電話 03-3513-6969，FAX 03-3513-6979, e-mail: info@jcopy.or.jp）の許諾を得てください．

保育学の発展を示す羅針盤

保育学講座 [全5巻]

日本保育学会 編

A5判・平均320頁　各巻定価（本体2800円＋税）

〈保育学講座編集委員〉秋田喜代美・村山祐一・戸田雅美・小川清実・大豆生田啓友・柴崎正行・渡邉保博・小林紀子・太田光洋

○学問分野としての保育学の知見を系統的にとらえる
○従来の研究・文献の概況を整理し将来の展望を示す
○最新の学問的成果にもとづき実践と研究をつなぐ

1 保育学とは　問いと成り立ち
〈執筆者〉秋田喜代美・汐見稔幸・湯川嘉津美・小川博久・福元真由美・柴崎正行・笠間浩幸・浜口順子・堀 智晴・無藤 隆・網野武博・小川清実

2 保育を支えるしくみ　制度と行政
〈執筆者〉村山祐一・岡 健・近藤幹生・望月 彰・一見真理子・逆井直紀・神長美津子・伊藤良高・天野珠路・田中雅道・渡辺英則・福川須美

3 保育のいとなみ　子ども理解と内容・方法
〈執筆者〉戸田雅美・中澤 潤・砂上史子・七木田敦・増田まゆみ・髙橋敏之・渡邉保博・内藤知美・河邉貴子・久富陽子・梅田優子・小林紀子・磯部裕子・前原 寛・高辻千恵

4 保育者を生きる　専門性と養成
〈執筆者〉小川清実・榎沢良彦・中坪史典・岸井慶子・金子恵美・名須川知子・田甫綾野・杉山隆一・矢藤誠慈郎・立浪澄子・髙橋貴志・岩立京子・阿部和子・門田理世

5 保育を支えるネットワーク　支援と連携
〈執筆者〉大豆生田啓友・太田光洋・諏訪きぬ・橋本真紀・山縣文治・秦野悦子・柏女霊峰・土谷みち子・大方美香・佐々木晃・日浦直美・池本美香・関川芳孝